实用主义与美国思想文化研究

丛书主编　刘放桐　陈亚军

匹兹堡学派研究

塞拉斯、麦克道威尔、布兰顿

孙　宁　著

復旦大學出版社

国家出版基金
上海市新闻出版专项资金
资助出版

总　序

刘放桐　陈亚军

在西方传入中国的诸多哲学思潮中，若论影响之巨大，经历之坎坷，除马克思主义外，大概没有哪一个可以和实用主义相比。从一百年前的热捧，到二十世纪五十年代的鞭笞，再到近二三十年来的正视，中国思想学术界对待实用主义的姿态，经历了令人晕眩的大转变，其中折射出国人对待实用主义的复杂心态。不久前《杜威全集》(38卷)中文版的问世，向人们传递出这样一个消息：经过老一辈学者的筚路蓝缕、几代学人的不懈努力，中国学界对于实用主义的译介已经取得了令人瞩目的成就，实用主义研究正在进入一个新的历史时期。

值此时刻，人们自然会问，如此关注实用主义，意义何在？我们的回答是：

首先，实用主义乃美国思想文化的理论基础。从开国元勋到民主、共和两党领袖，从心系国家大事的硕学鸿儒到只关心衣食住行的贩夫走卒，美国人所奉行的基本哲学，归根结底，是实用主义。可以说，要弄清当今美国的社会、思想、文化，乃至政治、法律、外交等等，离开对实用主义的深入理解，只能停留在皮毛。欲了解美国，不能不了解实用主义。

其次，实用主义乃现代西方哲学转型的先驱。西方哲学从古典到现代的转向，说到底，就是理性主义传统向实践主义传统的转向，知识论传统向生存论传统的转向。二元式的思维方式被整体论的思维方式所取代，对超验世界的眷恋被对生活世界的关注所取代。在这一转向中，实用主义和马克思、维特根斯坦、海德格尔等相互呼应、殊途同归。理解现代西方哲学的基本精神，从研究实用主义入手，不失为一条可行的路径。

再次，实用主义乃中国传统哲学的知音。与西方哲学传统不同，中国哲学从来没有产生出建立在二元思维方式基础上的基础主义、本质主义、表象主义。中国哲学传统所关注的天人合一、生活世界及伦理实践出发点，与实用主义有着极其相近的旨趣和追求。研究实用主义与中国传统哲学的异同，既有助于增强中国哲学的自信，也有助于改进中国哲学的缺憾。

最后，实用主义乃马克思主义的最佳对话者。同为现代哲学转型的典范，实用主义与马克思主义在一系列基本问题上有着大体相似的主张。它们从同一个方向批判西方哲学传统，又从同一个方向为未来哲学的发展指明了道路。虽然途径有差别，话语有不同，观点也不无分歧，但它们的基本精神是相通的。研究实用主义不仅有助于理解马克思主义的深刻内涵，同时也有助于看清马克思主义的学术生命力，并为其进一步发展提供可能的思想资源。

与绝大多数其他西方哲学形态不同，实用主义从来就不是一种学院派哲学。这不仅表现在实用主义者们拒斥哲学与社会生活的割裂，而且也表现在实用主义深深影响了美国社会文化各个层面的事实。杜威在这一方面堪称表率。他的哲学早已越过学院围墙，渗透到美国文化土壤的方方面面。实用主义与美国思想文化紧密相连，唇齿相依。一方面，固然可以说，理解美国思想文化不能不理解实用主义；而另一方面，也必须说，理解实用主义不能不理解美国思想文化。因此，我们认为，研究实用主义不可与研究美国思想文化脱钩。正是基于这一考虑，本研究系列的视野，比起一般的实用主义研究，要更加开阔：实用主义是这一视野的焦点，而美国思想文化则构成了这一焦点的"穗边"。

或许应该说明的是，作为一种哲学思维方式，实用主义虽然起源于美国，但绝不限于美国。早在二十世纪初，尼采就已经被称作"德国第一位实用主义者"，而法国的柏格森与实用主义者的思想上的相近，也在他与詹姆斯的相互欣赏中表露无遗。再后来，无论是英国的维特根斯坦，还是德国的海德格尔、哈贝马斯、阿佩尔、伽达默尔，或是法国的福柯、德里达，无不透露出浓重的实用主义气息。称不称他们为实用主义者，其实无关紧要。实用主义早已存在"在那里"，对于它的"在那里"的研究，同样是本系列所欲涵盖的。

  本研究系列旨在全面展示我国学术界实用主义乃至美国思想文化的研究成果,为进一步的对话与交流、切磋与互动,提供一个良好的平台。感谢复旦大学出版社和复旦大学哲学学院的大力支持,没有这些支持,就不会有本系列研究成果的及时问世。

  最后,我们也期待着学术界各位同仁的鼎力相助。让我们共同努力,将我国的实用主义研究提升到一个新的水平。

序 言

陈亚军

孙宁博士的大作《匹兹堡学派研究》问世了。对此,我既感到高兴又感到惭愧。高兴的是,我国学术界终于出现了一部关于匹兹堡学派的专门论著。它的问世表明,年轻一代学者的相关研究与国际学术同行已基本保持同步,这在二三十年前是难以想象的。惭愧的是,我也早有作此研究的打算,但却力有不逮,迟迟未能下笔。孙宁博士的成就,让我看到了自己的懈怠与不足。

我一直认为,匹兹堡学派是最值得关注的当代美国哲学流派,匹兹堡的三位哲人也是当代美国最杰出、最富原创性的哲学家。当罗蒂执意将自己和普特南的名字从"美国哲学四大家"中勾掉而补上塞拉斯和布兰顿时,我想他并不仅仅是出于谦虚。因为,匹兹堡学派的确不仅为美国哲学的未来开出了一条新路,而且也为当代西方哲学的发展提供了一个新的方向。我曾在一篇谈匹兹堡学派的短文中说过:"在它身上,语义学与语用学、分析哲学与实用主义、弗雷格方式与黑格尔路径、经验主义与理性主义等等,融为一体。这意味着,所谓英美哲学传统与大陆哲学传统的长期对立,有可能得以克服和超越。"

研究匹兹堡学派具有很高的理论意义和学术价值,然而这是一块公认难啃的硬骨头。匹兹堡学派的三位哲学家,无一例外,都有行文晦涩曲折、立意新奇突兀、论证细致入微的特点。塞拉斯的新颖同时也意味着孤独,他始终为当年的洛克讲座最后落得只有三位听众的尴尬场面而耿耿于怀,但塞拉斯应该想到,弄懂他的思想不仅需要分析哲学的训练,更需要德国哲学的素养,这不仅在当时就是在今天,也是一种过高的要求。塞拉斯的继承者延续了他的风格。麦克道威尔的描述逼着读者们在他设置的对话中探幽入微,这需要极大的辨析能力和极强的领悟力;布兰顿的体系则考验着读者的持久专注力,其环环相扣的学理延展,要求读者具有高度的思维耐力和广泛的背景知识。由于这些困难,研究匹兹堡学派便是一种挑战,虽然关于以上三人的单个话题的研究成果越来越多,但有关这个学派的整体研究成果,迄今仍付之阙如。在此意义上说,孙宁的论著来得正是时候。

孙宁与我相识已久。2003年我去南京大学工作,他正在那里就读。后来他出国留学,随当代著名实用主义学者、美国原杜威中心主任希克曼教授攻读博士学位。再后来是学成归来,入职复旦大学哲学学院。他在西方哲学史和当代英美哲学两个方面都有很好的学养积累,这也为他的匹兹堡学派研究提供了可靠的专业保证。我注意到,在他的这部大作中有三道耀眼的底色,即开阔的哲学史视野、细致的概念分析以及鲜明的实用主义背景。这,也正是我十分欣赏并感兴趣的地方。平铺直叙地就匹兹堡学派的三位代表人物的各个观点加以解说和评论,虽然殊为不易,但毕竟有点平庸。一部研究专著,总应该有自己的独特眼光。从一个视角切入,将整个内容提拎起来,形成一个立体的结构,这样才能给读者带来新颖的感受、深刻的启发。

孙宁这部论著的焦点人物是塞拉斯。由塞拉斯牵出麦克道威尔及布兰顿,是自然的也是准确的。不论是对匹兹堡学派略有了解的读者,还是麦克道威尔及布兰顿本人,对此都是无异议的。但塞拉斯的思想脉络到底是怎么形成的?这一点学术界很少关注,而缺乏这个维度的研究,对把握塞拉斯思想无疑是个缺憾。孙宁对塞拉斯的两个基本论题,即所予神话和科学实在论,从哲学史的角度加以梳理,分别将刘易斯和老塞拉斯的思想纳入考察范围,为理解塞拉斯的这两个重要论题及其相互关系提供了有力的诠释。此外,他也对匹兹堡学派与康德、黑格尔的关系进行了深度的剖析,为匹兹堡学派何以被看作分析哲学的新德国观念论给出了解答。这是我赞佩孙宁这部论著的第一点。

我对孙宁这部论著的第二点欣赏之处是他在阐释匹兹堡学派的观点

时能入乎其内。匹兹堡学派的观点极为精细,要想将这些精细的思想讲清楚,并对其做出评价,是非常困难的。但孙宁在这点上做得很出色。他的论述细腻从容,同时又有论据支撑。看得出来,他是下了很大功夫的。他对塞拉斯所予神话与科学实在论之间的关系的分析,对康德与塞拉斯的同异的梳理,尤其是对麦克道威尔思想内涵的阐发,都给我留下了极为深刻的印象。

最后,还有一点是我特别喜欢的,那就是他将匹兹堡学派与实用主义联系在一起。在我自己的叙事框架中,匹兹堡学派是实用主义传统的当代继嗣。或许塞拉斯、麦克道威尔并不接受实用主义这个头衔,但他们的基本观点是贴近实用主义的。不论是在拒斥所予神话、否定基础主义传统那里,还是在对黑格尔的继承与发扬那里,都听得到实用主义的回声。孙宁深受实用主义的熏陶,对此当然十分敏感。他不仅对布兰顿这个自觉的实用主义者的实用主义思想做了清晰的阐发,而且也对整个匹兹堡学派与实用主义的亲近有很好的分析。他的研究使我对匹兹堡学派如何将分析哲学与实用主义相结合有了更具体、深入的了解。

孙宁博士的这部《匹兹堡学派研究》可以说是近年来相关研究领域的杰出之作。对每一个对当代美国哲学乃至当代西方哲学感兴趣和想有所了解的人,这本书都是值得一读的。孙宁的这部专著为我们开了一个好头,我相信并期待,随之而来的会更多。

是为序。

目 录

001 / 第一章　匹兹堡学派的总体思路

017 / 第二章　如何真正摆脱所予：C. I. 刘易斯与塞拉斯

032 / 第三章　科学实在论语境中的老塞拉斯与塞拉斯

054 / 第四章　康德、塞拉斯与麦克道威尔

086 / 第五章　从第二自然到世界观：麦克道威尔的转向

105 / 第六章　心灵哲学和知觉理论：麦克道威尔与普特南

145 / 第七章　从康德—塞拉斯论题到分析实用主义：布兰顿的实用主义路线

166 / 第八章　"意义"的意义：塞拉斯与布兰顿

188 / 第九章　黑格尔、古典实用主义与匹兹堡学派

221 / 附识与后记

230 / 参考文献

第一章
匹兹堡学派的总体思路

大致从1950—1970年,英美哲学经历了从实证主义到后实证主义的重要转向。这一转向的一个重要特征是对"直接性"(immediacy)和"所予"(givenness)的批判,这一思路在英国以奥斯汀(J. L. Austin, 1911—1960)的《感觉和可感物》(1962)为突出代表[1],在美国则以塞拉斯(Wilfrid Sellars, 1912—1989)的《经验主义与心灵哲学》(1956)为主导。此外,我们还可将库恩(Thomas Kuhn, 1922—1996)、费耶阿本德(Paul Feyerabend, 1924—1994)等人提出的"理论蕴涵"(Theory-Laden)视为这一思路在科学哲学上的一个总结。斯特劳森(P. F. Strawson, 1919—2006)在对维特根斯坦(Ludwig Wittgenstein, 1889—1951)《哲学研究》(1953)的评论中精确刻画了这一转向的两个特征:"对私人性的敌意"(hostility to privacy)和"对直接性的敌意"(hostility to immediacy)。[2] 概而言之,这一思路试图从根本上克服自近代早期以来的认识论基础主义,后者认为知识必须包含"给予心灵的"(given to the mind)和"由心灵增加的"(added by the mind)两部分,且第二部分必须以第一部分为基础。对基础主义的克服主要针对第一部分的内容展开,即质疑不受心灵影响的材料性所予的合法性。这条思路看似明了,但也存在理论上的难点:虽然从所予出发的理论无法说明认识的客观性(它们最多只能设定所予与对象之

---

[1] 奥斯汀的主要批判对象是艾耶尔的感觉材料理论,see A. J. Ayer, *The Foundations of Empirical Knowledge* (London: Macmillan, 1940)。艾耶尔对奥斯汀的回应文章"Has Austin Refuted the Sense-data Theory?"收于 A. J. Ayer, *Metaphysics and Common Sense* (London: Macmillan, 1969)。
[2] P. F. Strawson, "Review of Wittgenstein's *Philosophical Investigations*," *Mind*, 63 (1954), pp. 90ff.

间存在某种神秘的一致关系),但抛弃所予之后的理论也面临着同样的难题,除非它们愿意停留在现象论层面。自塞拉斯批判所予神话以来,一批哲学家的工作——比如普特南(Hilary Putnam,1926—2016)、罗蒂(Richard Rorty,1931—2007)、麦克道威尔(John McDowell,1942—)、布兰顿(Robert Brandom,1950—)等——都是围绕着这一难题展开的。本书要研究的匹兹堡学派(塞拉斯、麦克道威尔和布兰顿)不但处于这个宏观语境中,更是它的一个核心组成部分。

古典知识理论将知识把握为直观(aisthesis)与推论(dianoia)合作的产物,认为直观为概念提供材料,概念在直观的基础上进行进一步的操作。这条基础主义的思路存在着难以弥补的根本缺陷:我们必须首先说明直观的非推论性运作,然后再说明推论对直观内容的进一步建构。哲学史给我们的教训是,对这两个步骤的说明最终都只能引向神秘:前者引向神秘的所予,后者则引向概念对直观的神秘建构。这种困境是我们在直观与推论之间作出区分的必然后果。匹兹堡学派建议我们抛弃直观与推论之间的这种本质性区分,并试图论证一种"直观—推论"的连续体。根据这一思路,直观不再是建构的起点,而是建构的结果,换言之,不是主体将概念运用于直观,而是直观中已经包含了概念的自发运作。心理过程的自始至终都伴随着概念运作,这本来并不是一个难以理解的观念。但是,由于自亚里士多德到洛克的抽象主义(abstractionism)思路对我们产生了根深蒂固的影响,我们总是倾向于认为概念是被施加于心理过程上的,是对非概念的原始心理过程的进一步抽象。维特根斯坦的早期追随者吉奇(Peter Geach,1916—2013)曾在《心理行为》(1957)中指出,人们通常认为,我们需要通过概念"从直接经验中将某些特征挑出来,引起我们的注意,也就是所谓的将它们抽象出来;与此同时也就忽视了其他特征,也就是所谓的从其他特征中抽离出来"[①]。吉奇认为这条抽象主义的思路只对概念运作进

---

① Peter Geach, *Mental Acts: Their Content and Their Objects* (London: Routledge & Kegan Paul, 1957), p. 18.

第一章 匹兹堡学派的总体思路

行了二级层面上的分析,而非发生学层面上的分析。换言之,抽象主义的思路会不可避免地掩盖概念在知觉层面上的原初运作。维特根斯坦将这种掩盖称为"欺骗性把戏的决定性动作"(the decisive movement in the conjuring trick)。① 我们看到,无论是概念主义者还是反概念主义者,他们对概念运作的理解在很大程度上仍然停留在抽象主义的思路中。比如,概念主义的反对者福多(Jerry Fodor, 1935—2017)在《心灵的模块性》(1984)中指出,知觉系统是"信息封闭的"(informationally encapsulated),"核心心灵"(central mind)的概念运作影响不了知觉状态下的内容。② 匹兹堡学派则试图阐明,对概念运作的分析必须从二级层面推进至发生学层面,原初的"看"(seeing)必须同时是"看作"(seeing-as)。基于这条思路,他们试图在抽象主义思路之外探讨一种非判断性的概念内容,也就是所谓的推论性直观。

匹兹堡学派将这条线索追溯至康德,在后者的直观(Anschauung)中找到了推论性直观的可能性。他们对康德的一个关键解读是:康德对概念运作的探讨并不是沿着抽象主义的思路进行的,康德那里的直观从一开始就是命题性的,甚至可以理解为从一开始就是理由空间内的规范性运作。他们认为,康德的核心洞见是坚持命题性的首要性(the primacy of the propositional),而这一洞见自笛卡尔以来就一直处于被遮蔽的状态。但匹兹堡学派认为,除了用坚持命题性的首要性来摆脱基础主义,我们还必须强调另外一点:命题并不是独立的,我们必须以一种整体性视角来考察命题之间的关系,并以此来界定各个命题的意义。只有这样,我们才能从根本上摆脱"鲁滨逊式的知识论"。在更深的层次上,塞拉斯对经验主义的批判并非针对所予,而是针对所予背后的语义原子主义(semantic atomism)。在这个意义上,《经验主义与心灵哲学》和奎因(W. V. O. Quine, 1908—2000)的《经验主义的两个教条》(1953)构成了一个共通的方案。奎因告诉

---

① Ludwig Wittgenstein, *Philosophical Investigations* (Oxford: Blackwell, 2009), §308.
② See Jerry Fodor, *The Modularity of Mind* (Cambridge, MA: MIT Press, 1984), pp. 64-86.

我们,最小的意义单位不是句子,而是理论。类似地,塞拉斯在《经验主义与心灵哲学》中指出:"我们只有得到其中包括绿的概念的一整套概念才能得到关于绿的概念。"①基于这一方案,匹兹堡学派对康德的这种解读必然要求他们同时对康德进行整体主义式的改造,不过他们在德国观念论内部找到了改造的资源。塞拉斯和麦克道威尔认为,我们要将一种黑格尔式的步骤引入康德的先验框架,将概念的形式化应用改造为"心灵/世界"在一个整体性历程中的自我展开;而布兰顿则认为,重要的不是先验层面上的改造,而是用黑格尔式的视角互动观和社会实践观补充康德对于概念形成和运作的理解。但无论如何,从康德到黑格尔的推进是这条思路的必然方向。

通过对康德的改造,匹兹堡学派对抽象主义的拒斥获得了可操作的场地:概念的运作就是理由空间内的规范性运作,这种运作并不是主体的抽象活动,而是主体间的互动实践。在这个意义上,匹兹堡学派提出了他们的主要观点:思维的基本形式是体现理性关系的言语表达。匹兹堡学派的哲学是语言转向之后的哲学,他们在语言转向这个整体语境内部刻画了一条独特的思路。塞拉斯在《经验主义与心灵哲学》中指出:"根本在于,在将一个片段或一个状态描述为认识到的片段或状态时,我们不是在经验地描述那个片段或状态;我们是在将它置于理由的逻辑空间,即证成和能证成我们所说的话的逻辑空间。"②匹兹堡学派认为,思维就是内言语(inner speech),或者用塞拉斯的话来说,思维就是"用语词思考"(thinking in words)或"大声想出来"(thinking out loud)。既然思维被理解为断言的行为(acts of asserting)或断言行为所断言的内容(contents of assertion),那么它就必须在给出和要求理由的规范性运作中得到理解。他们进而认为意向行为也是以公开的言语行为(overt verbal performances)为基本模式

---

① Wilfrid Sellars, *Empiricism and the Philosophy of Mind* (Cambridge, MA: Harvard University Press, 1997), p. 44. 中译引自塞拉斯:《经验主义与心灵哲学》,王玮译,上海:复旦大学出版社,2017年,第35页。
② Ibid., p. 76. 塞拉斯:《经验主义与心灵哲学》,王玮译,第61页。

的,换言之,内在片段或状态是言语行为的派生,"thinking that-p"从本质上来说就是"proposition that-p"。塞拉斯在《心理事件》(1981)中明确指出了他与传统观念的根本分歧:"我认为,与思维意向性相关的概念是从与有意义言语相关的概念那里派生出来的。"①因此,匹兹堡学派的鲜明立场是,断言不只和其他言语行为相关联,还与知觉(比如看到一个苹果)及非言语行为(比如吃苹果)本质相关。很明显,在匹兹堡学派看来,一个非语言或前语言的生物并不能把握语言生物所能把握的逻辑关系,塞拉斯明确指出他正是在这个意义上界定他的心理学唯名论(psychological nominalism):"否认有任何对逻辑空间的意识先在于(或独立于)语言的习得。"②塞拉斯由此区分了自然的逻辑空间与理由的逻辑空间,跟随塞拉斯,麦克道威尔区分了第一自然(first nature)或动物性自然与第二自然(second nature),布兰顿则一再强调感觉(sentience)与智识(sapience)的区分。匹兹堡学派认为从动物性功能到人类的言语行为并不存在连续的进程,在这个意义上,他们显然处于进化论的语境之外。③ 我们知道,和匹兹堡学派相反,基于进化论的连续性思路恰恰是古典实用主义的主要理论资源,比如,杜威在《经验与自然》(1925)中明确指出:"认识性经验必须起源于非认知性经验,否则就违背了历史和自然的连续性。"④因为这个关键的分歧,我们在探讨和界定匹兹堡学派中的实用主义线索时必须非常小心和谨慎。

匹兹堡学派认为,语言的独特之处在于它的使用与规范紧密相连,语言的使用者在理由空间中根据对规范的理解作出言语行为。在这个意义上,下面这个康德式的区分对匹兹堡学派而言就显得尤为关键:单纯依照

---

① Wilfrid Sellars, *In the Space of Reasons: Selected Essays of Wilfrid Sellars* (Cambridge, MA: Harvard University Press, 2007), p. 283.
② Sellars, *Empiricism and the Philosophy of Mind*, p. 66. 塞拉斯:《经验主义与心灵哲学》,王玮译,第 53 页。译文有改动。
③ See also Noam Chomsky, *Cartesian Linguistics* (New York: Harper & Row, 1966); Eric H. Lenneberg, *Biological Foundations of Language* (New York: Wiley, 1967).
④ LW 1:29 – 30.

法则而行动与根据对法则的理解而行动。塞拉斯在《哲学与人的科学图像》(1960)中指出:"能够思维就是能够根据正确性、相关性和可证性的标准测量自己的思维。"[1]对语言使用者来说,最重要的技能是明确理解和合理使用法则与规范,并由此获得成熟的信念。这并不是一个简单的任务,哲学的核心工作正是围绕这一点展开的。匹兹堡学派分享了对自然语言的清醒认识:我们每个人都不可避免地深陷在自然语言中,概念从根本上来说是自然语言的成就。麦克道威尔在《心灵与世界》(1994)中将自然语言视为我们每个人的传统,他指出:"我们从一开始就置身其中的自然语言是传统的仓库,储存了在历史中累积起来的,关于何事为何事之理由的智慧。继承传统的每一代人也在反思中修改着传统。"[2]在匹兹堡学派看来,学习和使用自然语言是进入理由空间的必要条件,而学习和使用自然语言就是在尝试把握不同断言之间的理性关系。在麦克道威尔的这条思路上,布兰顿另外强调了一点:帮助我们进入理由空间的自然语言并不必然要求形成清晰的法则和规范,我们在断言和表达信念时并不一定会用到清晰的逻辑语汇(其中最典型的形式是"If p, then q"式的条件句),换言之,存在非逻辑语汇的实质推论,逻辑语汇的功能是使实质推论清晰化,在这个意义上布兰顿将"使之清晰"作为哲学的根本任务(*Making it Explicit*),这个目标并不能通过宽泛意义上的文化传承实现。为了获得成熟的信念,布兰顿建议在关于共同世界的不同视角之间形成良性互动。当然,塞拉斯在区分科学图像(scientific image)和显像图像(manifest image)时已经认识到了视角的相对性,他还提出建立一种调和这两种图像的"全览"(synoptic)图景,布兰顿试图在推进这一点时避免作出任何意义上的价值判断,哲学的根本任务不是确立某个视角的优先性,而是对我们选择某个视角的理由作出清晰准确的说明。

---

[1] Wilfrid Sellars, *Science, Perception and Reality* (Atascadero: Ridgeview, 1963), p. 11.
[2] John McDowell, *Mind and World* (Cambridge, MA: Harvard University Press, 1994), p. 126.

第一章 匹兹堡学派的总体思路

这里的关键问题是如何根据对规范的理解而行动。布兰顿建议我们区分清晰表达为规则的规范(norms explicit as rules)和隐含在实践中的规范(norms implicit in practice)。规范不一定能被明确说出,更多的规范是隐含在行为中的,布兰顿正是在这个意义上区分了言与行(*Between Saying and Doing*)。他在《使之清晰》(1994)中指出:"这里的挑战是,拒斥理性主义的规则主义,又不滑向非规范的规律主义。"[1] "规则主义"(regulism)认为控制行为的规则都可以用清晰的命题表达,而"规律主义"(regularism)则认为行为虽然会呈现一定的模式(pattern),但其中并不隐含规范(norm),布兰顿试图用隐含在实践中的规范在这两个立场之间寻找一条中间道路。在这个问题上,麦克道威尔和布兰顿的思路产生了明显的分歧。在麦克道威尔看来,布兰顿提出的这种独特的遵守规范的方式是没有必要的,他通过对维特根斯坦的解读指出:"一般而言,根据理解行动并不意味着根据对理解的解释而行动。"[2]换言之,很多时候规范直接向我们呈现,我们不但不需要对此加以中介性的解释,甚至不会产生对于规范的意识。和最终的哲学倾向联系起来看,塞拉斯和布兰顿试图通过复杂的理论建构来呈现规范的具体运作,而麦克道威尔则满足于所谓的寂静主义(quietism),在他看来,对规范的过度强调会让我们变成戴维森(Donald Davidson,1917—2003)式的内在论者,忽视对事物本身的关注,并最终取消世界的独立性。《心灵与世界》一书的标题就可以告诉我们,这种结果并不是麦克道威尔的最终诉求。布兰顿的情况同样也是如此。塞拉斯认为,每一个认识都必须具有可靠性,换言之,认识者必须明确知道自己得到每一个认识的理由。对布兰顿而言,这一标准过高了,他明确指出我们可以知道某些我们无法给出理由的东西。[3] 这一点明显标示了对世界的承认,

---

[1] Robert Brandom, *Making It Explicit* (Cambridge, MA: Harvard University Press, 1994), p. 32.
[2] John McDowell, *The Engaged Intellect: Philosophical Essays* (Cambridge, MA: Harvard University Press, 2009), p. 103.
[3] See Robert Brandom, "The Centrality of Sellars's Two-Ply Account of Observation," in *Tales of the Mighty Dead* (Cambridge, MA: Harvard University Press, 2002), pp. 348-67.

布兰顿认为这些我们无法给出理由的东西蕴含在世界进程中,并在理论和实践的进程中逐渐清晰起来。

匹兹堡学派的内部区分到这里也逐渐变得清晰起来。麦克道威尔、布兰顿和罗蒂一般被归为左翼塞拉斯主义者,他们继承和发展了塞拉斯关于法则和规范的构想。与之相对的是右翼塞拉斯主义者,如米利肯(Ruth Millikan,1933—)、罗森伯格(Jay Rosenberg,1942—2008)、丘奇兰德(Paul Churchland,1942—)等人,他们在科学实在论和心理学唯名论这条线索上推进了塞拉斯的思想。虽然这两条思路在塞拉斯本人那里以有机的形式整合在一起,这样的划分大体而言是可以接受的,以上的勾勒也呈现了塞拉斯、麦克道威尔和布兰顿在规范的语境中理解概念化运作的思路。① 相较而言,布兰顿的哲学方案比麦克道威尔更接近塞拉斯本人的思路。从宏观来看,布兰顿致力于完善塞拉斯的推论主义(inferentialism)方案,这一思路隐含于维特根斯坦的《哲学研究》,经塞拉斯阐明,最终在布兰顿那里得到进一步丰富和展开。而在麦克道威尔看来,坚持推论主义的立场并不必然要求对推论进程的阐明,推论主义必须首先在先验的层面上是可能的,然后才能在经验的层面上展开,从这个意义上来说,麦克道威尔比其他两位更接近康德主义。但另一方面,就基本的哲学立场而言,我们又可以在匹兹堡学派内部观察到一种明显的推进:如果说匹兹堡学派的整体思路呈现了从康德推进到黑格尔的必然发展,那么很明显塞拉斯代表了这一进程的康德阶段,而麦克道威尔和布兰顿则代表了这一进程的黑格尔阶段。

和康德一样,塞拉斯试图维持世界与心灵的基本区分,为此他区分了自然空间与理由空间,并试图通过将认知进程全部放在理由空间来避免从

---

① 威廉姆斯(Michael Williams)告诉我们,布兰顿在私人谈话中还经常强调左翼和右翼塞拉斯主义者的另一个关键分歧:左翼塞拉斯主义者并不像右翼塞拉斯主义者那样担心真理、描绘(picturing)、图像间的冲突(the clash of the images)这类问题,"他们以一种治疗性的方式缓解形而上学的焦虑"。Willem A. DeVries, ed., *Empiricism, Perceptual Knowledge, Normativity, and Realism: Essays on Wilfrid Sellars* (Oxford: Oxford University Press, 2009), p. 182.

自然关系推出理性关系的自然主义谬误。在麦克道威尔和布兰顿看来,塞拉斯的方案存在着一个关键缺陷。一方面,塞拉斯在《经验主义与心灵哲学》中对传统经验主义进行了批判,他批判了最弱意义上的(即作出最小承诺的)观察性语汇,以及与此语汇相关的现象论语汇和基于第二性的质的语汇。他试图阐明,作为起点的观察报告本身就包含了命题形式,并和其他命题构成了相互影响的动态关系。另一方面,塞拉斯又具有很强的实在论倾向,他一再强调,尽管概念性运作和"单纯感受性"(sheer receptivity)在实际上是不可分割的,但它们在原则上是可以也必须得到区分的。在麦克道威尔和布兰顿看来,这种区分是塞拉斯的不彻底之处,这说明他并没有完全放弃他所批判的经验主义。麦克道威尔认为,我们必须放弃谈论单纯感受性,转而探讨一种与自发性相耦合的感受性;而布兰顿则更为彻底,他建议彻底抛弃经验主义的诉求以及一切与感受性相关的语汇,转而探讨一种基于推论的表征。概而言之,麦克道威尔和布兰顿认为自然空间和理由空间必须是相互回应的,而塞拉斯则认为,理由空间(思维)不需要答复自然空间(印象),但自由空间会单方向地回应理由空间,以某种形式作为理由空间的基础。相比于前一条思路,后一条思路显然带来了很多不必要的解释困难。塞拉斯还试图保留康德式的物自体。他在《科学与形而上学》(1968)中指出:"因为物自体通过范畴形式被表征,所以它们不能自存,这是一条错误的非康德原则。"[1]尽管如此,在麦克道威尔和布兰顿看来,世界在塞拉斯那里并没有作出任何意义上的认知贡献,他的心灵进程最终"旋转于虚空中"[2],无法接受任何来自世界的摩擦。塞拉斯明确告诉我们,理由空间无须对自然空间作出答复。从这个意义上来说,塞拉斯的问题也是戴维森的问题,因为戴维森告诉我们:"只有一个信念才能作为持有另一个信念的理由。"[3]

---

[1] Wilfrid Sellars, *Science and Metaphysics*: *Variations on Kantian Themes* (London: Routledge & Kegan Paul, 1968), p. 59.
[2] McDowell, *Mind and World*, p. 11.
[3] Donald Davidson, *Subjective*, *Intersubjective*, *Objective* (Oxford: Clarendon, 2001), p. 141.

麦克道威尔和布兰顿认为，首要的步骤并不是在世界与心灵之间作出康德式的区分，而是将两者放在一个整体性的语境中加以理解。麦克道威尔认为，证成信念的不只有信念，还有经验，经验与思维不只有因果关系，还有理性关系。在这个意义上，他和奎因分享着共同的洞见："信念之网"（web of belief）必须最终落实在自然主义认识论中。麦克道威尔在《心灵与世界》中阐明的立场是一种最低限度的经验主义（minimal empiricism），这一立场认为思维必须在某种程度上指向世界，理性必须始终服从于"经验法庭"（the tribunal of experience）的仲裁。① 麦克道威尔认为，融贯论并不是所予论的合理替代方案，因为它没有在最低限度上保留经验主义的合理洞见：感觉提供了经验的确实性。他指出："理由空间内存在着显像事实的直接呈现（direct figuring of manifest fact）。"② 麦克道威尔认为，如果我们在强调概念性运作的同时拒斥了感觉的确实性，"经验内容如何可能"就变成了一个最为紧迫的问题，而这个问题在塞拉斯和戴维森那里并没有得到妥善的回答。但另一方面，麦克道威尔又试图避免认为可以通过重构自然空间中的材料得到理性规范的赤裸的自然主义（bald naturalism），并和塞拉斯一样强调理由空间的独特性（sui generis），正是在这个意义上他对康德的感受性（receptivity）和自发性（spontaneity）作了著名的借鉴。布兰顿则试图在弗雷格（Gottlob Frege，1848—1925）的框架内发展出一种外在论语义学（externalism semantics），拒斥将语义内容和环境割裂开来的内在论语义学。当然，我们还可以在普特南和伯吉（Tyler Burge，1946—　）等人那里看到这一思路，伯吉认为普特南对环境的理解过于狭窄，他试图通过对孪生地球实验（Twin Earth）的改造将物理环境拓展到社会环境。布兰顿的独特之处在于将环境首要地理解为推论性实践（discursive practice），其基本形式是基于承诺（commitment）和资格

---

① 关于"经验法庭"概念，see W. V. Quine, "Two Dogmas of Empiricism," in *From a Logical Point of View* (Cambridge, MA: Harvard University Press, 1961), p. 41.
② John McDowell, "Knowledge and the Internal," *Philosophy and Phenomenological Research*, 55:4 (1995), p. 890.

(entitlement)的计分(scorekeeping),计分游戏的目的在于对不同对话者承诺的信念和有资格拥有的信念进行计分,并随着推论进程的展开和实践性语境的转换分析分数的变化。在布兰顿看来,这一社会语境下的推论维度是麦克道威尔所欠缺的,他指出,他大致赞同麦克道威尔,但后者的方案还必须补充一点,即"强调麦克道威尔从未提到过的一个关键维度:理由空间本质上是社会性的"①。不过,尽管在意图和方案上不尽相同,麦克道威尔和布兰顿都试图同时保留内在论和外在论的洞见,并在两者之间维持一种被塞拉斯放弃了的平衡。很显然,这是他们在康德与黑格尔之间最终选择黑格尔的根本原因。

我们可以用概念实在论来界定麦克道威尔和布兰顿的共同立场,这一立场认为世界既是独立的,又在概念的塑造中。布兰顿曾在一次访谈中指出:"麦克道威尔和我都是关于世界的概念实在论者。我们认为,世界实际上是独立于人的,但已经被概念化……概念没有外在边界……世界其实就已经在概念塑造中了。"②类似地,麦克道威尔在《心灵与世界》中这样界定概念的无边界性:"我们一定不能给概念领域划定一个外围,然后再让一个界限外的实在去冲击这一系统。"③另一处:"实在并不处在概念的封闭界限之外。"④撇开前述细节性区分不谈,这当然是塞拉斯批判所予以来积累的遗产,也是匹兹堡学派的主要特征。但在如何不从概念实在论滑向融贯论这个关键问题上,麦克道威尔和布兰顿的路线产生了不容忽视的分歧。大体而言,麦克道威尔代表了概念实在论的经验主义方向,而布兰顿则代表了概念实在论的理性主义方向。麦克道威尔坚持认为,在抛弃了所予后必须要保留一些经验性的东西,以防止心灵在真空中无摩擦地旋转,由此他提出了作为非判断的概念化经验。他认为我们在抛弃了非概念化所予

---

① Robert Brandom, "Knowledge and the Social Articulation of the Space of Reasons," *Philosophy and Phenomenological Research*, 55:4 (1995), p.895.
② 陈亚军:《德国古典哲学、美国实用主义及推论主义语义学——罗伯特·布兰顿教授访谈(上)》,《哲学分析》,2010年第1期,第173页。
③ McDowell, *Mind and World*, p.34.
④ Ibid., p.44.

(non-conceptualized given)之后必须保留一种概念化所予(conceptualized given)。知觉经验的确是概念化的,但我们不能将知觉经验和思维之间的类似关系理解为完全等同。麦克道威尔在《心灵与世界》中指出,"在经验中,我们发现自己承载着内容(saddled with content)"①,换言之,不是我们主动运用概念能力,而是概念进程的自发运作。而布兰顿则认为这种经验主义的残余是不必要的。他试图阐明,能够给心灵提供摩擦并不是最低限度的经验主义,而是基于主体间互相给出和要求理由的推论性实践。基于这条思路,他在黑格尔对自我意识的处理中(主奴关系)发现了解释这种实践的有效资源,并在黑格尔的"精神"(Geist)中找到了一种超越内在论和外在论的整体性框架。因此,两者最大的分歧在于是否保留经验主义的立场。不过布兰顿并不认为麦克道威尔因为坚持经验主义而回到了所予神话②,他们在概念实在论这个基本立场上还是高度一致的。

到此为止,塞拉斯对两者的影响也就显而易见了。尽管存在着细节上的分歧,麦克道威尔在大体上继承了塞拉斯对康德的解读。特别是在《心灵与世界》出版之后,他逐渐放弃了对知觉经验内容的命题性理解,转而探讨一种非命题性经验内容的可能性。塞拉斯对康德式直观的解读无疑在这里起了关键作用,麦克道威尔在2009年的文集中将这种康德式直观重新阐释为"纳入视野"(a having in view)。③ 顺带一提,布兰顿始终认为知觉经验的内容不仅是概念化的,还是命题性的,他甚至在黑格尔那里找到了一种隐含的表达主义(expressivism)作为支持这条思路的有力资源。与麦克道威尔不同,布兰顿继承和发展了塞拉斯的推论主义线索。在维特根斯坦那里,推论只是众多语言游戏中的一种,和其他语言游戏相比并不具有地位上的优先性。而塞拉斯则特别关注句子在语言游戏中所扮演的角

---

① McDowell, *Mind and World*, p. 10.
② See Robert Brandom, *Perspectives on Pragmatism: Classical, Recent, and Contemporary* (Cambridge, MA: Harvard University Press, 2011), p. 197.
③ John McDowell, *Having the World in View: Essays on Kant, Hegel, and Sellars* (Cambridge, MA: Harvard University Press, 2009). 中译引自麦克道威尔:《将世界纳入视野:关于康德、黑格尔和塞拉斯的论文》,孙宁译,上海:复旦大学出版社,2018年。

第一章 匹兹堡学派的总体思路

色,这一兴趣促使他将语言游戏首要地理解为作出断言的活动,这种活动被布兰顿进一步解释为给出和要求理由的推论性实践。布兰顿认为社会维度下的推论性实践是最重要的语言游戏,它不是单纯的发声游戏(vocal game),而是推论性游戏(discursive game)。基于这样的认识,布兰顿要求在维特根斯坦和古典实用主义的基础上增加系统的分析和刻画以完善这条推论主义线索。他认为维特根斯坦只是给出了大致的方向,而古典实用主义提出的工具性(instrumentality)则停留在人类学传统(自然史)的语境下理解规范,无法帮助我们理解更高的意向性问题,他试图在塔斯基(Alfred Tarski,1901—1983)、卡尔纳普(Rudolf Carnap,1891—1970)和刘易斯(David Lewis,1941—2001)的形式语义学基础上,结合语义和语用构造出一种"方法论实用主义"(methodological pragmatism)。

我们可以清楚地看到,康德的问题就是塞拉斯的问题,同时也是麦克道威尔和布兰顿的问题。康德的关键问题是,对象如何变成"我的"对象?他的先验哲学想要揭示的正是"我的"在知觉及一切认识活动中的基础性位置,在逻辑上,这一位置是一切运作的坐标原点。让对象变成"我的"就是使对象成为可能的过程,对象在这一过程中获得对象性,并进而获得康德意义上的客观性,也就是普遍必然的有效性,这是先验哲学的根本洞见。然而这一洞见最终也成为先验哲学需要解决的根本问题:如何恰当而令人信服地说明对象的客观性?康德试图用统觉的综合和图型说来解决这一问题。对这一问题,匹兹堡学派的解决方案既不同于古典实用主义者的方案,也不同于罗蒂、普特南等新实用主义者的方案。他们并没有放弃康德式的表征而转向反表征主义立场,相反,他们试图在保留表征的前提下对此进行不同方向上的改造。麦克道威尔和布兰顿的关键区分在于他们放置表征的位置。作为经验主义者的麦克道威尔在塞拉斯的帮助下将康德的方案向前推进至直观阶段,并试图在这一阶段探讨概念和对象的先天契合,因此在他看来,表征在某种意义上是被先天规定的。而作为理性主义者的布兰顿则试图将表征位置从最初移至最后。他的关键思路是,我们必须从推论进展到表征,而不是从表征进展到推论,换言之,表征主义必须基于推论主义。布兰顿认为,基于推论主义的语义表征主义(semantic representationalism)并不像罗蒂认为的那样会导致语义原子主义,在使事物清晰的过程中,我们可以从推论关系逐渐进展到表征维度,逐渐由从言(de dicto)的命题态度转变为从物(de re)的命题态度。因此,在放弃罗蒂所理解的表征之后(布兰顿称之为全局的反表征主义[global anti-representationalism]),我们可以改变表征的剂量,保留一种反全局的表征主义(anti-global-representationalism)。① 因此,不同于哈贝马斯(Jürgen Habermas,1929—)对事实和规范的区分,布兰顿试图通过推论性表征阐明一种规范性事实的可能性,在这一点上他和皮尔士(Charles Sanders Peirce,1839—1914)不谋而合,尽管后者并不是他的直接资源。当然,从表征主义出发界定匹兹堡学派并不是要将他们与实用主义线索区分开来。表征主义并不一定是"镜式哲学",对这一点我们需要有明确的认识。事实上,匹兹堡学派在阐明这一点时用到了大量的实用主义资源,这一点将会随着研究的展开逐渐明朗起来。在此之前,我们可以概览性地指出匹兹堡学派的两个实用主义信念:首先,理论哲学和实践哲学并不是两个不同的探究进程,作为基于规范的活动它们是高度统一的;其次,概念框架并不是形式化的视角,而是一种实践活动,必须涉及具体的行为态度和行为目的。

以上是对匹兹堡学派的总体思路的大致勾勒,这些勾勒需要在下面几章的具体研究中逐步丰满起来。根据本书有限的研究视域,匹兹堡学派在下面四个方向的探讨具有特别的理论价值。首先,匹兹堡学派并不是简单地抛弃所予,也没有在克服所予神话之后简单给出一条概念主义的思路,而是通过对经验、直观、表征等概念的深入探讨精细地呈现了问题的复杂性。其次,匹兹堡学派尝试在语言转向之后重新反思思维和世界的关系,并开启了"心灵与世界"这个古老议题的崭新意蕴。再次,匹兹堡学派(特别是塞拉斯和布兰顿)极大程度上推进了我们对规范的认识,他们的工作不但让我们意识到自然主义的思路可以在分析的语境中得到精确刻画,还

---

① See Brandom, *Perspectives on Pragmatism*, pp. 197ff.

提示我们事实和价值的交缠是如何落实在基于主体间性的推论性语境中的。最后是匹兹堡学派在当代哲学史中的重要性,这种重要性体现在:一方面,从塞拉斯开始,匹兹堡学派就致力于嫁接传统西方哲学和美国自己的哲学传统(塞拉斯也许是第一个能将这两个传统自如嫁接的美国哲学家),以塞拉斯的工作为基础,麦克道威尔和布兰顿同时在欧陆传统和分析传统中汲取资源,为两个传统之间的对话创造了丰富的契机;另一方面,匹兹堡学派又在美国哲学图景的内部,特别是分析哲学与实用主义之间,作出了卓有成效的融合工作。

以下的分论题研究主要是沿着以上四个方向展开的。第二和第三章的研究在破与立两个方向上探讨了塞拉斯的核心工作:将所予神话和它背后的整个概念框架一起移除,然后建构一种更为合理的概念框架,以此来彻底摆脱所予神话。第四和第五章的研究细致探讨了匹兹堡学派与德国观念论的关系,揭示了匹兹堡学派的思考在何种意义上处于德国观念论的语境之中,又在何种意义上超出了这一语境。第六章从麦克道威尔的工作出发,以知觉为切入口探讨了一种心灵哲学的可能性。第七章从布兰顿的工作出发,呈现了匹兹堡学派对规范的思考,探讨了这条思路的可行性。第八章探讨了塞拉斯和布兰顿对"意义"的研究,并通过探讨语言转向背后的本体论诉求揭示了匹兹堡学派的最终落脚点。第九章在黑格尔、古典实用主义与匹兹堡学派这条线索中界定了匹兹堡学派在美国思想史中的位置。

因为本书的基本形式是分论题的研究,所以它的定位是研究性的,我希望在每一个研究中细致地呈现特定问题的复杂层次和深刻内涵。但同时,我又希望通过以下八个相互支撑和相互指涉的研究较为完整地呈现匹兹堡学派的整体思想图景,并界定它在哲学史中的具体位置。显然,相较于刻画一个学派的思想线索,界定它与其他思想线索的互衍要困难得多,本书试图在兼顾前一任务的同时尽量着力于后一任务,因此对思想史的关照在本书的研究中占了相当大的比重。我试图在技术性探讨中同时保留一种思想史的取向,即在德国观念论、古典实用主义、新实用主义、分析哲学、心灵哲学等众多线索中整理出一条属于匹兹堡学派的独特叙事。毫无疑问,同任何理论工作一样,这种叙事最终只能是属于作者本人的一种叙事,这一叙事当然是可分享的,但并不是可复制的。也就是说,本书的研究最多只能作为脚手架或踏脚石,帮助读者和其他研究者在这片思想的密林中勾勒出一幅只属于自己的地图。

第二章

如何真正摆脱所予：C.I.刘易斯与塞拉斯

所予(the given)问题在20世纪初成为哲学讨论的焦点。就根本理论诉求而言，现象学家对脱离一切前设的纯粹经验的寻求与英国经验论传统下的哲学家对直接经验对象的探讨是一致的，只不过前者更关注于剖析所予在主体进程中的表现，后者更强调说明所予与对象的逻辑关系。在前一条线索中，胡塞尔通过引入质素(hyle)这个古老概念区分了不带意向性的质素素材(hyletisches Datum)和带有意向性的感性(Sinnlichkeit)。在后一条线索中，作为所予的"感觉材料"概念最早是由摩尔在1910—1911年的一个讲座中引入的。[1] 罗素阅读了讲座稿，并在1912年出版的《哲学问题》中使用了摩尔提出的概念，他指出，通过感觉材料得到的知识是亲知的，而非描述的。[2] 无论如何，所予是否存在，它的本质是什么，它在因果关系和认知进程中处于何种位置，这些不仅是实在论者要处理的问题，也是观念论者必须面对的问题。所予概念本身并无任何复杂之处：我们无法感知到对象本身，只能以某种方式感知到对象提供给我们的感觉材料。解释的难点在于：我们是以何种方式获得所予的，所予又是以何种方式与对象相关的？在尝试解答的过程中，我们发现了所予的根本问题：作为认识基础的所予最后只和心灵发生关系，并不能真正触及世界。我们发现，所予要么来自心灵(from the mind)，要么只为心灵存在(for the mind)，要么只能指示心灵的存在(imply the mind)，无论哪一种情况，我们都无法说明

---

[1] 该讲座稿直到1953年才以《一些主要哲学问题》为题出版，see G. E. Moore, *Some Main Problems of Philosophy* (London: George Allen & Unwin, 1953).

[2] Bertrand Russell, *The Problems of Philosophy* (Cambridge: Oxford University Press, 1912), pp. 46-7.

心灵是如何通过所予真正和世界发生关系的。这种唯我论困境促使我们反思所予作为界面或中介的必要性和合法性,但这种反思自始至终都是困难重重的。

塞拉斯试图在《经验主义与心灵哲学》中阐明,观察报告之所以能作为知识的起点并不是因为它是感觉材料的直接表达,而是因为它作为"is 陈述"本身就包含了命题形式,并和其他命题构成相互影响的动态关系。但塞拉斯又告诉我们,尽管认为知识开始于感觉材料的观点是完全错误的,但在总的哲学图景中也许真的存在某些作为感知经验要素的殊相,虽然"这个位置不是通过分析日常感知话语发现的,正如闵可夫斯基(Hermann Minkowski,1864—1909)的四维时空蠕虫不是通过分析我们的时空物理对象话语的意思发现的"[①]。塞拉斯似乎在暗示,尽管显像图像中的所予显然是不合法的,我们仍可以在科学图像中保留探讨所予的可能性。由此看来,塞拉斯并没有轻易地摆脱所予。不过,即使是在显像图像中,对所予的摆脱也不像想象中那样容易,因为对直接性的敌意常常被直接经验到的直接性所冲淡,这让我们的敌意在很多时候变成了一种虚假的敌意。塞拉斯在牛津学习期间的老师普莱斯(H. H. Price,1899—1984)曾在《知觉》(1932)中指出,对所予的驳斥可以在两个层面上展开:"先天理论"(a priori thesis)认为所予概念是荒谬的,因为我们不可能只把握某个所予而不同时把握它的一些性质和关系;"经验理论"(empirical thesis)则并不强调所予概念本身的荒谬性,而是认为我们永远不可能在经验中找到某种仅仅被给予的东西。普莱斯指出,先天理论的缺陷在于仅仅指出了"所予总是以某种方式被'思及'(在某种模糊的意义上),但完全没有证明没有东西是完全被给予的"[②]。而普莱斯提到的经验理论,归根到底也不过是一种无法被证实或证伪的主观选择。更深层的困难是,所予神话的破灭并没有减轻我

[①] Wilfrid Sellars, *Empiricism and the Philosophy of Mind*, p. 53. 塞拉斯:《经验主义与心灵哲学》,王玮译,第 42 页。
[②] H. H. Price, *Perception* (London: Methuen, 1932), pp. 6-7.

第二章　如何真正摆脱所予：C. I. 刘易斯与塞拉斯

们的解释负担：原来我们既要解释世界如何与所予挂钩，又要解释所予如何与心灵挂钩，现在我们只要解释世界如何与心灵挂钩，但无论采用哪一种方案，心灵与世界的关系仍然是迷雾重重的难题。

本章的研究将通过塞拉斯和刘易斯（C. I. Lewis，1883—1964）对所予展开的思考暴露问题的复杂性和多层性。刘易斯是连接古典实用主义和美国分析哲学图景的关键人物，但他的重要性并没有得到充分的认识。一方面，作为实用主义阵营中的重要一员，刘易斯深入参与了美国的新实在论（New Realism）和批判实在论（Critical Realism）运动，和塞拉斯的父亲老塞拉斯（Roy Wood Sellars，1880—1973）进行了丰富的交流与互动。另一方面，刘易斯还是塞拉斯在哈佛学习期间的老师，同为刘易斯学生的还有奎因、古德曼（Nelson Goodman，1906—1998）、齐硕姆（Roderick Chisholm，1916—1999）和弗思（Roderick Firth，1917—1987）。塞拉斯试图推进刘易斯和卡尔纳普（Rudolf Carnap，1891—1970）在分析哲学内部探讨的新康德主义路线。但是在这一过程中，塞拉斯发现刘易斯和卡尔纳普对康德的处理过于倾向于经验主义，这种倾向使他们最终并没能跳脱《经验主义与心灵哲学》所批判的所予神话。从某种意义上来说，塞拉斯的工作实质上是在调和刘易斯的概念实用主义（Conceptualistic Pragmatism）和老塞拉斯的物理实在论，这一论断的内涵将在以下的讨论中得到揭示。

在反基础主义的实用主义阵营中，刘易斯对基础或前提的诉求或许是最大的，正是这一倾向导致他游离于实用主义主流之外。他曾这样批评同为实用主义者的杜威："他只关注于知识向前看的功能，而没有向后看到知识的基础或前提。"[①]刘易斯认为，知识的基础或前提就是经验中那些无论如何都无法被抛弃的非概念性因素，这些非概念性因素是直接被给予的。应该指出，刘易斯这里的所予并不是感觉材料，而是经验中的非概念性因

[①] C. I. Lewis, "Review of John Dewey's *The Quest for Certainty*," in *Collected Papers of Clarence Irving Lewis* (Stanford, CA: Stanford University Press, 1970), pp. 68 - 9.

素,较之于感觉材料,非概念性因素的位置显然又更加偏内在一些,因此塞拉斯会说刘易斯虽然没有陷入认识性所予(epistemic given),但陷入了语义性所予(semantic given)。当然,刘易斯提出这一步骤的意图也是明确的:他的实用主义立场让他在"实在论/观念论"的语境中处于一个微妙而尴尬的位置,因为他无法像实在论者那样诉诸所予,也无法像观念论者那样接受经验内容的概念化,他只能试图用语义性所予来同时规避实在论和观念论。但在塞拉斯看来,对所予的拒斥必须是彻底的,我们不能在抛弃感觉材料之后又去诉诸非概念性因素。刘易斯的问题在于没有将因果关系和认知关系完全分离开来,他试图找到某个东西作为因果关系和认知关系的衔接点;事实上,只要我们明确分离了两者,就无须再考虑"是"是如何进入"应当"的,因为能作为"应当"的基础或前提的只能是"应当",而不是任何意义上的"是"。作为实用主义者的刘易斯显然无法接受这一方案,因为实用主义的首要前提是"是"与"应当"的连续性,知识的基础或前提如果能在"应当"的层面上得到刻画,那么必然也能在"是"的层面上得到刻画。这是两者之间的根本性分歧。

我们首先来考察被刘易斯保留下来的所予概念。刘易斯认为,意向性中存在两个基本维度:身体性的(somatic)和推论性的(discursive),前者的基本形式是"某物看起来是红的",后者的基本形式是"某物是红的"。但这里的"看起来是红的"并不涉及任何意义上的感觉材料,而是一种"对所予的直接把握"(immediate apprehension of the given)。刘易斯认为,如果不是作为单纯的材料,而是作为在直接把握中呈现的被给予性,所予不仅在逻辑上是可能的,也是在现实中存在的。关于这一点,他在《心灵与世界秩序》(1929)和《对知识与评价的分析》(1946)中的观点是完全一致的。他在《心灵与世界秩序》中指出,我们可以在知识中区分出两个元素:"作为思维活动产物的概念,以及独立于这种活动的感觉性所予(sensuously given)",而"经验性真理,或者说关于对象的知识,是对所予进行概念性解释的结果"。[①] 并

---

① Lewis, *Mind and the World Order*, p. 37.

且,"如果没有材料被给予心灵,那么知识就是空洞而随意的"①。在《对知识与评价的分析》中,刘易斯告诉我们,"离开了这种感性确定性(sense-certainty),就不可能有知觉知识,也不可能有任何经验性知识"②。刘易斯指出,感觉性所予或感性确定性无法被感知的兴趣、倾向和意图改变,是不能被怀疑的,因为它是前概念的,并不具有"人类理性的结构"。③ 同时,它在本质上又是"不可言说的"(ineffable),因为"描述它就是将它置于这个或那个范畴之下,对它有所选择,强调它的某些方面,以某些特殊而又可避免的方式和它发生关系"。④ 换言之,我们不可能不在描述所予内容时将其他意义强加给它。刘易斯告诉我们,所予就像"当下"一样是难以把捉的:"绝对的所予是一个似是而非的当下(specious present),它退入过去,又进入未来,这之间并不存在真正的界线。"⑤在《心灵与世界秩序》中,刘易斯将这种无法言说的绝对所予进一步界定为"感质"(quale):"直接感质构成了我们的概念在经验中的最终指示,所予的特殊性质在任何证实中都扮演了不可或缺的角色。……它是自然知识的绝对支点(που στω, pou sto)。"⑥刘易斯指出,感质有两个特征:首先,它必须是一般的,即可以在不同的经验中被识别;其次,它必须和对象的属性相区分,就本质而言,感质是属性的符号(sign),"同一个感质可以是不同对象属性的符号,不同的感质也可以是同一个对象属性的符号"。⑦

尽管所予是知识的基础或前提,但所予并不能单独为我们的知识提供客观性,刘易斯明确指出,客观意义是所予和概念共同运作的结果,是两者在心灵中的一种"稳定关联"(stable correlation)。⑧ 对象并不会告诉我们

---

① Lewis, *Mind and the World Order*, p. 39.
② C. I. Lewis, *An Analysis of Knowledge and Valuation* (La Salle: Open Court, 1946), p. 188.
③ Lewis, *Mind and the World Order*, p. 101.
④ Ibid., p. 52.
⑤ Ibid., p. 58.
⑥ Ibid., p. 310.
⑦ Ibid., pp. 121-2.
⑧ Ibid., p. 144.

它们所属的范畴,我们在生物和文化进程中获得的认知兴趣和概念结构引导着对所予的解释。刘易斯指出:"如果没有概念,就不存在关于任何东西的经验,甚至也不存在'关于实在'的经验,因为'实在'本身也是一个范畴。"①作为实用主义者,刘易斯认为概念的规范性运作必须和认识上的可错主义(fallibilism)结合起来:"心灵提出某个范畴,它的保留或驳回乃是基于以此为基础的认知是否成功。不过检验成功的标准并不是单纯与经验保持一致,就像我们在检验假设时所考量的那样,而是是否将手头的现象组织成一个可被理解的秩序,当然检验的标准还包括理性的简洁性、经济性,以及原则的可理解性。"②在实验性语境中理解概念运作,这样的思路当然没有问题,这里的核心困难在于,刘易斯必须解释非概念性的感质是如何在这一进程的最初和概念发生关系的。刘易斯并没有明确阐明这一问题,他似乎暗示,作为概念的对象,感质可能已经具有某些最小限度的结构,因为完全没有区分的经验之流不但无法限制概念的运作,也无法进入概念的运作。我们之前提到,刘易斯将感质理解为对象属性的符号,这里,他进一步将感质理解为提示概念运作的"指示符"(index):"被给予的表象应该是概念指示的统一性的可能指示符(probable indices)。"③这里,刘易斯对皮尔士的借鉴是明显的。在皮尔士的符号学体系中,指示符既不同于通过写实或模仿来表征对象的类象符(icon),也不同于抽象符(symbol),它与对象构成因果关系或时空的连接关系,这种关系必须是直接的,否则指示符就会失去意义,典型的指示符有路标、箭头、指针等。刘易斯认为,感质与概念的关系正如指示符与指示对象的关系,这种关系既不是简单的摹写,也不是抽象的关联,而是一种因果性和时空性的同步,换言之,感质必须在因果性和时空性上和概念本质相关。正是基于这种相关性,"知识的相对性和知识对象的独立性之间就不存在任何矛盾"④。

---

① Lewis, *Mind and the World Order*, p. 321.
② Ibid., pp. 258-9.
③ Ibid., p. 369.
④ Ibid., pp. 154-5.

第二章　如何真正摆脱所予：C.I.刘易斯与塞拉斯

这样的"配型"困难在塞拉斯看来是可以避免的,只要我们将刘易斯那里的感质作为所予神话的最后残余完全抛弃。塞拉斯赞同刘易斯在探讨概念运作时所采用的实用主义路线,但是他认为这条概念实用主义的路线必须在一种非现象论的语境中才能真正展开。在塞拉斯看来,刘易斯的立场无疑是现象论的,而所谓的非概念性内容并不能真正为我们提供来自实在的支撑。这样一来,我们没有必要像刘易斯那样区分身体性的意向性维度和推论性的意向性维度,因为"感觉意义"(sense meaning)就是"语言意义"(linguistic meaning),感觉本质上就是公开的言语行为。真正的支撑必须来自实在本身,而非现象。塞拉斯在《阿基米德的杠杆》(1981)中指出,当我们用新的范畴性结构回应向我们呈现的红色区域时,"我们并没有在本质上改变所回应的东西",我们看到的苹果的红色"并不只是作为信念在意向内存在,而是实际存在",因此,现象最终指向的是"实际存在的红色区域,如果条件正常,这块区域就是物理对象表面的一部分,同时也是它的红色的一部分"。① 我们会在后面的研究中看到,麦克道威尔出于同样意图提出了一种基于析取论的知觉理论。前面提到,塞拉斯试图调和刘易斯的概念实用主义和老塞拉斯的物理实在论,他的具体思路到此为止已经很清晰了:在认识论上推进概念实用主义,在本体论上保留物理实在论。

刘易斯的概念实用主义主要体现在他对"先天性"(a priori)的重新界定上。他在《一种实用主义的先天概念》(1923)中指出,先天概念既不是独立于或先在于经验的,也不是强加给心灵的,它是"被自由接受的态度,是心灵的一种契约"②。先天概念是心灵的产物,因此必然受到心灵进程的影响,正如纽拉特之船(Neurath's boat)所提示的,所有的概念都是在心灵进程中形成和更新的:"心灵进行分类并决定意义,在这个过程中它创造了分析判断的先天真理。这种创造是实用主义式的,这一点是如此明显,以

---

① Sellars, *In the Space of Reason*, p.245.
② C. I. Lewis, "A Pragmatic Concept of A Priori," *The Journal of Philosophy*, 20:7 (1923), p.169.

致于无须特别指出。"①在实用主义的语境下,"如果建立在先天概念之上的结构无法成功地简化我们对对象的解释,这些概念是可以被抛弃的",先天概念"既不用是普遍的一致性,也不用是完整的历史性连续体"。② 塞拉斯完全认同刘易斯在界定先天性时采取的实用主义路线,只不过他认为刘易斯将先天概念称为"分析的"(analytic)容易引起不必要的误解,因为刘易斯显然不是在与综合相对的意义上使用这一概念的。③ 除此之外,塞拉斯还对这条思路作了推论主义的改造,他在《存在综合先天性吗?》(1953)中指出:"一个描述项的概念性意义是由它所属的语言(概念框架)中的逻辑性推论规则和逻辑外推论规则所决定的。"④如果说刘易斯的思路是弱推论主义的,那么塞拉斯的思路就是强推论主义的。但是在塞拉斯看来,刘易斯的路线存在一个根本性缺陷。刘易斯告诉我们,我们通过概念来获得"世界秩序"(world order):"我们寻找的是实在的统一性。……经验的丰富,真实与虚幻、无意义的分离,自然法则的形成,所有这些都是一起生长的。"⑤他还在《心灵与世界秩序》中明确指出:"离开了范畴和明确概念的网络,我们甚至不能探问经验。只有在意义明确、分类固定的前提下,经验才有可能决定任何事情。"⑥但事实上,刘易斯的方案并不能帮助我们获得真正的世界秩序,最多只能帮助我们获得关于语义性所予的秩序,因为他的现象论立场阻止了我们的概念从认知性层面推进到因果性层面。塞拉斯认为,刘易斯在认识论层面上提出的洞见必须最终落实在一种基于因果性考量的本体论上,也就是老塞拉斯的物理实在论上,只有这样我们才能从现象进展到世界,世界秩序不是对所予材料的阻止,而是在某个特定框架中呈现的世界本身。

但是在刘易斯看来,本体论层面的考量并不是关键性的,实在并不是

---

① Lewis, "A Pragmatic Concept of A Priori," p. 171.
② Ibid., p. 174, 177.
③ Sellars, *In the Space of Reason*, p. 26.
④ Sellars, *Science, Perception and Reality*, p. 316.
⑤ Lewis, "A Pragmatic Concept of A Priori," pp. 174-5.
⑥ Lewis, *Mind and the World Order*, p. 259.

第二章 如何真正摆脱所予：C.I.刘易斯与塞拉斯

理论建构的起点,而是理论建构的终点,这当然与实用主义者的普遍倾向有关。刘易斯告诉我们,尽管"所予必须在某种意义上成为客观实在的构成部分",但这个问题并不是首要的,是"之后的问题"(later questions)。① 刘易斯还告诉我们,作为对象的苹果并不是被给予的,在我们的认知进程中,苹果是从最初的"片断性呈现"逐步进展为复杂存在的,而连接这两个阶段的只有解释,换言之,实在性必须在解释中获得。② 这里我们必须再一次提及皮尔士对刘易斯的影响。在皮尔士那里,单纯由机会构成的实在和单纯基于机械法则的实在都是无法理解的,实在必须是心灵法则运作的结果,如此理解下的实在作为一个开放的进程本质上是作为符号的心灵相互解释和中介的结果。极为类似地,刘易斯指出:"事物和法则描述的变化都属于客观世界。事物的客观实在是我重新组织实际经验进程得到的统一性,这种统一性去除或整合了'我的活动',而客观变化就是这种去除之后残余的那部分进程。事物总是处于客观世界中,这并不意味着它总是处于经验中,而是说,如果我在对的地方或以对的方式去找它,它总是在那里,它总是以统一的方式出现在与我的活动相关的经验中。"③我们知道,皮尔士要求我们对实在的独立性作重新的界定:独立性的真正涵义并不是外在于心灵,相反,实在是心灵共同体在互释进程中形成的法则,因为它独立于个体的心灵进程,所以对后者而言它是实在的。这一思路在皮尔士那里是非常明确的。但是在刘易斯那里,对所予的保留使刘易斯必须在两个方向上界定实在的独立性:首先,实在的独立性来自在直接把握中呈现的被给予性;其次,实在的独立性实质上就是"if-then"命题中的"then","if"代表了不同的态度和目的,而"then"则代表了"what I should then find",也就是不依赖于个体心灵的实在法则。④ 很明显,这两个方向是矛盾的。刘易斯也认识到了这一点,他指出,如果一定要问"可证实经验"和"法则"

---

① Lewis, *Mind and the World Order*, p. 65.
② Ibid., p. 120.
③ Ibid., p. 139.
④ Ibid., p. 193.

哪个在先,"回答是法则在先,如果我们把法则理解为实在的标准"。① 从这个意义上来看,刘易斯提出的所予不仅是不可言说的,还是没有意义的,因为所予的意义只有在连续性的心灵进程中才能得到不断充实。

不过,尽管给出了法则在先的回答,但较之于皮尔士,刘易斯的实在观还是比较保守的,他不能像皮尔士那样明确反对在直接把握中呈现的被给予性,认为并不存在真正意义上的认知起点,任何起点实质上都是符号,作为符号它永远处于中介与被中介的进程中。② 刘易斯一方面像皮尔士那样认为实在本质上基于心灵共同体的互释进程,另一方面又要设定某种不受心灵进程影响,或者说尚未进入解释进程的非概念性内容,皮尔士式的客观观念论对他而言并不是一个合理的选项。相较而言,塞拉斯的推论主义显然更接近于皮尔士的符号化思路。不过在塞拉斯看来,我们在坚持一种彻底的推论主义的同时,并不需要像皮尔士那样将实在心灵化③,我们可以坚持实在与概念进程的相互耦合,但同时也可以明确区分两者,而且正是这种区分让我们获得了一种脱离实用主义语境的客观性界定,正如塞拉斯在前述引文中所言,"我们并没有在本质上改变所回应的东西"。这样的立场对刘易斯是有吸引力的,但他的实用主义路线又阻止他完全拥抱实在论,他只能在实用主义框架下暗示一种实在论意义上的客观性诉求。不过他的这种诉求无疑又是强烈的,他甚至认为,作为所予的非概念性内容并不能完全满足这种诉求。他告诉我们,"构成哲学反思材料的是事物世界的厚重经验,而非稀薄的直接所予",稀薄的直接所予是"一种抽象",在

---

① Lewis, *Mind and the World Order*, p. 262.
② 皮尔士发表的第一组重要的哲学论文就是围绕对"笛卡尔式直觉主义"(Cartesian intuitionism)的拒斥展开的,即皮尔士于1868—1869年为圣路易斯的黑格尔主义者哈里斯(William Torrey Harris, 1835—1909)创立的《思辨哲学杂志》(*Journal of Speculative Philosophy*)撰写三篇重要论文:《关于人的某些官能的问题》(Questions concerning certain Faculties claimed for Man)、《四不能的一些推论》(Some Consequences of Four Incapacities)、《逻辑法则的有效性基础:四不能的进一步推论》(Grounds of Validity of the Laws of Logic: Further Consequences of Four Incapacities)。这一系列又被称为"认知系列"(cognition series)。
③ 比如,皮尔士在《人的如镜本质》(1892)中告诉我们,"物理事件只不过是心理事件的退化形式或未完成形式"(CP 6:264)。类似的论断还出现在《心灵的法则》(1892)中:"物质只是特殊的、部分减弱了的心灵。"(CP 6:102)

第二章　如何真正摆脱所予：C. I. 刘易斯与塞拉斯

这个意义上，康德的杂多也是"一种虚构"，"所予是在经验之中的，而不是在经验之前的"。① 刘易斯还提出，最终我们必须抛弃这种稀薄的所予，回到柏格森式的绵延或詹姆士式的意识之流。② 当然，这一步骤是否能实现他对客观性的诉求是值得存疑的，因为尽管詹姆士的彻底经验主义以经验主义自居，但是从某种意义上来说，它成立的条件实际上是要完全放弃经验主义立场，同样，只要在非常特殊的界定下我们才能将柏格森的立场和经验主义联系起来。塞拉斯在《物理实在论》(1954)中明确区分了两种意义上的经验主义，一种是老塞拉斯的进化自然主义 (evolutionary naturalism)，另一种是詹姆士的彻底经验主义。③ 塞拉斯当然倾向于老塞拉斯的立场，他并不认同刘易斯在所予语汇与更基础的经验语汇之间作出区分，在他看来，物理语汇背后并不存在更深层次的语汇，换言之，我们只能用物理语汇去描述实用主义语境中的"经验"，也就是詹姆士所说的"不断绽放、嗡嗡作响的混乱"(blooming, buzzing confusion)。④

无论如何，由于这种实在论意义上的客观性诉求，刘易斯的现象论方案并不是彻底的，我们甚至可以说，他在某种意义上摇摆于现象论与实在论之间，很多批评者在其他实用主义者那里也看到了这种摇摆。为了彻底中止这种摇摆，塞拉斯建议我们放弃在心灵与世界之间寻找第三个范畴的尝试，无论是作为认识性所予的感觉材料还是作为语义性所予的非概念性内容。在塞拉斯看来，心灵与世界之间并不存在中介性的界面，心灵通过"单纯感受性"的功能直接和世界发生关系，接受来自世界的印象。我们需要明确的是，单纯感受性在很大程度上只是一个理论性的节点，或者说是一个"似是而非的当下"，因为世界一进入心灵就马上被概念化了，在实际的认知进程中，单纯感受性是无法维持的，也是很难被单独考察和界定的。

---

① C. I. Lewis, *Mind and the World Order*, pp. 54–5.
② Ibid., p. 58.
③ Wilfrid Sellars, *Philosophical Perspectives: Metaphysics and Epistemology* (Atascadero: Ridgeview, 1977), p. 20.
④ WWJ 8:462.

事实上，在他的哲学生涯中，塞拉斯试图解决的一个理论困难就是如何界定基于单纯感受性的印象。他尝试在《经验主义与心灵哲学》中探讨一种非推论性报告(noninferential reports)的可能性；在《对知觉经验的一些反思》(1977)中，他试图将印象界定为"粉色冰块的一个向面不是作为信念，而是以某种其他方式同时呈现给暂时被称为可证实的表面的看和不可证实的表面的看"①。这个技术化界定的形式显然要比所予"丑陋"得多，它不但暴露了塞拉斯遇到的解释性困难，也证明了我们之前提到的一点：在所予神话破灭之后，"心灵—所予—世界"的谜题变成了"心灵—世界"的谜题，而解释的负担丝毫没有减轻。麦克道威尔认为，塞拉斯对这个问题的处理并不令人满意。问题的关键不在于塞拉斯的解释方案有待改进，而在于他从一开始就不应该引入单纯感受性这个康德式步骤。塞拉斯试图用这个步骤来维持康德在感性与知性之间作出的基本区分，和他的父亲一样，塞拉斯认为真正的物理实在论应该明确拒斥"感觉—认知连续体"(sensory-cognitive continuum)，感觉和概念完全是不同类的。但在麦克道威尔看来，这个区分即便在康德那里也是模糊甚至是不存在的。麦克道威尔试图阐明，在取消了单纯感受性这个多余步骤之后，我们只需通过一个黑格尔式的结构就能将世界纳入心灵。但坚持康德主义的塞拉斯显然无法接受这一步推进。当然，对以上这些说明的澄清是第四章的工作。概而言之，麦克道威尔帮助塞拉斯最终完成了对所予神话的摧毁，尽管他的思路和塞拉斯的构想并不完全契合，而布兰顿的主要工作则是在被塞拉斯和麦克道威尔摧毁的地基上进行从推论到表象的重建。在这个意义上，我们可以将对所予神话的摧毁视为匹兹堡学派的工作起点。

再回到塞拉斯对刘易斯的批评上来。塞拉斯认为还有一个更深层次的原因让刘易斯无法真正摆脱所予：刘易斯对感觉意义和语言意义的区分暴露出他的语言观还是奥古斯丁式的。在维特根斯坦的提示下，哲学家们

---

① Sellars, *Kant's Transcendental Metaphysics* (Atascadero: Ridgeview, 2002), p.437.

第二章　如何真正摆脱所予：C.I.刘易斯与塞拉斯

开始普遍意识到奥古斯丁式语言观的问题。① 在奥古斯丁式的语言图景中，作为语言表达的声音或身体动作（作为一种自然语言）和意义是分离的，意义在语言表达之前就已经被固定下来，学习语言不过是学习意义和声音、动作之间的习俗性关联。同样地，刘易斯认为感觉意义存在于语言意义之前，并以某种固定形态（语义性所予或殊相）进入语言表达之中。和维特根斯坦一样，塞拉斯认为语言的使用是意义生成和进化的唯一场地。如果我们不能抛弃意义先于语言的奥古斯丁式语言观，就无法真正摆脱所予，正是在这个意义上，塞拉斯坚持认为，所有内在片段都是以公开的言语行为为基本模式的，或者说，所有内在片段本质上都是公开的言语行为。当然，刘易斯也许并不认为自己的语言观是奥古斯丁式的，他在《对知识与评价的分析》中暗示，感觉意义或许在某种程度上已经具有语言意义。比如，他告诉我们，"正如康德所暗示的，感觉意义在明确和清晰的时候就是图型（schema）"②。但他又说："对感觉意义而言，意义的应用是否应该被范畴决定这个问题并不是必须的。"③塞拉斯会说，问题的关键不在于如何界定感觉意义，只要刘易斯区分了感觉意义和语言意义，他就已经落入奥古斯丁式的语言图景中了。

根据这条后期维特根斯坦式的思路，塞拉斯进一步提出了他的"心理学唯名论"。塞拉斯指出，对语言理论的真正检验不在于对"不在场之思"（thinking in absence），而在于对"在场之思"（thinking in presence）的描述，也就是说，"对展现语言与非语言事实的基础联系的场合的描述"。塞拉斯告诉我们："很多理论，当我们看它们对不在场之思的描述时，它们看上去像心理学唯名论，而解析它们对在场之思的描述之后，却发现全然'奥古斯丁'。"④为了彻底摆脱奥古斯丁式的语言观，塞拉斯建议我们放弃一

---

① See Wittgenstein, *Philosophical Investigations*, §1.
② Lewis, *An Analysis of Knowledge and Valuation*, p. 134.
③ Ibid., p. 136.
④ Sellars, *Empiricism and the Philosophy of Mind*, p. 65. 塞拉斯：《经验主义与心灵哲学》，王玮译，第52页。

切用语言去指示非语言实体的尝试,因为语言是心灵活动的唯一场地。他明确指出,心理学唯名论并不是一般意义上的唯名论,即将概念等同于语词,而是将思维等同于使用语言,心理学唯名论的首要内涵是,"否认有任何对逻辑空间的意识先在于(或独立于)语言的习得"①。心理学唯名论的重要内涵还不止于此。既然思维就是使用语言,那么任何意义都应该是命题性的,而作为命题的意义必然和其他命题联系在一起。当一个观察者说自己看到红色的某物时,他必须具有看到物体说出颜色以及辨识物体所处环境的能力,他必须知道这类语言片段是红色对象在场的可靠标记,他还必须能用其他事实来支持该命题,简言之,命题不是孤立的逻辑原子,它必须在一个复杂的命题系统中确定自己的特殊位置。塞拉斯认为,只有充分认识到了这一点,我们才能从所予的唯我论语境进展到主体间的语境。塞拉斯在《经验主义与心灵哲学》中设计的"琼斯神话"就是以阐明这一点为最终目标的。他指出:"在首要意义上并就其本质而言,作为思想的内在片断是主体间的。……我的神话表明,这一事实,即语言根本上是一项主体间的成就,是在主体间的语境中学会的,……与'内在片断'的'私人性'并不矛盾。"②不仅如此,琼斯神话还证明作为印象的内在片断同样也是主体间的。③ 塞拉斯的思路是很明确的:如果我们不能从主体的语境真正进展到主体间的语境,就永远不可能真正摆脱所予。刘易斯曾指出,"唯名论的最大弱点在于无法解释下面这个明显事实:我们确实拥有普遍意义。"④在塞拉斯看来,这一批评对心理学唯名论是不适用的,因为心理学唯名论并不否认普遍意义,而是认为普遍意义的并不是主体"拥有"的,而是主体间建构的。他明确告诉我们,内在片断的"私人性"不同于传统意义上的"绝对私人性"。⑤ 罗蒂清楚地看到了这一点,他在《哲学与自然之镜》(1979)

---

① Sellars, *Empiricism and the Philosophy of Mind*, p. 66. 塞拉斯:《经验主义与心灵哲学》,王玮译,第53页。译文有改动。
② Ibid., p. 107. 塞拉斯:《经验主义与心灵哲学》,王玮译,第86页。译文有改动。
③ Ibid., p. 115. 塞拉斯:《经验主义与心灵哲学》,王玮译,第92页。
④ Lewis, *An Analysis of Knowledge and Valuation*, p. 134.
⑤ Ibid., p. 115. 塞拉斯:《经验主义与心灵哲学》,王玮译,第92页。

第二章 如何真正摆脱所予:C.I.刘易斯与塞拉斯

中指出,塞拉斯的心理学唯名论是一种"认识论行为主义"(epistemological behaviorism),认识论行为主义不是"关于心灵如何运作的理论",而是阐明了"我们只有在进入共同体之后才被认识法则影响",并且,"我们证成断言的实践不需要任何经验基础或'本体论'基础"。① 只有在这样一种公共语境或共同体语境中,塞拉斯才能成功地阐明——正如布兰顿所言——"我们怎么会理解我们直接觉知心理片断——包括我们每人都有限地却真实地享有的这样的内在片断——而不承诺所予神话"②。显然,布兰顿自己的工作正是根据塞拉斯的这条思路展开的。

---

① Richard Rorty, *Philosophy and the Mirror of Nature* (Princeton: Princeton University Press, 2009), pp. 187-8.
② Sellars, *Empiricism and the Philosophy of Mind*, p. 181. 塞拉斯:《经验主义与心灵哲学》,王玮译,第140页。

第三章
科学实在论语境中的老塞拉斯与塞拉斯

在《经验主义与心灵哲学》描述的琼斯神话中,琼斯错误地将内在片段设定为所予:"他将其能观察到的殊相和殊相排列理解为材料,相信它们是知识的先在对象,这些对象从一开始就以某种方式处于框架之中。"①琼斯在解释自己的方法为什么有效时,将作为认识结果的内在片段视为先于认识存在的殊相,并在试图确定内在片段是什么的时候错误地将它把握为直接获得的感觉材料。在塞拉斯看来,这种认识是一种认定(taking),或者如梅洛·庞蒂(Maurice Merleau-Ponty, 1908—1961)所言,是一种"关于世界的偏见"(le préjugé du monde)。为了澄清并消除某种认定或偏见,我们必须考察其背后的成因,也就是形成这种认定或偏见的概念框架。塞拉斯在《经验主义与心灵哲学》的开篇即指出:"如果我从批评感觉材料论开始我的论证,那么它只是总体批判整个所予框架的第一步。"②塞拉斯试图将所予神话和它背后的整个概念框架一起移除。不但如此,在移除了所予框架之后,塞拉斯还试图阐明一种更为合理的概念框架,以帮助我们彻底摆脱所予神话。这一破一立两个步骤共同构成了《经验主义与心灵哲学》的核心任务。

就理论工作而言,立的工作总要比破的工作困难得多。皮考克(Christopher Peacocke)在《感觉与内容》(1983)中指出:"除非事先拥有建构内容的概念,否则没有人能获得具有特殊表征性内容的经验。"③但正是

---

① Sellars, *Empiricism and the Philosophy of Mind*, p. 116 - 7. 塞拉斯:《经验主义与心灵哲学》,王玮译,第 92—93 页。译文有改动。
② Ibid., p. 14. 塞拉斯:《经验主义与心灵哲学》,王玮译,第 13 页。
③ Christopher Peacocke, *Sense and Content* (Oxford: Oxford University Press, 1983), p. 19.

第三章　科学实在论语境中的老塞拉斯与塞拉斯

因为被主体事先把握,任何概念框架都无法摆脱相对性的质疑。塞拉斯明确强调概念框架与主体本质相关,在进入牛津学习之后(1934年),他完全放弃了早年坚持的亚里士多德式或洛克式的抽象主义(abstractionism),认为概念框架并不是通过归纳经验得到的,而是心灵构想出来的,因而是内在的(innate)。在塞拉斯看来,康德的重要性和关键性正体现于此:"康德和他的前人——无论是经验主义者还是理性主义者——之间有一个彻底的决裂。康德指出,感觉和最基础层面上的思维涉及的是不同的东西。感觉并不把握任何事实,甚至是红色和三角形这种简单的事实。"[1]在康德的语境中,与感觉无关的概念框架以某种方式运作于非思维的感性杂多之上。但塞拉斯对实在论的诉求显然要比康德强烈很多,他告诉我们,"教条实在论"与"先验观念论"之间的张力"几乎是不可忍受的"。[2] 尽管塞拉斯倾向于一种功能性的认知理论,但实用主义的思路并不能帮助他平息这种不可忍受的张力。詹姆士在《实用主义》(1907)中指出:"我们所有的概念,也就是德国人称为'Denkmittel'的东西,都是我们通过思维它们来处理事实的工具。"[3]詹姆士认为概念必须具备以下两个不同于传统观念的特征:首先,概念必须是在历史中生成并进化的;其次,概念必须是多元的。他指出,概念都是"工具性的,是我们适应实在的心理模式,而不是对于某些神圣世界之谜的启示或认知"[4]。在塞拉斯看来,实用主义者尽管正确地刻画了思维的进程,但并没有最终说明概念秩序与因果秩序之间的关系,他们以自己的方式消解了问题,而这个问题对塞拉斯而言却是关键性的。在长时间的思考之后,塞拉斯相信自己找到了答案:"直到很久之后,我意识到谜题的答案在于正确地将概念秩序落实于因果秩序中,并正确地解释包

---

[1] See Wilfrid Sellars, "Autobiographical Reflections," in *Action, Knowledge and Reality: Studies in Honor of Wilfrid Sellars*, H. N. Castañeda ed. (New York: Bobbs-Merrill, 1975), p. 285.
[2] Ibid.
[3] WWJ 1:84.
[4] Ibid., 1:94.

含在其中的因果性。"①

我们将通过本章的研究阐明,塞拉斯找到的这个答案事实上就是他要阐明的科学实在论,而这种科学实在论正是塞拉斯在移除所予框架之后所要建立的新的概念框架。他告诉我们,自己的哲学工作是"构想出一种以科学为导向的自然主义实在论,以此来'拯救现象'"。② 因此,虽然匹兹堡学派的主要线索是根据塞拉斯对规范的探讨展开的,但我们不能由此忽视了塞拉斯思想中的实在论维度。不仅如此,在塞拉斯的语境中,对规范的理解最终必须落实于以对象为导向的"自然主义实在论"中,这也说明了所谓的左翼塞拉斯主义者和右翼塞拉斯主义者可以在一幅更大的图景中整合在一起。我们还必须明确,在拒斥直接性这条大的线索当中,存在着许多不能被普遍化的细微差别,而正是这些细微差别让我们意识到可以在不同的本体论框架下实现对直接性的拒斥,所予神话的破灭可以引向不同的逻辑终点。在塞拉斯这里,拒斥所予的逻辑终点是一种特殊形态的实在论立场。这条线索背后有两个主要的思想资源。首先是牛津实在论者,特别是普里查德(H. A. Prichard,1871—1947)和普莱斯(H. H. Price,1899—1984)对塞拉斯的影响。值得一提的是,普里查德和普莱斯的实在论立场又在很大程度上承袭于威尔逊(John Cook Wilson,1849—1915),后者试图在当时观念论思潮占主流的牛津提出一种亚里士多德式的实在论立场。不过,牛津的实在论者尽管帮助塞拉斯认识到实在论立场的合理性,但并没有为塞拉斯建构实在论形态提供具体的思路。在后一点上启发塞拉斯的是他的父亲。因此,较之于牛津的实在论者,老塞拉斯是另一个更为重要的思想资源。作为批判实在论的创立者,老塞拉斯基本上处于分析哲学展开之前的美国哲学传统中,而塞拉斯则是沿着分析和语言的路径进一步推进了美国的哲学图景。因此,老塞拉斯和塞拉斯在哲学语汇上存在着较大的不同。但思想史的无数事实告诉我们,不同语境下的不同语汇

---

① Sellars, "Autobiographical Reflections," p. 285.
② Ibid., p. 289.

第三章 科学实在论语境中的老塞拉斯与塞拉斯

可以指涉相同或相近的思想。正如塞拉斯在《物理实在论》中所指出的,尽管术语、方法、意图和语境不尽相同,但两者的立场却是相近甚至是相同的,他们各自的哲学立场也是他们互动的结果。① 本章探讨的重点就是老塞拉斯和塞拉斯的互动成果。

我们首先要对老塞拉斯的哲学语汇——美国的新实在论和批判实在论运动——稍作界定。尽管詹姆士从未将自己划入一般意义上的实在论阵营,美国的实在论思潮在很大程度上是由詹姆士(特别是他对意识的思考)所引发的。从这个意义上来看,后来的普特南在詹姆士那里找到实在论的关键性洞见并不是偶然的。当时的很多实在论者不但是詹姆士在哈佛的学生,还公开指明了詹姆士对他们的影响,比如桑塔亚那(George Santayana, 1863—1952)、蒙塔古(William Pepperell Montague, 1873—1953)、德拉克(Durant Drake, 1878—1933)、佩里(Ralph Barton Perry, 1876—1957)、帕拉特(James Bissett Pratt, 1875—1944)、斯特朗(Charles Augustus Strong, 1862—1940)和老塞拉斯。不过詹姆士的影响并不是同质的。比如,通过对詹姆士意识理论的继承和改造,佩里和霍尔特(Edwin Bissell Holt, 1873—1946)提出了关于意识的行为主义理论,蒙塔古提出了泛心论,而斯伯丁(Edward Gleason Spaulding, 1873—1940)则提出了突现论(Emergentism)。詹姆士思想的丰富性和启发性由此可见一斑。除了詹姆士的影响,德国思想家也在美国实在论的发展中扮演了重要角色。很多实在论者——比如帕拉特、桑塔亚那、斯伯丁、斯特朗、马文(Walter Taylor Marvin, 1872—1944)、彼特金(Walter B. Pitkin, 1878—1953)都在德国学习过,他们对阿芬那留斯(Richard Avenarius, 1843—1896)、舒佩(Wilhelm Schuppe, 1836—1913)、马赫(Ernst Mach, 1838—1916)、布伦塔诺(Franz Brentano, 1838—1917)、迈农(Alexius Meinong, 1853—1920)、胡塞尔(Edmund Husserl, 1859—1938)等德系哲学家的著作非常熟悉,并有意识地将他们的某些理论部件化为己用。

---

① Sellars, *Philosophical Perspectives: Metaphysics and Epistemology*, p. 7.

美国实在论最初的批判对象是罗伊斯(Josiah Royce,1855—1916)的观念论。不同于后者,实在论者认为认识者与认识对象的关系必须是外在的,而非内在的;换言之,对象可以以被知的形式与意识相关,但不能被这种关系改变。正如斯特朗所指出的,"认知不过是一种与实在发生关系的方式",并且,在认识实在的过程中,心理状态"与实在之间的联系是一种纯粹外在的关系"①。但是直到1907年,以老塞拉斯发表《经验的性质》一文为标志②,一系列作者和文章才开始站在明确的实在论立场上以更广阔的视野探讨认识论问题,新实在论由此作为一股思潮真正出现在美国的哲学图景中。关于新实在论者的基本立场,我们可以参考由霍尔特、马文、蒙塔古、佩里、彼特金、斯伯丁在1910年发表的宣言《六个实在论者的方案及第一平台》③以及这六人在1912年出版的文集《新实在论:哲学上的合作性研究》。④ 洛夫乔伊(A. O. Lovejoy,1873—1962)指出,新实在论的立场包含了两个基本要点:首先,新实在论是一种认识论上一元论;其次,认识对象既独立于认识过程,又内在地等同于实际的意识内容。⑤ 这一立场的问题在于:尽管我们承认对象的独立性,但因为我们无法基于一元论的立场在对象与意识之间作出区分,我们就无法说明认识过程中有可能出现的谬误;并且,作为坚持对象与意识之间的外在关系的理论,新实在论又不可能用观念论式的内在化思路去解释谬误的由来,并将谬误把握为意识进程中可以被扬弃的阶段。在批判实在论者看来,这一问题在一元实在论(Monistic Realism)的基础上是不可能被解决的,因此实在论必须进展到

---

① C. A. Strong, "A Naturalistic Theory of the Reference of Thought to Reality," *Journal of Philosophy, Psychology and Scientific Methods*,1:10(1904), pp. 253-60.
② Roy Wood Sellars, "The Nature of Experience," *Journal of Philosophy, Psychology and Scientific Methods*,4:1(1907), pp. 14-8.
③ E. B. Holt, et al., "Program and First Platform of Six Realists," *Journal of Philosophy, Psychology and Scientific Methods*,7:15(1910), pp. 393-401.
④ E. B. Holt, et al., *The New Realism: Co-Operative Studies in philosophy* (New York: Macmillan, 1912).
⑤ A. O. Lovejoy, "Realism Versus Epistemological Monism," *Journal of Philosophy, Psychology and Scientific Methods*,10:16(1913), pp. 561-72.

二元实在论(Dualistic Realism)。这就是批判实在论的基本立场。尽管对新实在论的批判不断出现,但批判实在论真正作为一股思潮出现的标志是老塞拉斯在 1916 年出版的《批判实在论》。① 而由德拉克、洛夫乔伊、帕拉特、桑塔亚那、老塞拉斯、斯特朗、罗杰斯(Arthur K. Rogers,1868—1936)七人在 1920 年出版的论文集《批判实在论论文集:对知识问题的合作性研究》则进一步对批判实在论的立场与纲领进行了全面的界定。②

概而言之,批判实在论者同意新实在论者对观念论的拒斥,但无法认同后者对表征论的拒斥。新实在论者认为认识者不需要通过某种心理复制物直接和对象发生关系,批判实在论者则认为这种未经批判的立场过于天真。但不管是新实在论者还是批判实在论者,其思考的核心问题都是认识者与认识对象的关系。实在论者要解决的问题是:如果认识者与认识对象的关系是外在的,应该如何将这两者真正关联起来,又该如何来区分正确认识和错误认识? 知识的发展和更新是如何可能的? 如果这些问题没有得到说明,实在论者最终就只能接受观念者的结论:不存在真正意义上的谬误。老塞拉斯的思考正是在上述问题域之中展开的。他试图通过一种自然主义式的实在论——他称之为进化的自然主义(Evolutionary Naturalism)——寻找一种能够在实在论框架下有效解释谬误的途径。他指出,问题的关键在于跳出新实在论的一元论视角,构造一种以二元结构展开的实在论。老塞拉斯试图阐明,在我们的概念框架与实在之间可以保持一种深刻的张力:实在只能在一定的概念框架中被把握,而概念框架本质上则是关于实在的。他在一篇评论杜威的文章中指出:"极端实用主义者过于强调功能、重构、变化和个体性的事实,而极端理性主义者则只看见形式的、结构的和无时间性的东西,因而有可能陷入了认识的复制观。在

---

① Roy Wood Sellars, *Critical Realism: A Study of the Nature and Conditions of Knowledge* (New York: Russell & Russell, 1969).
② Durant Drake, et al., *Essays in Critical Realism: A Co-Operative Study of the Problem of Knowledge* (New York: Macmillan, 1920).

大多数争论中,一种中间的位置最有可能是正确的。"①和实用主义者(比如前面提到的詹姆士)不同,老塞拉斯并不倾向于在经验的流变中理解概念框架,他认为概念框架虽然处于不断更新之中,但还是存在某些概念框架更够让我们更好地把握实在,或者说,能够更精准地与实在相契合。在老塞拉斯看来,科学实在论(或称物理实在论)就是这样一种概念框架。

老塞拉斯明确区分了自然实在论与科学实在论,前者是对自然的俗常看法,后者则在很大程度上对这些看法进行了修正。但他又指出,从常识到科学的进展是逐渐发生的,其间并不存在明显的断裂。除此之外,常识与科学之间还共享着几个重要观点:第一,存在两个经验领域——外在的或物理的,内在的或心理的;第二,外部世界由时空中的事物或过程组成;第三,这些事物或过程是可描述的,且依据可认识的法则;第四,外部世界被组成内在世界或灵魂世界的不同心灵所认识;第五,这些心灵所维系的身体是外部世界的一部分。②尽管如此,我们还是能够清楚看到从常识视角到科学视角的推进:"自然的基本意义——事物仍然被视为平常且独立的——仍然持存,但自然本身的很多性质被去除了,自然以一种新的表象呈现给心灵的眼睛。"③无论是从常识视角还是从科学视角来看,这一步推进都是必然的:一方面,"自然实在论在事实的压力下开始让位给科学实在论这种更具批判性的形式"④;另一方面,"科学开始反思自己,开始反思获得关于物理世界的知识的方法,迫使自己放弃自然实在论的直觉主义"⑤。

为了界定科学视角下的概念框架,老塞拉斯建议我们重新思考第一性的质和第二性的质这一传统区分。在洛克的语境中,第一性的质是独立于心灵的事物形式,存在于作为非思维实体的物质中,正是这一界定成了贝克莱批评和攻击的重点。老塞拉斯赞同贝克莱的批评,不过他认为我们可

---

① Roy Wood Sellars, "Professor Dewey's View of Agreement," *Journal of Philosophy, Psychology and Scientific Methods*, 4:16(1907), p. 324.
② Sellars, *Critical Realism*, p. 23.
③ Ibid., p. 22.
④ Ibid., p. 26.
⑤ Ibid., p. 25.

以另一种形式保留洛克式的区分:这个区分不应该是性质的区分,而是维度(dimension)的区分。科学并不能帮助我们把握事物的性质,因为"事物在不断运动,我们可以测量相对的运动速度,但运动并不是实体的一种性质"①。他指出:"拥有关于物理世界的知识并不意味着拥有存在于心灵之外的实体的形式。科学并不作出这样的断言,第一性的质和第二性的质的区分并不是基于这样一种希望。出于这一理由,我们或许应该用'维度'这个概念来替代性质。"②老塞拉斯进一步指出,第一性维度是"命题"(proposition)维度,第二性维度是"图像"(image)维度,从第二性维度到第一性维度的推进就是从"图像式思维"(picture-thinking)上升为抽象的科学式思维。③他指出:"常识的消极态度、它对知觉和概念的未经批判的混合、它在分析变化和关系上的无能被一种积极的理性主义所替代,这种理性主义试图尽可能完整地去认识自然中发生的事件。当这一层次的认识实现时,科学应用的第一性的质就不是贝克莱所认为的感觉,而是在测试中被证明其组织价值的范畴。"④如前所述,从常识视角到科学视角的推进是缓慢的,"在获得这一层次的认识之前,科学还是明显派生于常识,科学知识的性质和指涉还是会不可避免地被问及"⑤。但当这一层次的认识实现时,我们就能用不同于图像式思维的概念和关系来刻画第一性的维度,并由此重新界定客观性:"被归于通过测量得到的所谓的第一性的质的客观性就是知识的客观性。这样获得的知识表现为概念性的比例,而不指涉具体的可感性质。……以这种方式,科学尽其所能超越了自然实在论的直觉主义,获得关于事物的知识。……科学用量、比例、定义、关系和法则对观察作概念性的解释。"⑥在科学式思维中,自然被视为"一系列的过程",而非"事物的集合",换言之,事物被置于"关系的语境"中。因此,科学并不

---

① Sellars, *Critical Realism*, p. 208.
② Ibid., p. 32.
③ Ibid., p. 187.
④ Ibid., p. 35.
⑤ Ibid., p. 36.
⑥ Ibid., p. 34.

能帮助我们把握事物的性质,因为"事物在不断运动,我们可以测量相对的运动速度,但运动并不是实体的一种性质"。①

老塞拉斯指出,科学将人类心灵推出了"原始视野"(primitive outlook),让我们意识到观念论与一种批判性实在论之间的张力。② 在拒斥观念论的同时警惕对实在的简单复制,这是批判实在论的核心要义。批判实在论虽然具有二元论外观,但不具有"贬义的形而上学意味",它是一种"中介的认识论实在论"(mediate epistemological realism)。③ 老塞拉斯指出:"在中介实在论的层面上,比较物理存在与包含知识的命题是不可能的。检验必须是内在的,它根据归纳和演绎的方法考察数据与基于数据的命题之间的和谐。"④在另一处,老塞拉斯又将他的立场称为"非呈现性的认识论实在论"(non-presentative epistemological realism),也就是说,在批判实在论者看来,表征(representation)是可能的,但单纯的呈现(presentation)是不可能的。⑤ 老塞拉斯还通过批评罗素的自然实在论来澄清批判实在论的立场:"罗素似乎认为认识论可以建立在简单检视的基础上。但事情并不是这样的。在检视中得到的知识不过是一个起点,我们并不能轻易地获得一个基础。"⑥不同于自然实在论,批判实在论虽然认为知觉经验和对象本身相关,但这种指涉本质上是一种认知断言,就是判断对象具有何种属性,处于何种关系中。老塞拉斯在《批判实在论》第二版序言中明确指出,认识是中介的成果(mediated achievement),感觉也不是末端的(terminal),而是包含信息的(informational)。⑦ 他还在《物理实在论的哲学》(1932)中指出:"指示是一种行为而不是一种关系,它是选择所思之物的行为。这样我们就有了一种产生于有机体注意力的心灵属性。这

---

① Sellars, *Critical Realism*, p. 208.
② Ibid., p. 48.
③ Ibid., pp. 197-8.
④ Ibid., p. 282.
⑤ Ibid., p. 203.
⑥ Ibid., p. 260.
⑦ Ibid., p. i.

第三章 科学实在论语境中的老塞拉斯与塞拉斯

是一种行为态度,或者更确切地说,一种反应方向。"[1]出于同样的思路,奎因在 1950 年的一篇文章中指出:"指向(pointing)并没有告诉我们关于瞬时对象的结论,而只是告诉我们希望这一对象变成什么样的。"[2]

老塞拉斯进一步指出,批判实在论的本质内涵并不是静态的二元结构,他试图通过这个二元结构阐明,我们对实在的批判性认知是在概念框架的不断发展中得到更新的。他指出,在自然实在论的视野中,批判实在论事实上已经开始运作了,因为"一旦我们承认存在和知识之间的区分,就会意识到有些意义是在经验中发展的"[3]。前面提到,老塞拉斯认为实用主义者过于强调功能、重构、变化和个体性,在他看来,在经验展开的过程中,一种系统而精确的概念框架会逐渐形成并帮助我们更好地回应和把握实在。在老塞拉斯的语境中,科学模式就是这样一种系统而精确的概念框架,因此在很多时候他也将科学实在论与批判实在论互换使用。但我们又注意到,老塞拉斯区分了个体经验的四个阶段:自然实在论、科学实在论、人格的推进(advance of the personal)、批判实在论。[4] 这一点提示我们,在老塞拉斯那里,科学实在论并不是批判实在论的理想形态,恰恰相反,批判实在论才是科学实在论的理想形态。老塞拉斯要求我们超越对科学实在论的一般理解(这一理解往往将科学实在论等同于科学主义),进而强调科学实在论的关键优势——通过不断更新的概念框架批判地把握实在。因此,作为批判实在论的科学实在论在首要意义上是方法性的,从这个意义上来看,批判实在论者与实用主义者之间的距离也许并不像前者想象中的那么大。

塞拉斯在自己的语境中消化和吸收了老塞拉斯的这些思考。他在阐述老塞拉斯思想的《物理实在论》中指出了老塞拉斯的实在论与罗素—摩

---

[1] Roy Wood Sellars, *The Philosophy of Physical Realism* (New York: MacMillan, 1932), p. 127.
[2] W. V. Quine, "Identity, Ostension, and Hypostasis," *Journal of Philosophy*, 47(1950), p. 622.
[3] Sellars, *Critical Realism*, p. 200.
[4] Ibid., p. 124.

尔式实在论的关键区分:老塞拉斯拒绝将思维对对象的指涉——"关涉性"(aboutness)——等同于感觉材料,也就是拒绝将指涉等同于亲知或所予。① 关于这一点,老塞拉斯本人也明确指出:"感觉材料是对对象的断言性解释的出发点,但它们本身并不是断言。当我断言这个对象是蓝色的,我并没有将我的感觉材料归属于它。相反,我是通过一个基于感觉材料的特殊断言去描述它的特征。……事物出现在我的感觉材料中,我用范畴将它们思维为具有属性的事物。"② 为了明确界定老塞拉斯的立场,塞拉斯建议我们在批判实在论内部作出进一步的区分:桑塔亚纳、德拉克和斯特朗属于"本质派"(essence wing),而老塞拉斯则属于"非本质派"(non-essence wing)。③ 本质派的基本观点,用桑塔亚纳的一句口号来概括,就是"没有任何所予是存在的"(Nothing given exists.)。这里是的"存在"特指现实存在,即所予并不实存于现实世界,而是以可能的形态存在于本质领域(realm of essence)。在桑塔亚那的理论自传中,我们可以找到对本质的一个清晰定义:"我所称作是本质的东西并不存在于某些超越的领域中,它们仅仅是怀疑主义和分析的最后剩余。无论我们遭遇何种存在性的事实,总有一些明显的特性将这一事实和其他类似的事实,以及和'无'区分开来。这些能够被感觉、思维和幻想所识别的特性,我们称之为本质。而由这些本质所组成本质领域仅是一个编目,这一编目能够无限延伸,并包含所有逻辑上可区分、观念上可能的特性。除了它们所参与其中的事件,这些本质本身并不具有存在性。在这一定义之下,本质领域无限地包罗万象且不带偏见,因此它对实际存在的世界不具任何控制力,也不能决定何种特性以何种秩序出现于事件当中。"④ 在老塞拉斯看来,本质派正确认识到单纯的所予在实际认知进程中是不可能存在的,但他们错误地提出了所谓的

---

① Sellars, *Philosophical Perspectives: Metaphysics and Epistemology*, p. 13.
② Sellars, *The Philosophy of Physical Realism*, p. 154.
③ Sellars, *Philosophical Perspectives: Metaphysics and Epistemology*, pp. 15-6.
④ P. A. Schilpp, ed., *The Philosophy of George Santayana* (New York: Tudor, 1951), p. 28.

第三章　科学实在论语境中的老塞拉斯与塞拉斯

"本质领域",在抛弃了现实的所予之后转向了可能的所予。老塞拉斯指出:"本质理论阐明了一个重要观点,即在可证实知觉或概念中,知识只意味着对对象本性的一种揭示。但在我看来,这一原则并没有解答认识的机制。我认为本质这个概念是一种文字上的捷径。"① 他还认为,本质理论最终会走向泛心论(panpsychism)。② 本质派设定本质领域的主要动因在于彻底的怀疑冲动。桑塔亚纳告诉我们:"根本的怀疑主义还剩下最后一步要走,它将带领我去否定任何材料的存在,无论它可能是什么样的材料;而因为材料被假定为在任何时候都吸引我注意力的整体,我将否定任何事物的存在,并将与此相关的思维范畴一同废止掉。"③ 而老塞拉斯则认为,这种彻底的怀疑主义态度对于我们把握实在毫无帮助,并且最终会破坏实在论的基本前提。我们当然可以承认知觉和世界的关系是由感觉中介和控制的,只要我们不将知觉等同于单纯的感觉,正如老塞拉斯所言:"事物出现在我的感觉材料中,我用范畴将它们思维为具有属性的事物。"塞拉斯认同老塞拉斯,认为彻底的怀疑主义是不可取的。正是出于这种立场,老塞拉斯在感觉与知觉之间作出了区分;也正是出于这种立场,塞拉斯跟随康德在印象与思维之间作出了区分。他们认为怀疑主义可以止步于感觉或印象。

塞拉斯对老塞拉斯的另一个重要继承是常识维度和科学维度的区分。出于和老塞拉斯相同的诉求,塞拉斯区分了"显像图像"(manifest image)和"科学图像"(scientific image),但塞拉斯认为老塞拉斯最后并没能在两个维度间保持一种平衡。老塞拉斯一方面指出,"通过科学方法和推理对感知行为所作的加深不应该理解为是对后者的拒斥"④;另一方面又指出,"知觉判断……必须在科学的层面上得到重新建构"⑤。塞拉斯认为,尽管

---

① Sellars, *The Philosophy of Physical Realism*, p. 60.
② Sellars, *Critical Realism*, p. 203.
③ George Santayana, *Scepticism and Animal Faith: Introduction to a System of Philosophy* (New York: C. Scribner's Sons, 1923), p. 35.
④ Sellars, *The Philosophy of Physical Realism*, p. 94.
⑤ Ibid., p. 95.

存在着这种摇摆,老塞拉斯还是最终为了科学层面上的重新建构放弃了常识层面,而在他看来,"科学理论并没有显示我们的常识是错的,而是通过新概念给我们与常识真理相联系的新真理"。塞拉斯告诉我们,他并不确定老塞拉斯会不会接受这一说法。① 不论老塞拉斯接受与否,塞拉斯本人的态度似乎是明确的,比如他在 1977 年的一次讲座中明确指出:"科学实在论者承认除物理学或其他科学之外的话语维度。"②但是我们在《经验主义与心灵哲学》中又找到了这样的表达:"如果科学话语只不过是从一开始就存在于人类话语中的那一维度的延续,那么我们会预料有一种意义,在这种意义上,世界的科学图景取代常识图景;在这种意义上,'何物存在'的科学描述取代日常生活的描述存在论。"③进一步,"作为哲学家来讲,我很愿意这样说,时空物理对象的常识世界是非实在的——即不存在这样的东西。或者,更确切地讲,在描述和解释世界的维度,科学是万物的尺度,是什么是其所是的尺度,也是什么不是其所不是的尺度"④。这里,科学虽然不是唯一的话语维度,但是其他话语维度的尺度,也是最可靠的证成维度。由此来看,塞拉斯在老塞拉斯那里看到的摇摆在他自己身上同样存在。塞拉斯在匹兹堡大学所做的演讲《哲学与人的科学图像》(1962)为我们提供了澄清这一问题的主要资源。

塞拉斯在讲座的一开始就告诉我们:"抽象而言,哲学的目标是理解最宽泛意义上的事物是如何在最宽泛意义上联系在一起的(hang together)。"⑤为了实现这一目标,knowing-how 层面上的知识尽管是基础性的,但 knowing-that 层面上的知识才是关键性的:"哲学要在事物的体系中反思性地熟谙自己的道路,这一目标预设了关于真的反思性知识的重

---

① Sellars, *Philosophical Perspectives: Metaphysics and Epistemology*, p. 21.
② Wilfrid Sellars, *Notre Dame Lectures 1969—1986* (Atascadero: Ridgeview, 2017), p. 256.
③ Sellars, *Empiricism and the Philosophy of Mind*, pp. 81-2. 塞拉斯:《经验主义与心灵哲学》,王玮译,第 65 页。译文有改动。
④ Ibid., p. 83. 塞拉斯:《经验主义与心灵哲学》,王玮译,第 66 页。
⑤ Sellars, *Science, Perception and Reality*, p. 1.

要性。"①塞拉斯进一步指出,尽管事物的体系是复杂的、多维度的,但哲学可以通过反思性的工作把握"关于同一个复杂秩序的"两个基本图像:显像图像和科学图像。塞拉斯指出,这两种图像实际上就是"实在的状态",称它们为图像,不过是像胡塞尔那样给这些状态"加上括号","将它们从经验世界的方式转换为哲学反思和评估的对象"。诚然,图像(image)是某种被想象的东西(imagined),但被想象的东西是可以存在的,在这个意义上,图像就是"被想象的东西"(things imagined),或者说"被把握的东西"(things conceived)。不过塞拉斯又指出,如同无摩擦的物体运动或理想气体,这两个图像又都是一种"理想化"(idealization),是将图像从它的复杂历史中简化出来。②

显像图像是这样一种框架,"人以此意识到自己是世界中的人,或者用存在主义的术语来说,人在成为人之后第一次遭遇了自己"③。但显像图像并不是人最初拥有的"原始图像"(original image),而是对后者的"提炼或改良"(refinement or sophistication),因此显像图像并不是"前科学的、非批判的、天真的"。④ 但无论是原始图像还是显像图像,它们的初始对象都是"人格"(persons),我们通过"拟人化"和万物建立起最原始的交互关系。然而在用显像图像改良原始图像的过程中,我们"逐渐将对象'非人格化'(de-personalization)"了。⑤ 在塞拉斯看来,显像图像对原始图像的改良主要通过两个方式完成:范畴性的(categorical)和经验性的(empirical)。范畴性方式指用概念组织和整理对象,经验性方式主要指自培根到密尔以来经验性归纳法。可见,近代语境中的经验性探究在塞拉斯眼中仍然停留在显像图像的阶段。⑥ 塞拉斯进而认为,显像图像在某种意义上就是哲学

---

① Sellars, *Science, Perception and Reality*, p. 2.
② Ibid., pp. 4-5.
③ Ibid., p. 6.
④ Ibid., p. 7.
⑤ Ibid., p. 10.
⑥ 塞拉斯在《经验主义和心灵哲学》中指出了科学图像阶段所使用的方法:对模型的"评注"(commentary)。塞拉斯指出:"一个模型的关键在于,可以说,它配有一个评注来(既非精准亦非全面地)限定或限制常见对象与理论引入的实体之间的类比。"Sellars, *Empiricism and the Philosophy of Mind*, p. 96. 塞拉斯:《经验主义与心灵哲学》,王玮译,第78页。

传统——即所谓的"长青哲学"(perennial philosophy)——的图像。① 塞拉斯特别地指出,哲学作为显像图像的建构并不是基于个人的喜好,而是"有真假可言的,虽然一个图像最后可能因为被证伪而被拒斥",因为哲学本质上"描述的是实在向心灵呈现的一种方式"。②

科学图像是在显像图像的基础上建立起来的,但它不能在显像图像中被定义。塞拉斯给出的理由是:虽然科学图像是由一系列"由显像世界支持"的图像建构而来,但科学图像是一幅"完整图像",它界定的框架是"关于整体的真理",因此,科学图像虽然由显像图像发展而来,但最终呈现为后者的"对立图像"。③ 塞拉斯明确指出,科学图像不是应用于显像图像中的工具。在这个意义上,分析哲学是有问题的,因为分析哲学"试图用科学图像的碎片零碎地替换显像图像",因而仍然处于"长青哲学"的传统中。④ 塞拉斯告诉我们,作为整体性真理的科学图像尽管"仍处于形成的过程中"⑤,但我们还是可以通过当前的科学发展窥知这幅图像的发展思路:一方面是将思维等同于公开的言语行为,另一方面是将思维等同于神经生理学进程(neurophysiological process)。⑥ 塞拉斯乐观地认为,如果我们沿着这样一条思路进一步推进,显像图像和科学图像就能"无冲突地融合于一个全览性视野中(synoptic view)"⑦。当然,在这幅作为理想的全览图景实现之前,我们还是要坚持"科学图像的首要性",这意味着我们既要放弃显像图像和科学图像的二元结构,又要放弃显像图像的首要性。塞拉斯明确指出,我们必须"将感觉意识等同于复杂的神经进程",而不是将两者"关联起来"。⑧

---

① Sellars, *Science, Perception and Reality*, p. 8.
② Ibid., pp. 14 - 5.
③ Ibid., p. 20.
④ Ibid., p. 15.
⑤ Ibid., p. 20.
⑥ Ibid., p. 33.
⑦ Ibid., p. 34.
⑧ Ibid., p. 36; cf. pp. 38 - 9.

第三章 科学实在论语境中的老塞拉斯与塞拉斯

在有些人看来,这幅基于公开的言语行为和神经进程的科学图景显然过于极端,且有明显的还原论倾向。比如,罗蒂在《哲学与自然之镜》中指出,和奎因的最终方案——用一种基于感觉刺激的科学代替哲学——一样,塞拉斯的方案同样也是一种概念真理的一元论(monism of conceptual truth)。罗蒂指出:"塞拉斯的著作仍然渗透着对各种词项或句子'给出分析'的尝试,并且暗中区分了必然的和偶然的、结构的和经验的、哲学的和科学的。"① 在这个意义上,也许戴维森也落入了罗蒂的批评范围。我们知道,早期的戴维森认为"事件"是中立的,根据描述方式的不同,事件既可以是物理的也可以是心理的;而晚期的戴维森则倾向于认为,事件是根据它们在时空中的位置被概念化的,因而事件在首要意义上是物理事件。② 从反实在论的立场出发,罗蒂的批评当然是合理的。但是,站在一个公允的角度,我们应该考虑到这些物理主义(或准物理主义)立场的背后动因,我们既应该考虑到奎因提出的自然主义认识论方案,又应该考虑到戴维森在关于真的融贯论与非内在形式的实在论之间寻求平衡的尝试,同样地,我们也应该将塞拉斯的实在论诉求纳入考量。不过我们知道,罗蒂在维特根斯坦和实用主义者的帮助下摆脱了早年所持的取消的物理主义(eliminative materialism),在他看来,科学实在论语汇作为一种工具不过是众多工具中的一种,它的优先性是无法论证的,更不可能作为其他语汇背后的元语汇,因此,与其说罗蒂担心的这些物理主义方案的实在论倾向,不如说他担心的是它们背后的还原论倾向和科学主义的威胁。但是在塞拉斯的语境下,科学的框架恰恰不是还原性的,而是整体性的,他在《经验主义与心灵哲学》中明确指出,"除非哲学解决我们在试着全面思考现代科学的框架与日常话语之间的关系时候产生的困惑,否则它就不完备",但这

---

① Rorty, *Philosophy and the Mirror of Nature*, p. 171.
② See Donald Davidson, "Reply to Quine on Events," in Ernest LePore & Brian McLaughlin, eds., *Actions and Events: Perspectives on the Philosophy of Donald Davidson* (Oxford: Blackwell, 2001), pp. 172-6.

种解决不包括"预设所予"的"科学话语的实证主义"。① 在《科学实在论或和平的工具主义》(1965)中,塞拉斯对费耶阿本德的实用主义观察理论表示认同,他指出,"的确不存在观察框架这种东西。观察框架不停变动,但摹状谓词只要从属于当下的经验秩序就能获得意义,这种经验秩序作为框架将使用语言的有机体——也就是这里的科学家——导向他们的内部和外部环境,并对这些环境进行处理。"但他又指出,费耶阿本德对科学的理解太狭隘,不够全局,由此才会导致他的极端相对主义:费耶阿本德"用剁肉刀砍碎科学的结构,而不是雕琢它的概念和方法节点。……他没有意识到经验知识框架的不同维度是以一种精细的方式相互依赖的"②。塞拉斯进而指出,为了真正理解"最宽泛意义上的事物是如何在最宽泛意义上联系在一起的",有两个条件是不可或缺的:首先,理论必须绕开"实体性符合法则的中介直接接触世界";其次,我们要像皮尔士那样理解对整体性真理的把握是一项"长远的"(long run)工作。③ 在塞拉斯看来,这两个维度共同构成了科学实在论的本质内涵。

为了解释理论如何无中介地接触世界,我们可以在戴维森那里找到一个方案。戴维森在《论概念图式的观念》(1974)中指出,概念图式之间的不可对译性和可共享性将会作为不可调解的矛盾永远存在下去,只要我们没有放弃下面这个观念:"在所有图式和科学之外有一个未经解释的实在存在"。戴维森告诉我们:"在图式和实在的二元论教条下产生了概念相对性,真是相对于图式而言的。抛弃了这个教条,这种相对性也就消失了。当然句子的真仍然是相对于语言而言,但它可以是尽可能客观的。我们在放弃图式和世界的二分时并没有放弃世界,而是重新和熟悉的对象建立了无中介的接触,这些对象的举动使我们的句子和意见为真或为假。"④通过

---

① Sellars, *Empiricism and the Philosophy of Mind*, p. 85. 塞拉斯:《经验主义与心灵哲学》,王玮译,第 67—68 页。
② Sellars, *Philosophical Perspectives: Metaphysics and Epistemology*, p. 159.
③ Ibid., p. 173.
④ Donald Davidson, *Inquiries into Truth and Interpretation* (Oxford: Clarendon, 1984), p. 198.

第三章 科学实在论语境中的老塞拉斯与塞拉斯

嫁接老塞拉斯的思想和维特根斯坦式的隐喻,塞拉斯告诉我们,图像的建构是一种游戏,然而是特殊的游戏:首先,"我们无法通过告知游戏规则让游戏者学会游戏";其次,任何概念性的图像建构都"本质地包含了某种表征世界的方式"。① 我们可以从这些论述中看出,戴维森和塞拉斯是如何试图从两条不同的路径(融贯论和实在论)阐明同一个观念的,同时我们也可以到,戴维森和塞拉斯的这些思考又如何影响了麦克道威尔和布兰顿的概念实在论:世界既是独立的,又在概念的塑造中。当然,在具体阐明这一观念的过程中,戴维森和塞拉斯提出的具体方案不尽相同:戴维森纲领(Davidson's program)试图将实用主义的语用学维度引入塔斯基(Alfred Tarski,1901—1983)的 T 约定,使之与特定的语言使用者和实际的语言交际联系起来,而塞拉斯则试图将皮尔士式的科学共同体作为他的主要思想资源。这一步骤也是他对老塞拉斯的一个重要补充。

塞拉斯在《物理实在论》中提醒我们注意以下这个关键点:"概念的思考者本质上是群体的一员。"他指出,在一种"鲁滨逊式"的世界观之下,哲学传统("长青哲学")长久以来只考虑个体的概念框架。直到黑格尔,哲学家才意识到"群体作为中介因素所扮演的关键角色"。② 超越鲁滨逊式的视角,从主体性进展到主体间性,这条由塞拉斯提出的思路对匹兹堡学派产生了决定性影响。塞拉斯在《哲学与人的科学图像》中更为明确强调了共同体视角的重要意义。他指出:"一个人所属的最包容的共同体是由这样一些人组成的,他们能彼此进入有意义的话语。如果我们在最包容的意义上对'我们'进行非隐喻性的使用,这就是这个共同体的范围。"③在这个共同体中,思考的本质并不是"分类或解释",而是"预演一个意图"(rehearse an intention)。④ 进一步,在这样一个共同体的语境下,显像图像和科学图像最终克服二元对立,融合为一个全览性视野:"人格的概念框架

---

① Sellars, *Philosophical Perspectives: Metaphysics and Epistemology*, p. 17.
② Ibid., pp. 16-7.
③ Sellars, *Science, Perception and Reality*, p. 39.
④ Ibid., p. 40.

不需要调和科学图像,两者只需要互相结合";为了完成科学图像,我们只需要考量"共同体的语言和个体的意图","通过用科学的概念分析我们想要做出的行动以及行动的条件,我们将被科学理论把握了的世界和我们的意图直接联系起来,让它变成我们的世界,对我们生活于其中的世界而言,我们不再是异在的附属物"。① 塞拉斯认为,这幅融合了常识与科学的图景正是皮尔士为科学探究设定的最终目标。皮尔士认为,科学共同体是科学探究的唯一语境,在这个意义上,由科学探究者组成的科学共同体就是最理想的符号共同体形态。我们在他的手稿中找到这样的表达:"我不把单个人的独自研究称为科学。一群人通过或多或少的交流互相帮助、互相刺激,进而获得关于某组特殊研究对象的认识,这些认识外人无法理解,我将这群人的生命称为科学。……科学寻求合作,期望以此找到真理,即使某些实际的探究者无法实现这一目标,运用他们的探究结果的后来探究者最终也一定能够实现。"② 塞拉斯完全认同皮尔士的观点,即科学共同体的探究是一项"长远的"工作,在这个意义上,科学图像的建构也远没有达到终点。

在皮尔士和塞拉斯那里,对共同体的诉求不只具有实践层面上的意义,更为重要的是,它为方法论的建立提供了基本的语境。塞拉斯在1969年的一次讲座中将有效的哲学方法归纳为寻求"规范性理想"(regulative ideal)。他建议我们从建构简单的初始模式开始,虽然这些初始模式很有可能是错误的,在此基础上,我们以整体系统为目标,用"评注"的方式逐步整理和修正这些模式。塞拉斯指出:"哲学体系建构的最终合法性证明在于如下事实:只有知觉、推论、实践和理论模式的相互关联本身也成为一个模式,这些模式才是最终令人满意的。如果把这个隐喻推至极端,也就是说,哲学的最终完成将会是一个单一模式,我们可以理解这个模式的运作,

---

① Sellars, *Science, Perception and Reality*, p. 40.
② MS 1334.

第三章 科学实在论语境中的老塞拉斯与塞拉斯

因为正是我们建构了这个模式,这个模式将会再现全部的复杂性。"①塞拉斯认为,科学图像作为最终的单一模式并不是还原性的,而是作为整体再现了人类认知活动的全部复杂性,其根本原因在于,科学图像是共同体在长期探究之后得到的规范性理想。这一观点在皮尔士那里得到了共鸣。较之于其他实用主义者,皮尔士的思想有一个极端之处:他相信只要给予足够长的探究时间,科学共同体最终一定能找到一个作为"理想的完满知识"的大写真理。他指出:"最后,在所有普遍性当中,我们获得了一个最高的记号(Seme),这一记号可以被认为是每一个真命题的对象,如果我们非要命名它,可以(虽然有一些误导性)称之为'最终真理'(The Truth)。"②皮尔士还告诉我们:"虽然我们永远不能获得绝对的确定性,但通过某个真理所获得的清晰性和明确性会作为一个有机而不可分割的部分组成一个伟大真理。"③我们必须将皮尔士的这些论断放到符号共同体的语境下来理解:最终真理虽然对个体而言表现为记号(seme),但放到探究共同体当中,这个记号会通过命题(pheme)发展为论证(delome),并由此进入无限的中介与被中介的符号进程。除此之外,最终真理在皮尔士那里不仅是规定性的,更是理想性的,比较而言,也许后一个层面更为关键。作为理想的最终真理引导探究者抛弃一切唯我论的预设,将自己视为共同体的有机组成部分,在共同体的事业中超越自身的局限性,并最大限度地减少(虽然不能最终克服)个体的可错性。基于两者间的相似性,塞拉斯在1969年的另一次讲座中将他的"规范性理想"明确称为"皮尔士式框架"。④

不过在皮尔士那里,方法只是整体性图景——皮尔士称之为"宇宙论"(cosmogony)——的一个有机组成部分或面相。塞拉斯清楚地认识到了这一点,他在1977年的一次讲座中指出,皮尔士的科学方法最终超出了方法论层面,进展到对实在的界定。他认为这一步骤是"合理的",并且自己

---

① Sellars, *Notre Dame Lectures 1969—1986*, pp. 72-3.
② CP 4:539.
③ CP 4:71.
④ Sellars, *Notre Dame Lectures 1969—1986*, p. 219.

也正是在这个意义上是"科学实在论者"。① 不过皮尔士的思路有它的内在困难。皮尔士试图用一种演化的符号性思维来强调对既有现实的确认并不必然地排除非现实的东西或尚未成为现实的东西,这让皮尔士的实在观获得了两个全新的维度:首先,实在的展开是朝向未来的解释;其次,实在的建构必须在符号共同体中实现。我们很容易将这样的观点和客观观念论挂钩起来。比如,史密斯(John E. Smith)曾指出,客观观念论将认知等同于实在,这是"大部分现代哲学的伟大谬误,皮尔士也未能幸免"②。豪瑟(Nathan Houser)也曾敏锐地指出,皮尔士的立场与其父亲(Benjamin Peirce, 1809—1880)所持的观念实在论(ideal-realism)之间存在着很大的相似性。③ 塞拉斯在《科学与形而上学》明确指出了皮尔士的困难:"皮尔士没有将'图像化'(picturing)的维度纳入考量,这样他在实际和可能的序列之外就没有一个阿基米德点,以用于界定序列能够无限接近的理想或界限。"④塞拉斯认为,我们可以不用因为共同体维度而放弃实在论的诉求。正是在这个意义上,作为实在论者的塞拉斯与作为"观念论者"的皮尔士之间产生了根本性的分歧,在消化和吸收了皮尔士的共同体维度之后,塞拉斯回到了老塞拉斯为科学实在论设定的核心任务:通过不断更新的概念框架批判地把握实在。在老塞拉斯和塞拉斯看来,理想维度和实在维度可以也必须在科学图像中和谐共存。正如塞拉斯在《经验主义与心灵哲学》中所指出的,他虽然拒斥传统经验主义的框架,但并不认为知识没有基础,很明显,"人类知识基于一个层级上的命题——观察报告——这些命题不像其他命题基于它们那样基于其他命题"。但"基础"这个隐喻引人误解,因为它是"静态"的,"我们似乎不得不在大象立于巨龟之上这幅图画(什么支撑巨龟?)与黑格尔知识巨蟒首尾相衔这幅图画(它从哪里开始?)之间选

---

① Sellars, *Notre Dame Lectures 1969—1986*, p. 256.
② John E. Smith, "Community and Reality," in *Perspectives on Peirce: Critical Essays on Charles Sanders Peirce*. ed. Richard Bernstein (Westport: Greenwood Press, 1965), p. 119.
③ EP 1:xxxv.
④ Sellars, *Science and Metaphysics*, p. 135.

第三章 科学实在论语境中的老塞拉斯与塞拉斯

择"。事实上,"经验知识和其复杂延伸(科学)一样,是理性的,不是因为它有一个基础,而是因为它是一项自我调整的事业,能让任何断言处于危险之中,尽管不是同时让全部断言如此"①。这就是塞拉斯在破除所予神话之后试图确立的科学实在论框架。科学实在论的根本洞见是:如果实在论意味着将未经中介的独立性赋予探究内容,使它对立于构成探究的实践,那么这种实在论一定是"不科学的"。

---

① Sellars, *Empiricism and the Philosophy of Mind*, pp. 78 - 9. 塞拉斯:《经验主义与心灵哲学》,王玮译,第63页。

第四章
康德、塞拉斯与麦克道威尔

I 表征的两条线索:塞拉斯读康德

罗蒂告诉我们,塞拉斯曾这样描述自己的哲学方案:"试图将分析哲学从休谟阶段推进到康德阶段"。① 毫无疑问,塞拉斯本人的思维模式在很大程度上是康德式的:他像康德那样区分了经验与思维,将前者置于自然的逻辑空间,将后者置于理由的逻辑空间,认为自然空间无法作为理由空间的法庭,因而思维也无须对经验做出答复。因此,在塞拉斯的语境中,经验与思维的区分表现了世界与心灵的根本性区分。塞拉斯在《经验主义与心灵哲学》中基于这一区分设计了"琼斯神话"的基本框架:存在两种内在片段——印象与思维,前者的属性以可感知对象的属性为模式,后者的属性以公开的言语行为的属性为模式,前者的设定用于解释为什么共同体成员有时能感知到并不存在的某物并展开行动,后者的设定用于解释为什么共同体成员能在保持沉默的情况下参与复杂的理性行为。不仅如此,塞拉斯甚至还将身心问题区分为"感觉—身体"(sensorium-body)问题和"意向性—身体"(intentionality-body)问题,并坚持给出不同的解答。在研读塞拉斯的过程中,我们发现自己一次次地回到康德,从塞拉斯的视角重新审视康德,同时也通过康德的视角不断界定塞拉斯。②

---

① Richard Rorty, "Introduction," in Sellars, *Empiricism and the Philosophy of Mind*, p. 3.
② 在《康德的先验形而上学》(2002)的编者前言中,西卡(Jeffrey F. Sicha)告诉我们,塞拉斯一共用坏了两本《纯粹理性批判》,第一本购于20世纪30年代,第二本购于1962年。两本都被写上了数不清划线和边注,最终都被使用地完全散架。See Wilfrid Sellars, *Kant's Transcendental Metaphysics: Sellars' Cassirer Lectures Notes and Other Essays* (Atascadero: Ridgeview, 2002), p. ix.

第四章　康德、塞拉斯与麦克道威尔

先验演绎的核心是阐明我们对对象的表征,这也是塞拉斯解读康德的切入点。塞拉斯提出了两条解读的线索:直观概念和副词论,他认为,这两条线索不仅确切地刻画了康德的思路,还为他自己的哲学方案提供了有力的思想资源。我们首先讨论第一条线索。塞拉斯认为,直观是先验感性论中内涵最丰富也是最有问题的一个概念。最关键的问题在于,康德没有明确澄清直观到底是单纯感受性(sheer receptivity),即不包含任何意义上的概念性运作,还是包含了一种特殊意义上的概念性运作,这种运作是概念性表征的一个特殊子集。① 用康德自己的话来说,经验"包含两个极为不同性质的要素,一个是从感官来的、知识中的质料,一个是整理这质料的某种形式,它来自纯粹直观和纯粹思维的内在根源,后两者是在前一要素的机缘中才首次得到实行并产生出概念来的"②。至少在这一段引文中,康德明确指出直观既涉及质料,又涉及整理质料的某种形式,之后他又将这种形式进一步阐发为生产性想象力(productive imagination)的活动。实际上,区分直观的质料与形式是非常困难的工作,这里的区分实质上是单纯的杂多性直观(manifold of intuition)和对杂多的整体性直观(intuition of manifold)。塞拉斯指出:"即使康德意识到了自己对'直观'的使用是含混的,他也没有意识到这种含混性的极端本质。"③从某种意义上来说,先验哲学的性质取决于我们对直观性质的界定,这是塞拉斯在这个问题中发现的极端本质。他的主要解读目标是,拒绝将康德的直观理解为单纯感受性,认为直观是被动性和主动性的统一。他的主要论据是下面这段引文:"赋予一个判断中的各种不同表象以统一性的那同一个机能,也赋予一个直观中各种不同表象的单纯综合以统一性,这种统一性用普遍的方式来表达,就叫作纯粹知性概念。所以同一个知性,正是通过同一些行动,在概念中曾借助于分析的统一来完成一个判断的逻辑形式,它也就借助于一般直

---

① Sellars, *Science and Metaphysics*, p. 7.
② Kant, *Critique of Pure Reason*, A86. 中译引自康德:《纯粹理性批判》,邓晓芒译,北京:人民出版社,2004年。下同。
③ Sellars, *Science and Metaphysics*, p. 7.

观中杂多的综合统一,而把一种先验的内容带进它的表象之中,因此这些表象称之为纯粹知性概念,它们先天地指向客体,这是普遍逻辑所做不到的。"①在这段引文中,康德甚至告诉我们,运作于判断和直观中的是"同一个知性",并且是"通过同一些行动",换言之,产生直观(例如"this cube")的生产性想象力同时也为判断(例如"this cube is a piece of ice")提供了主语。这显然给塞拉斯的解读提供了有力的支撑。

可以看到,以上的解读并不必然要求我们取消单纯感受性。塞拉斯试图将以上的解读再推进一步,探讨单纯感受性中的概念性运作。比如,他在《对康德经验理论的一些评论》(1967)中指出,虽然"'先验逻辑'的任务是阐明这样一种心灵概念:作为世界一部分的心灵能够获得关于世界的知识,知识的获得包含了认识对象对心灵的作用或'影响'",但对康德的解读很容易在几个关键的节点上犯错,其中一个就是被动感受性概念(affection)。当我们的外在或内在感受性被影响时,产生了什么东西?一般的回答是:作为非概念状态的印象,这种非概念状态等同于痒或痛,但又不同于后者,因为它们组成了关于物理对象的知觉经验。塞拉斯认为这种解读完全曲解了康德。② 他进而认为,感受性就像直观一样是概念性的。在此基础上,他建议将感受性理解为"语言转化入口"(language entry transition),所谓语言转化入口就是一个会使用某种语言的人在面对一个红色对象时用该语言作出"这是红的"的回应。作为有规则的语言系统的一个元素,这个表达并不是单纯对环境的回应,它还基于感知者的概念框架,感知者的概念框架让感知以非自由联合的方式受到世界的影响。③ 塞拉斯还指出,用于获得感受性的概念框架是我们通过想象力自发形成的概念框架的一部分,它们是同一类的。比方说,两者之间的区别在于前者是数实际对象(counting actual objects),后者是在想象中不受限制地数

---

① Kant, *Critique of Pure Reason*, B105.
② Sellars, *In the Space of Reason*, p. 440.
③ Ibid., p. 441.

(counting in unconstrained way in imagination);前者是感知一个三角形(perceiving a triangle),后者是想象一个特殊的三角形(imagine a particular triangle)。这样一来,感受性就变成了被动性和主动性的具体混合(particular blend),感受性与自发性之间的界线也变得模糊起来。①

毫无疑问,这样的解读是极端的,因为它取消了康德在感性与知性之间作出的基本区分,并最终威胁到康德试图在经验论与观念论之间维持的形而上学中立性(metaphysical neutrality)。塞拉斯也认识到了这一点,他试图在1972年的一篇文章中提出一种"相对的自发性"(relative spontaneity),从而为基于感性的被动性留出空间。② 皮平(Robert Pippin, 1948—)认为这一方案并不可行,因为康德想阐明的是一种非相对的自发性或绝对的自发性,这种自发性只涉及认识关系,不涉及任何意义上的因果关系。③ 但皮平也认识到了问题本身的复杂性以及康德本人在界定上的模糊性,正是这种复杂性和模糊性让我们认识到"将《纯粹理性批判》和它之后的观念论传统分开的并不是通常认为的深渊,而是一段连续的空间,甚至是一条漫游的道路"④。匹兹堡学派正是通过这条连续的道路从康德走到了黑格尔,而塞拉斯对康德式直观的解读可以说是这条思路的起点。毋庸置疑,任何解读都带有意图,塞拉斯显然选择了一条最契合其哲学方案的解读路径。《经验主义与心灵哲学》的一个主要任务是:在不陷入所予神话的前提下探讨非推论性报告的可能性。塞拉斯在康德的直观概念中找到了这种可能性:直观不是所予(单纯感受性),也不是完成形态的概念性运作(推论性判断),而是一种包含特殊概念性运作的非推论性报告。为了强调直观的非推论性特征,他还建议将直观中的特殊概念性运作表述为知性的运作,而非概念的运作。事实上,康德也意识到并作出了这

---

① Sellars, *In the Space of Reason*, p. 442.
② Wilfrid Sellars, "... this I or he or it (the thing) which thinks ..." in *In the Space of Reason*, pp. 411–36.
③ Robert Pippin, "Kant on the Spontaneity of Mind," *Canadian Journal of Philosophy*, 17:2 (1987), p. 466.
④ Ibid., p. 475.

样一个区分:"在一个我称之为'我的'的直观中所包含的杂多,被知性的综合表现为属于自我意识的必然统一性,而这是通过范畴做到的。……在该演绎中,由于范畴是不依赖于感性而只在知性中产生出来的,我就还必须把杂多在一个经验性直观中被给予的方式抽象掉,以便只着眼于由知性借助于范畴而放进直观中的那个统一性。"[1]概而言之,康德要求我们区分"由知性借助于范畴而放进直观中的那个统一性"和以直观为内容的判断,前者的形式是"这个实体",后者的形式是"这个实体是一个实体"。沿着这条思路,康德进一步区分了涉及综合的概念和涉及判断的概念。前者如康德所言:"'概念'这个词本身即已有可能向我们指示出这种意思。因为就是这样的一个意识,把杂多逐步地,先是把直观到的东西,然后也把再生出来的东西,都结合在一个表象中。"[2]很明显,这里的概念(Begriff)意味着把握(begreifen, to grab)。而 B 版演绎第 19 节"一切判断的逻辑形式在于其中所含概念的统觉的客观统一"则集中讨论了涉及判断的概念。这一区分对塞拉斯的哲学方案而言是关键性的,它帮助塞拉斯成功拒斥了试图从"是"(is)中推导出"应当"(ought)的自然主义谬误(naturalistic fallacy),将不同层次的认知片段和认知状态都置于理由空间中。

所予神话和感觉材料理论的基础是自然主义谬误。赖尔(Gilbert Ryle,1900—1976)在《心的概念》(1949)中指出,感觉材料理论建立在以下这个逻辑笑话(logic howler)上,即"将感觉概念等同于观察概念"。[3] 与观察不同,感觉与可感对象并没有直接联系,感觉既不指向可感对象,也不指向感觉与对象之间的关系。因此,我们不但不能用感觉材料来证明观察结果的合法性,反而需要提供对感觉材料本身的合法性证明,即需要进一步诉诸更基本的感觉材料,这里就产生了恶性倒退(vicious regress)。简言之,感觉材料论者错误地混淆了作为"应当"的感觉和作为"是"的观察,

---

[1] Kant, *Critique of Pure Reason*, B144.
[2] Ibid., A103.
[3] Gilbert Ryle, *The Concept of Mind* (London: Routledge, 2009), p. 192.

第四章 康德、塞拉斯与麦克道威尔

试图将前者放到"是"的领域中。类似地,塞拉斯也强调了印象和直观的区分,前者属于自然空间("是"),后者作为一种特殊的思维形态和思维一起属于理由空间("应当"),一切认知只和理由空间有关,不涉及自然空间,换言之,认知只能从"应当"到"应当",不能从"是"到"应当"。单纯作为"是"的所予无法进入认知进程。感觉材料理论的坚持者罗素也认识到了这一问题,在晚年出版的《人的知识》(1948)中,他试图将所予界定为一种信念。他指出,知觉由两个基本部分组成:所予与动物性推理(animal inference),前者是"不能提出进一步理由的信念",是"事实知识不可缺少的最小量的前提",后者则是"自发产生的信念"。所予是感觉核心,而动物性推理则是非意识层面的再解释,两者共同构成了知觉:"用动物性推理来补充感觉核心……直到它成为一般所谓的'知觉'。"[1]除此之外,罗素还暗示,认知的开端除了所予之外还必须有一些其他的东西。他区分了"独断的唯我论"(dogmatic solipsism)和"怀疑的唯我论"(skeptical solipsism),前者认为"除了所予什么东西也不存在",而后者则认为"除了所予我们不知道有什么东西存在"。罗素指出,我们必须在以下两个立场中作出选择:"要么承认那种最严格的怀疑的唯我论,要么承认我们不靠经验就知道某种或某些原理,通过这种或这些原理我们可以至少带有概然性地从事件推论出其他事件。"[2]他最终选择了后一个选项:"就我个人而言,我拒斥唯我论的选项,接受另一个选项。"[3]这里的关键问题还不在于所予神话是否合法,而是在于所予神话背后的自然主义方案是错误的,因为当我们试图从"是"进展到"应当"时,会发现"是"早已受到了"应当"的侵染。为了解释这种侵染,修补所予神话的框架是没有用的(比如罗素的做法),我们必须完全放弃这个框架,这也是塞拉斯对康德作出极端解读的用意。

塞拉斯希望通过他的解读将康德拉出所予神话,并最终拉出自然主义

---

[1] Bertrand Russell, *Human Knowledge: Its Scope and Limits* (London: Routledge, 2009), p. 151.
[2] Ibid., p. 160.
[3] Ibid., p. 161.

谬误。他试图帮助康德澄清一条从"应当"到"应当"的认识路径,同时保证这条路径的客观有效性。塞拉斯在《对康德经验理论的一些评论》中指出,康德正确地认识到我们不能通过比较一个判断和一个实际事态(an actual state of affairs),以此来确认判断是否为真,因为实际事态本身也是一种判断,比较一个判断和一个实际事态就是比较一个判断和另一个判断。塞拉斯指出,康德理解的实际事态就是真直观,用语言哲学的表达,就是以"here-now"形式(而非"there-then"形式)呈现的"语言转化入口",因此实际事态就是可以从"here-now"形式的陈述中正确推论得到的经验性陈述。① 但塞拉斯又指出,康德的错误在于没能完全地贯彻这一洞见,他只看到从属于思维的逻辑形式,但没有看到同时从属于思维和事物的经验形式,而正是后一点保证了思维和事物能够相互啮合(mesh with each other)。② 康德本人并没有深刻认识到追究这一点的重要意义,他告诉我们,"自然界的现象的法则怎么会必然与知性及其先天形式、即和它联结一般直观杂多的能力协调一致,这丝毫也不比现象本身怎么会必然与先天的感性直观形式协调一致更值得奇怪"③,而塞拉斯恰恰认为探讨这种"协调一致"是问题的核心,为此他提出的关键步骤是从康德的直观概念入手构造出一种概念实在论。特别地,我们必须阐明直观性表征在何种意义上是一种关于实在的概念性综合。

塞拉斯试图将直观性表征中的综合界定为"this-such"。我们在他的讲座稿中发现,塞拉斯在亚里士多德那里找到了对这一思路的共鸣。他告诉我们,亚里士多德那里的原初经验是最基本层面上的综合,因此他并没有陷入作为一种所予神话的基底论(substratum theory),而洛克的观念和休谟的印象作为已经包含了确信(conviction)的原初经验则是对这一思路的继承,只不过亚里士多德的原初经验是关于实体的经验,而经验论者(特

---

① Sellars, *In the Space of Reason*, p. 451.
② Ibid., p. 445. n. 7.
③ Kant, *Critique of Pure Reason*, B164.

第四章　康德、塞拉斯与麦克道威尔

别是休谟)则试图削除这一部分。① 塞拉斯在《想象力在康德经验理论中扮演的角色》(1978)中尝试界定这种"this-such"：不是句子(sentence)，也不是心理语言(mentalese or mental language)，而是复杂的指示短语(complex demonstrative phrase)。举例而言，"this-such"不是"This is a brick which has a red and rectangular facing surface"，而是"This brick with a red and rectangular facing surface"。后者是一种"知觉获得"(perceptual taking)，必须置于类似于"This brick with a red and rectangular facing side is too large for the job at hand"的判断中，为判断提供主词。② 塞拉斯进一步指出了"this-such"和一般性判断的区别，前者是"what we perceive of the object"，后者是"what we perceive the object as"，在前一种综合中，我们不是将对象感知为具有某些属性的实体，而是将对象感知为某种"形象模式"(image-model)。③ 塞拉斯认为，康德区分生产性想象力(productive imagination)和再生性想象力(reproductive imagination)的意图就在于此。康德告诉我们，生产性想象力的功能是将感性和知性统一于一个经验(塞拉斯所说的"形象模式")中，它是"知性对感性的一种作用，知性在我们所可能有的直观的对象上的最初的应用"④。而再生性想象力的功能则是观念的联合，这种联合是经验性的，预设了通过生产性想象力构成的对象，涉及具体或抽象的判断形式(比如 not-ness, or-ness, some-ness)，属于心理学而非先验哲学。塞拉斯在《对康德经验理论的一些评论》中通过对时空范畴的探讨明确指出了直观性表征的先验特征：作为直观形式的时空范畴并不是事物或事件关系的属性，而是说，时空中的相对位置具有将"这一个"表征区分出来的逻辑力量。"作为表征形式的时空概念的'先验'功能或认知功能，必须和它们在判断历史事实时的

---

① Wilfrid Sellars, *Kant and Pre-Kantian Themes: Lectures by Wilfrid Sellars* (Atascadero: Ridgeview, 2017), p. 33.
② Sellars, *In the Space of Reason*, pp. 455–6.
③ Ibid., pp. 462–3.
④ Kant, *Critique of Pure Reason*, B152.

经验性功能区分开来。"用语言哲学的概念来说,"时空性的谓词不但是对象语言陈述的关键,也是将逻辑(认知)力量赋予语言形式的元语言陈述的关键"①。

直观性表征以一种先验的方式将对象表征为"这一个"或一个"形象模式"。很明显,这是一条类似于副词论(adverbialism)的思路,塞拉斯也曾明确表示,自己是在副词论的意义上理解感觉。② 这样我们就从直观概念进展到了塞拉斯解读康德的第二条线索:副词论。在刻画这条线索的同时,我们将会阐明这条线索是如何以互为补充的形式和第一条线索整合在一起的。

副词论的基本思路是不对感知对象作本体论的预设,只进行表象性的分析。副词论认为感知到的对象特征最终只能以副词形态呈现,比如,我不是看到红色的圆苹果,而是 seeing redly,seeing roundly,甚至 seeing apply。③ 柯林伍德(Robin George Collingwood,1889—1943)将副词论的思路追溯至笛卡尔:"对笛卡尔而言,'我看到蓝色'这句话的语法与'我踢了一只恶狗'这句话的语法并不相同,前者更像是'我感到一种转瞬即逝的犹豫'或'我快步走'。颜色、犹豫和走路都是行为的对象,它们是行为的模式。在句中它们具有副词的功能。……蓝色是我意识到的一种感觉,正如微微的兴奋是我意识到的一种感觉一样,在两种情况下,都不存在任何的感觉对象。"④简言之,副词论的思路是不再强调感觉对象,而强调作为行为模式的感觉本身,这样一来各种错觉/幻觉也就得到了恰当的解释。可以看到,副词论明显契合于 19 世纪晚期以来的主流认知理论——感知

---

① Sellars, *In the Space of Reason*, p. 447.
② Ibid., p. 255.
③ For adverbialism, see Roderick Chisholm, *Perceiving: A Philosophical Study* (Ithaca: Cornell University Press, 1957); Frank Jackson, *Perception: A Representative Theory* (Cambridge: Cambridge University Press, 1977); Michael Tye, "The Adverbial Approach of Visual Experience," *Philosophical Review*, 93 (1984), pp. 195 - 226; Wilfrid Sellars, "The Adverbial Theory of the Objects of Perception," *Metaphilosophy*, 6 (1975), pp. 144 - 60.
④ Robin George Collingwood, *The New Leviathan* (Oxford: Clarendon, 1942), pp. 30 - 1.

第四章 康德、塞拉斯与麦克道威尔

是感知者基于自身的兴趣和倾向主动选择的结果。布拉德雷（F. H. Bradley，1846—1924）在 1886 年就已经指出："在兴趣的推动下，任何身体或心灵功能都会成为积极的注意力，并让我们专注于它们的结果。"① 作为这种主体性哲学的特殊版本，副词论也面临着任何主体性哲学都会遇到的最终问题：如何超越唯我论的困境？显然，和副词论一样，将直观概念化的思路也会遭遇同样的唯我论困境，概念化直观的根本问题在于，如何在引入概念性运作的前提下保证认知的客观有效性。更确切地说，副词论和概念化直观这两条线索分别代表了主体性哲学的两个不同方向，前者强调行为模式，后者强调概念能力。在塞拉斯看来，康德对直观的探讨并没有提供解决问题的资源，但如果我们将康德式的表征放在副词论的语境下加以考察，就会发现解决问题的隐藏线索。但实现这一点的首要前提是必须阐明一种基于主体间性而非主体性的副词论。

塞拉斯认为，感知应该被描述为包含副词性的行为模式，因此就其根本而言感觉应该是动词，而非名词。休谟已经提醒我们注意将动词（verb）转化为动名词（verbal noun）之后带来的哲学问题：解释印象（impression）要比解释作用（impress）困难得多，解释表现（appearance）也要比解释显现（appear）困难得多。但休谟对这一问题的认识并没有成为之后哲学发展的主流，哲学家越来越多地谈论动名词意义上的感知，其中一个很大的原因在于对个体化（individuation）问题的重新发现（特别是莱布尼茨）。邓斯·司各脱（Duns Scotus，约 1265—1308）问是什么令一个东西成为这一个东西（haecceitas）而不是另一个东西？同样地，关于感知的发问也以类似的方式进行：是什么令一个感知成为这一个表征而不是另一个表征？在塞拉斯看来，这样的发问方式是根本错误的：我们不能谈论一个表征（representation），只能谈论表征过程（representing）。

我们在 1975—1976 年的讲座稿中找到了塞拉斯对这一问题的集中探讨。塞拉斯指出，对于同一个三角形，A 以 "sensing-of-a-red-triangle" 的方

---

① F. H. Bradley, "Is There a Special Activity of Attention?" *Mind*, 11:43 (1886), p. 316.

式感知到它,B 以"sensing-of-a-green-triangle"的方式感知到它,这里的最终范畴是"感知行为的种类"(varieties of sensing or kinds of sensing),而非不同的感知内容。塞拉斯强调:"你不能再进行一个存在性的步骤,这是一个不透明的语境。"①换言之,感觉对象不是真实的(not real),而是只具有某种地位(have status),前者是"第一等级存在"(first class existence),后者是"第二等级存在"(second class existence),塞拉斯有时又以"超越对象"(transcendent object)和"内在对象"(immanent object)区分这两个意义上的存在。感知对象只能作为表征行为的内容存在,因此它只能是一种第二等级的存在或内在对象:"内容作为内容是依赖于表征行为的某些东西,它的本质是被表征。"②事实上,"sensing-of-a-red-triangle"和"sensing-of-a-green-triangle"这两个表述中的"of"已经清楚地指明:这里涉及的不是独立的表征内容,而是体现在表征行为中的意向性关系。在这个意义上,前面提到的感知行为的"种类"(varieties or kinds)实际就是表征行为与内在对象之间的关系,塞拉斯称这种关系为"柴郡猫式的关系"(Cheshire-cat relations)。柴郡猫是《爱丽丝漫游奇境记》中的角色,形象是一只咧着嘴笑的猫,拥有能凭空出现或消失的能力,它的笑容在它消失后还挂在半空中。换言之,表征行为与内在对象之间的关系不但不会因为表征的完成而消失,而且这种关系就是表征的全部内涵。③ 塞拉斯认为这条思路还可以从感知进一步拓展到命题性思维。比如 A 想的是"that-Socrates-is-wise variety of thinking",B 想的是"that-Protagoras-is-wise variety of thinking",这里的"种类"是内在于行为的对象观念(act-immanent object notion)。

这里的关键问题既不在于不同的表征行为如何将同一个属性归属于某个对象,也不在于不同的表征过程如何表征同一个内容,而在于不同"种

---

① Sellars, *Kant and Pre-Kantian Themes*, p. 5.
② Ibid., p. 10.
③ Ibid., pp. 11-2.

第四章 康德、塞拉斯与麦克道威尔

类"的行为(无论是感知层面上的还是命题性思维层面上的)是如何沟通和分享意义的?塞拉斯指出,近代以来的大部分哲学家并不考虑这个涉及主体间性的问题,因而他们的理论是一种"鲁滨逊式的知识论"①。为了解释知识的客观性,我们必须从鲁滨逊式的知识论进展到一种基于主体间性的知识论。在这一点上,塞拉斯和维特根斯坦分享了同样的洞见,后者在《论确定性》中告诉我们:"'我知道我哪里疼'、'我知道我这里疼'和'我知道我现在疼'都是错的,而'我知道你碰了我手臂的哪里'则是对的。"②较之于维特根斯坦,塞拉斯更加明确地强调了基于主体间性的知识论,他在康德那里发现了这一思路的隐藏线索:表征内容并不是作为对象存在的,而是作为可表征内容(representable)存在的。他对康德作出了如下的解读:在康德那里,时空中的任何事物只具有一种存在模式——作为表征行为的内容或潜在内容。下面这段话是一个明确的例证:"空间本身连同其一切现象,作为表象都只存在于我之中,但在这一空间中毕竟还是有实在的东西、或者说有外部直观的一切对象的材料被现实地、不依赖于任何虚构地给予出来,而且也不可能在这空间中会有任何一种(在先验的意义上)在我之外的东西被给予出来,因为空间本身在我们的感性之外就什么也不是。所以最严格的观念论者都不可能要求人们去证明(在严格意义上)在我们之外的对象符合我们的知觉。因为,如果有这样的对象,那它毕竟不会有可能被表象和直观为在我们之外的,因为这就预先假定了空间,而空间中的现实性作为一个单纯的表象的现实性,无非就是知觉本身。所以外部现象的实在的东西只有在知觉中才是现实的,而且以任何别的方式都不可能是现实的。"③根据这一解读,康德显然改变了中世纪—笛卡尔传统中的"现实性"(actuality)涵义。在笛卡尔那里,客观的实在(objective reality)仅仅是观念上的存在,而形式的实在(formal reality)则真实存在于作为观念之依

---

① Sellars, *Kant and Pre-Kantian Themes*, p. 21.
② Ludwig Wittgenstein, *On Certainty* (New York: Harper & Row, 1972), § 41.
③ Kant, *Critique of Pure Reason*, A375 - 6.

据的对象中。而在康德那里,正如上一段引文中所指明的,空间本身也是被表征的,空间不是形式的实在,空间中的存在也不是形式的实在。形式的实在被康德缩减为物自体。甚至物自体的性质也值得进一步商榷。关于物自体,塞拉斯喜欢用的一个比喻是:物自体像海洋里的沙子,认知者像海洋里的贝壳,沙子缓缓钻进贝壳中,刺激后者结出珍珠来。① 但塞拉斯试图将这样的理解进一步放到以上的解读中:作为沙子的物自体不是外在对象,而是未被表征的表征过程(unrepresented representings)。

沿着这条思路,我们可以重新界定感知行为的"种类"。在感知层面,所有"种类"共同组成了一个"作为可表征内容的可表征内容的领域"(domain of representables qua representables);在命题性思维层面,所有"种类"共同组成了一个"命题性可表征内容的领域"(domain of propositional representables)。两个层面上的"种类"合起来可称为"可表征内容的总和"(sum of representables)。在近代哲学的视域中,可表征内容的领域被把握为包含一切可能性的上帝心灵,在这个意义上上帝是最高的表征者,用笛卡尔的概念来说,上帝作为卓越的实在(eminent reality)存在于高于自己且包含了自己的东西中。我们在唯理论者(如笛卡尔、马勒伯朗士)和经验论者(如贝克莱)那里都可以找到这一思路。塞拉斯认为,尽管康德在这个问题上并没有明确阐明自己的立场,但康德实际上并没有用上帝的心灵解释可表征内容的领域,恰恰相反,可表征内容的领域在康德那里不是与个体无关的绝对心灵的领域,而是由个体心灵的表征过程组成的,"将这一领域等同于超主体(无论是上帝还是绝对)就是抛弃康德"②。在放弃了从超主体的角度界定可表征内容的领域之后,一种基于主体间性的界定方式就自然而然地进入了视野。事实上,康德在《未来形而上学导论》和第二版《纯粹理性批判》中也增加了对主体间性的讨论。比如他在B版演绎第19节中区分了判断和联想律,前者给予表象的客观统一性,后者只提供

---

① Sellars, *Kant and Pre-Kantian Themes*, p. 55.
② Sellars, *Science and Metaphysics*, p. 51.

第四章　康德、塞拉斯与麦克道威尔

主观统一性:"[表象]借助于直观的综合中统觉的必然统一是互相隶属的,就是说,这是按照对一切表象作客观规定的原则的,如果从这些表象能形成知识的话,而这些原则全都是从统觉的先验统一这条原理派生出来的。只有借此才从这种关系中形成一个判断、亦即一种关系,它是客观有效的,并且足以与同样一些表象的只具有主观有效性的那种关系、例如按照联想律的关系区别开来。"①塞拉斯认为,客观有效性的真正内涵在于"表象借助于直观的综合中统觉的必然统一是互相隶属的",这种互相隶属的统一是不同的表征过程沟通和分享意义的关键。塞拉斯将这种统一界定为"视角化的融贯性可表征内容"(perspectivalized coherent representables),并指出:"可表征内容的系统既是主体间性的又是综合性的,但同时也是个体化的。……它必须在一个时间性的视角中被给予,它会变得越来越复杂。"②换言之,一个可表征内容必然处于和其他可表征内容的关系中,这种关系在时间进程中展开,并且一定是基于某个特殊的个体性视角。塞拉斯认为,我们不能从超验共相论的角度去理解可表征内容间的这种融贯性统一,相反,理解这种统一的唯一进路是个体化视角,我们必须探讨个体化视角是如何在相互中介中构造出共享的意义整体。显然,这也是匹兹堡学派的总体思路。当然,将基于主体的客观有效性拓展为基于主体间性的客观有效性,这条思路在多大程度上仍停留在康德的观念论框架之内,这是一个值得商榷的问题。至少在塞拉斯看来,只要康德没有明确地走向超主体,那么一种基于主体间性的考量即使没有得到明确阐明,至少也是隐而将发的,因为只有在主体间性的语境下,概念化直观的根本问题——如何在引入概念性运作的前提下保证认知的客观有效性——才能得到解决。

到此为止,我们可以看清直观概念和副词论这两条线索是以何种方式整合在一起的。维特根斯坦曾深刻地指出:"'内在进程'需要外在标

---

① Kant, *Critique of Pure Reason*, B142.
② Sellars, *Kant and Pre-Kantian Themes*, p.199.

准。"① 外在标准的缺失既是感觉材料理论的根本问题,同样也是概念化表征需要解决的关键问题。塞拉斯在对康德的解读中确认了康德的核心洞见:标准无法向外寻找,只能向内寻找。但塞拉斯试图在康德的语境中进一步阐明,这种向内并不是退回到唯我论,而是将最后的落脚点放到内在进程的相互关系上。这样一来,我们就从主体的表征最终进展到了基于主体间性的表征。我们看到,布兰顿正是沿着这条思路提出了一条从推论到表征的路线。而在麦克道威尔看来,塞拉斯虽然像我们为我们指明了直观概念的重要意义,但他并没有充分展开这条线索。在彻底推进这条线索之后,我们就会发现直观概念中已经包含了内在进程所要求的标准,换言之,后一条主体间性的线索虽然具有重要的实践意义,但在本体论上并不占据特殊的地位。在这个意义上我们可以说他和布兰顿分别在两个方向上推进了塞拉斯对康德的解读。

Ⅱ "心灵/世界"语境下的直观:麦克道威尔对康德的借鉴与推进

塞拉斯在《经验论与心灵哲学》中指出,感觉材料论者的错误在于混淆了感觉到感觉内容(sensing sense contents)与拥有非推论性知识(having non-inferential knowledge)。事实上,前者指涉的是这样一些内部片段:"例如,关于红色或关于 C♯ 的感觉,没有任何在先的学习或概念生成过程,它们也能发生在人类(和野兽)身上;没有它们,在某种意义上就不可能看到(例如)一个物理对象的向面表面是红的和三角形的,或听到某个物理声音是 C♯。"而后者指涉的则是这样一些内部片段:"它们是非推论地认识到某些项是(例如)红的或 C♯;这些片段给所有其他经验性命题提供证

---

① Wittgenstein, *Philosophical Investigations*, §580.

第四章 康德、塞拉斯与麦克道威尔

据,是经验知识的必要条件。"①感觉材料论者没有认识到,看到一个红色三角形在本质上不同于看到一个红色的、三角形的物理表面,前者是一个认知性的事实,而后者仅仅是"表面的看"(ostensible seeings)。出于一种康德式的旨趣,塞拉斯试图在"表面的看"和"看"之间作出区分,前者仍停留在自然空间,尚未进入理由空间。他在《科学与形而上学》中进一步将两者的区别阐述为是否可以以语言报告(verbal report)为基本形式,任何"看"作为概念性片断本质上都是一种坦率的公开言语(candid overt speech)。②

在麦克道威尔看来,正是这样一种康德式的区分让塞拉斯没能彻底摆脱所予神话,当然他也清楚地认识到,在塞拉斯那里残余的所予并不是受到塞拉斯批判的那种所予。他在《避免所予神话》(2008)中指出:"即便是在塞拉斯那里,说事物给予我们被我们认识并没有任何不对的地方。只有当我们没有将必要的要求强加给所予的获得,所予才变成一种神秘——一个大写的所予概念。事物是在经验中给予我们的知觉,被我们认识。避免所予神话要求理性能力在经验本身中,而不只是在回应经验的判断中运作。"③麦克道威尔提出的质疑是:一个彻底的概念实在论者是否应该保留小写的所予?换言之,是否应该区分"表面的看"和"看",并将概念性运作限制在后者之中?麦克道威尔给出的答案是否定的。他认为,表面的看也是概念性的,印象和思维的区分是没必要的,这一区分会将我们限制在"主体运用(exercising)能力于材料之上"这样的思维范式中,相反,概念能力的运作是自发性的,且一直延伸至感知的最初节点。显然,正是这一认识让麦克道威尔最终从康德走向了黑格尔。在麦克道威尔看来,概念的运作不仅一直向前延伸至塞拉斯那里的直观,甚至更远地延伸至塞拉斯那里的

---

① Sellars, *Empiricism and the Philosophy of Mind*, pp. 21 - 2. 塞拉斯:《经验主义与心灵哲学》,王玮译,第 17—18 页。
② Sellars, *Science and Metaphysics*, p. 18.
③ McDowell, *Having the World in View*, p. 258. 麦克道威尔:《将世界纳入视野》,孙宁译,第 244 页。

印象,我们可以毫无保留地谈论直观的概念性,同样,我们也可以毫无保留地谈论印象的概念性。他在《心灵与世界》中明确指出:"由世界冲击我们的感觉所引发的印象本身当中已经包含了最基本的概念内容。"① 因此,我们要探讨的不是概念对世界的抽象,而是概念与世界的原初契合,换言之,一种彻底的概念实在论需要一种扩大了的、可以跳过印象直接和世界发生接触的直观概念,正如麦克道威尔在《直观的逻辑形式》(1998)中所指出的:"这里并不存在塞拉斯在康德那里找到的关于基本经验概念之形成的抽象主义图景。"② 麦克道威尔由此得出结论:"我们需要的并不是命题性的内容,而是康德意义上的直观内容。……直观就是将某物纳入视野中(a having in view)。"③

另一方面,尽管麦克道威尔建议取消塞拉斯对印象与直观作出的区分,但仍保留并强调了塞拉斯对直观与推论性判断作出的区分。上节提到,为了强调直观的非推论性特征,塞拉斯建议将直观中的特殊概念性运作表述为知性的运作,而非概念的运作。类似地,麦克道威尔认为推论性判断是一种"推论行为"(discursive activity),"推论内容是明确表述的,而直观内容则不然"。④ 在推论性判断中,我们"将各种意义放在一起",而"直观的统一性是被给予的,不是我们将意义放在一起的结果","我们需要从直观的非明确表述的内容中将某个内容挖出来才能在推论行为中将这一内容与其他内容放在一起"。⑤ 基于这一区分,麦克道威尔提醒我们避免两个错误的假设:第一,将经验理解为"概念能力的实现,认为我们只需赋予经验像判断内容那样的命题性内容";第二,认为"经验内容需要包含所有经验让我们非推论性地获知的内容"。⑥ 为此他举了如下的例子:比

---

① McDowell, *Mind and World*, pp. 9 – 10.
② McDowell, *Having the World in View*, p. 34. 麦克道威尔:《将世界纳入视野》,孙宁译,第 244 页。
③ Ibid., p. 260. 麦克道威尔:《将世界纳入视野》,孙宁译,第 246 页。
④ Ibid., p. 262. 麦克道威尔:《将世界纳入视野》,孙宁译,第 249 页。
⑤ Ibid., pp. 263 – 4. 麦克道威尔:《将世界纳入视野》,孙宁译,第 249—250 页。
⑥ Ibid., p. 258. 麦克道威尔:《将世界纳入视野》,孙宁译,第 244 页。

第四章　康德、塞拉斯与麦克道威尔

如我用肉眼看到了一只鸟,并且非推论性地认为它是一只北美红雀,在这种情况下,我并不是对照鸟类指南得出了这一结论的,而是"我的经验让这只鸟在视觉上呈现给我,我的辨识能力让我非推论性地知道我们看到的是一只北美红雀"①。进一步,假定有人无法直接识别出他看到的是一只北美红雀,那么同一只鸟对我而言是一只北美红雀,对他而言则不然。这仅仅意味着我的经验可以让我说出这是一只北美红雀,他的经验则不然,我们不能因此认为,为了获得我的经验,必须有一个北美红雀的概念。因此,直观的判断并不是对经验的命题性规定,而是说,类似判断的内容直观地、非推论性地呈现在我们的知觉经验中。麦克道威尔将直观中类似判断的能力界定为"辨识能力"(recognitional capacity),辨识能力决定了何物可以在经验中呈现、又是如何呈现的,在这种能力的引导下,知觉经验以包含断言的形式呈现给我们。这里的关键在于,直观中的辨识能力可以是也必然是一种概念能力,但不一定要用到抽象的概念。麦克道威尔指出:"直观内容的每一个方面在呈现时已经是和推论能力相连的适当内容了,即便它们实际并没有——或至少尚未——如此相连。这在某种程度上就像康德所说的,将统一性赋予直观的功能和将统一性赋予判断的功能是同一种功能。"②他还指出:"一个直观的内容在如下意义上是完全概念性的:该直观中存在这样一种形式,我们也可以将这种形式用于推论活动中。实现于该直观内容中的能力已经具备某种可被我们用来进行推论活动的潜能。"③从这些话中我们得到的一个隐藏线索是:直观中的辨识能力和推论活动中的判断能力在某种意义上是相互契合的,甚至就像康德所说的是同一种功能。但它们之间的区分又是首要的,麦克道威尔明确指出,"在直观中,我们并不推论性地处理内容",或者说,"直观内容完全不是推论内容"。④

---

① McDowell, *Having the World in View*, p. 259. 麦克道威尔:《将世界纳入视野》,孙宁译,第245页。
② Ibid., p. 264. 麦克道威尔:《将世界纳入视野》,孙宁译,第250页。
③ Ibid., p. 265. 麦克道威尔:《将世界纳入视野》,孙宁译,第251页。
④ Ibid., p. 270. 麦克道威尔:《将世界纳入视野》,孙宁译,第256页。

针对直观的这两个步骤——取消与印象的区分，澄清与推论性判断的关系——帮助麦克道威尔在心灵与世界之间建构起一种原初性关联：心灵与世界之间既不存在界面，心灵又不是无摩擦地旋转于虚空中。对这一方案而言，这两个步骤具有同等重要的意义。我们将在以下的讨论中阐明，在具体展开这一方案的过程中，麦克道威尔从康德那里获得了两个重要洞见：对感受性和自发性的理解，以及一种基于先验路线的契约关系。这两条线索不但对麦克道威尔的哲学方案而言是关键性的，还能帮助我们在"心灵/世界"这个整体性语境中找到直观概念的位置，由此把握麦克道威尔与康德的关系。

我们首先来看第一条线索。尽管塞拉斯也探讨和辨析了康德那里的感受性和自发性，但他并没有像麦克道威尔那样将这组概念吸收为自身哲学体系的一个有机组成部件。康德告诉我们，感受性是"感受表象的能力"，而自发性则是"通过这些表象来认识一个对象的能力"。① 麦克道威尔对此的基本解读是，康德那里的直观是感受性和自发性合作的结果，直观中既包含被动地接受外部冲击，又包含概念能力的自发性运作。感受性为概念能力的自发性运作提供了"外部摩擦"（external friction），使后者不会旋转于虚空中。这里的外部摩擦并不是说一个先在的概念领域受到外部世界的限制，而是说世界对心灵的影响就是以概念内容的形式发生的，换言之，世界对感官的"冲击"（impingement）全部在概念领域内部完成，这种冲击本身就是一种概念性的关系，这种关系在首要的意义上是认知性的，但同时也是因果性的。麦克道威尔指出，"我们可以消除这一外在界限，但又不滑向观念论，也不减轻实在的独立性"，这是一个"动态系统"，概念领域与世界之间并不存在明确的界限。② 因此，我们不应该将这种摩擦理解为外部限制，而应该理解为自发性和感受性的协同运作，这种协同运作的结果在感受性一面表现为相对被动的感觉印象，在自发性一面则表现

---

① Kant, *Critique of Pure Reason*, A50/B74.
② McDowell, *Mind and World*, p. 34.

第四章　康德、塞拉斯与麦克道威尔

为相对主动的概念内容。但是这样的理解并没有取消麦克道威尔要求的外部摩擦,他在一个重要的脚注中指出:"我们对于经验发生的控制是有限的,我们可以决定将自己放到何处,将自己的注意力定位于何处等等,但所有这些与我们将经验到什么并无关系。这种最低限度的经验主义立场正是我所坚持的。"①基于最低限度的经验主义立场,麦克道威尔还指出:"虽然世界并不外在于概念空间,但是外在于自发性的运作。"②在他看来,这种"内外维度"(in-out dimension)的维持是非常有必要的,我们必须"在这种内外维度之间给印象和感受性的运作找一个位置",否则就无法保证理由空间对自然空间的可答复性,"心灵/世界"的整体就会变成绝对的心灵。③

在感受性和自发性的协同运作中,塞拉斯所说的单纯感受性是不存在的,尽管如此,我们仍然可以谈论感觉印象,但感受印象并不是像塞拉斯和戴维森认为的那样是理性证成的解释背景,而是"已经处于概念空间中了"④。奎因也赞同感受性与自发性之间的互动,但麦克道威尔认为奎因的立场也不够彻底,是"半心半意的",因为蒯因认为感受性本身是非理性的,而不是"概念主权"(conceptual sovereignty)的运作本身。⑤ 在麦克道威尔看来,塞拉斯和戴维森提出显现(appearing)这一概念的用意是为了弥补概念空间对经验法庭的不可答复性。显现作为关于经验世界的信念既和来自世界的冲击有所区分,又能进入概念空间,和我们的其他信念发生理性关系。但是这一思路仍无法令人满意地说明显现和印象的关系,如果不说明这一点,心灵就仍然无法对世界作出答复,我们就仍然处于一种"不受限的融贯论"(unconstrained coherentism)。在麦克道威尔看来,与割裂感受性和自发性一样,区分非概念性的印象与概念性的显现是一个根本性的错误,他指出:"如果我们无法将印象视为透明,就会让世界过于远离我

---

① McDowell, *Mind and World*, p. 10.
② Ibid., p. 146.
③ Ibid., p. 146.
④ Ibid., p. 141.
⑤ Ibid., p. 141.

们的知觉生命,这样我们就无法将神秘性从下面这一观念中排除出去:我们的知觉生命(包括显现)包含了经验内容。"①在麦克道威尔的方案中,透明的印象不再作为材料性的界面,而是作为感受性和自发性一起直接参与到整体性的知觉运作中。

放到一个更大的语境下来看,麦克道威尔拒斥的实质上是一幅基础主义图景:概念能力的运作必须要有一个非概念性的基础或背景。麦克道威尔试图阐明,感受性并不是自发性的材料,相反,感受性和自发性是同一个能力的不同面相。如果没有完全清除基础主义的残余(像塞拉斯、戴维森,甚至奎因那样),就难以理解感受性和自发性是如何和谐运作的。麦克道威尔告诉我们:"自发性不可分割地包含在感受性中,我们的接受能力和感觉是我们本性的一部分。因此,在另一种意义下,概念能力一定是自然的。否则,如果我们承认自发性观念在一种独特的概念框架中起作用,我们就不得不承认,感觉带给我们的是没有概念的直观。"②从这个角度来看,麦克道威尔认为康德并没有跃出基础主义的窠臼,因为他仍需要一个主体性的统觉来"不自然地"运用概念能力,笛卡尔的困难——主体如何关联对象——同样也是康德的困难。麦克道威尔明确指出:"在我们的经验中,概念能力是运作于感受性之中的,而不是作用于某些预先设定的感受性运作之上的。"③感知中当然包含着选择性行为,我们甚至可以说,感知在首要意义上是一种选择性行为,我们在感知过程中选择性地投射自己的注意力,有意识或无意识地将某个对象从整体性视域中挑选出来,但这些活动在麦克道威尔看来并不是我们对判断能力的主动运用,而是概念能力的自发性运作。我们当然无法要求要处于启蒙语境下的康德认识到这一点进而放弃主体的优先位置,在强调规范性的塞拉斯和布兰顿那里,推进到这一步也是不可能的。布兰顿不无赞赏地探讨了康德对自由的理解,认为康

---

① Ibid., p. 145.
② McDowell, *Mind and World*, p. 87.
③ Ibid., p. 10.

第四章 康德、塞拉斯与麦克道威尔

德的自由应该被理解为规范性的自由:"实践的自由是自发性推论活动的主体面相,也就是进行表征的主体的领域。"① 在把握了这一分歧之后,我们就能理解为什么麦克道威尔的寂静主义立场不被塞拉斯和布兰顿接受。麦克道威尔告诉我们:"如果我们认为感受性本身对信念有理性的冲击,那么我们就能将经验理解为对世界的敞开。"② 心灵与世界的相互敞开要求我们同时放弃心的优先性和物的优先性,如果我们仍将概念能力的运作理解为心灵对世界的操作,就无法把握这幅图景的真正内涵。一旦我们把握了这幅图景的真正内涵,心灵与世界的关系就成了一个只需要接受的事实,而不是一个亟待解答的问题。也只有这样,我们才能真正摆脱戴维森所说的"主体神话"(the myth of the subjective)。③

这一理解将我们引向了麦克道威尔从康德那里获得的第二个重要洞见:一种基于先验路线的契约关系。在讨论自发性和感受性时,我们指出了一个基本要点:两者之间存在着某种预先的一致,这种一致具体体现为概念性的协同运作。现在我们要来进一步界定这种概念性的协同运作。麦克道威尔在好友埃文斯(Gareth Evans,1946—1980)去世后编辑出版了后者的遗著《指涉的多样性》(1982)。④ 埃文斯试图在该书中阐明一种非概念性的知觉经验,并试图通过这一步骤帮助我们摆脱以下这个两难选择:一方面是罗素的摹状词理论,另一方面是康德式的诉求,即思维必须冲破自身界限与对象发生关系。埃文斯认为弗雷格的"涵义"(Sinn)实际表达的正是主体与对象之间的这种不同于命题性关系的非特定性(non-specificatory)关系。麦克道威尔在埃文斯的基础上进一步指出,直观到的色彩不需要被限制为"红色""绿色""赭褐色"这些以语言形式表达的命题

---

① Robert Brandom, *Reason in Philosophy: Animating Ideas* (Cambridge, MA: Harvard University, 2009), p. 58. See also Robert Brandom, "Freedom and Constraints by Norms," *American Philosophical Quarterly*, 16 (1979), pp. 187–96.
② McDowell, *Mind and World*, p. 143.
③ Donald Davidson, "The Myth of the Subjective," in *Subjective, Intersubjective, Objective* (Oxford: Clarendon Press, 2001), pp. 39–52.
④ Gareth Evans, *The Varieties of Reference* (Oxford: Clarendon, 1982).

性概念,在说出看到一个红色对象之前,我们已经把眼前的对象直观为红色的某物了。麦克道威尔指出:"我们最好不要认为,只有当概念能力的所有者能够用语言来表达思维事件时,他才算是在运用概念能力。"①他认为,直观中的概念性运作要比命题性的概念运用更为基本,直观中的概念性运作是一级的,命题性的概念运用是二级的,后者是一个削减和抽象的过程,我们在用命题表达某个红色对象时一定会放弃许多已经在直观中概念化了的细节。为了说明一级层面上的概念性运作,麦克道威尔在《知觉中的概念能力》(2006)中举了一个例子:设想某人沿着一条设有标记的小径前进,并在十字路口根据指示牌所指的方向转向了右边。这并不是说指示牌给了他右转的理由,他在此基础上作出一个明确的决定,而是说他因为指示牌的指向才转向了右边,而不是因为没注意到指示牌或注意到但不理解指示牌的意思而随机地转向了右边。当然,事后他在被问及为何右转时可以这样说:"有一个指示牌指向右边。"但他不需要在行动时提及这一理由。这个例子告诉我们,概念能力的使用并不要求特别地提及或说明理由,并根据理由来决定自己的信念或行为,但这并不意味着这其中没有概念性的运作。有人会说,此人未经反思的行为与受过训练的动物对某个对象作出反应并转向右边的行为并无二致。但麦克道威尔指出,就像区分危险情境和无危险情境的能力并不足以使动物拥有危险概念一样,上面这种能力同样也不足以使动物拥有指向右边的事物的概念,而人作为理性存在却拥有这种概念能力:"我们把他拥有的这种能力称为概念能力,而概念能力连同它的内容——指向右边事物的概念——也在我们所设想的未经反思的回应中运作,这种不包含推理的回应将指示牌所指的方向作为右转的理由。"②麦克道威尔将这种基于概念能力的回应称为"对理由本身的回应"(responsiveness to reasons as such)。动物也可以对理由作出回应,比

---

① McDowell, *Mind and World*, pp. 56 – 57.
② McDowell, *Having the World in View*, p. 130. 麦克道威尔:《将世界纳入视野》,孙宁译,第121页。

第四章　康德、塞拉斯与麦克道威尔

如逃逸就是对"危险"这个明显理由作出的回应,但逃逸行为并不是对理由本身的回应,后者要求我们"设想一个能从由明显的危险引发的逃逸倾向中抽身而出的主体,这个主体会问,自己是否应该有逃逸的倾向,此时此处的明显危险是否为逃逸提供了充足的理由?"①尽管他在作出实际回应之前并没有进行这样的问答。丹尼特(Daniel Dennett,1942—　)在《面向一种意识的认识理论》(1978)中指出,直观中的概念性要素充其量不过是一种模糊的"预感"(presentiment)或"预告"(premonition),我们缺少"直接的个体化通路"对此进行明确的说明,因此这些预感性内容需要得到二次处理。②麦克道威尔指出,丹尼特并没有意识到,他所谓的预感其实已经是一种概念性假设了,换言之,概念性运作不一定要是清晰的推论。③

以上的刻画是在经验层面进行的,但麦克道威尔认为,感受性和自发性的协同运作除了在经验层面得到刻画之外还需要在先验层面得到保证,在这个意义上,康德式的先验路线必须得到保留。他指出:"我们要用经验提供的理性资格(entitlement)来理解经验性信念。拥有经验本身已经构成了信念的理性资格,不管我们是否获得这一信念;拥有经验的过程中一定包含了相同的理性运作,即便我们没有获得这一信念。"④他建议我们将经验提供的理性资格理解为一种"契约"(stipulation):"如果我们要将知觉信念解释为理性的展现,我们就必须这样来理解经验概念扮演的角色——拥有理性资格的经验本身已经是概念能力的实现,……概念能力的实现是知觉到事物是如此这般的。"⑤在下面这段被麦克道威尔一再引用的引文中,他找到了康德对这种契约关系的明确表达:"赋予一个判断中的各种不同表象以统一性的那同一个机能,也赋予一个直观中各种不同表象的单纯

---

① Ibid., p. 128. 麦克道威尔:《将世界纳入视野》,孙宁译,第 119 页。
② Daniel Dennett, *Brainstorms: Philosophical Essays on Mind and Psychology* (Cambridge: MIT Press, 1981), p. 169.
③ McDowell, *Mind, Value, and Reality*, p. 343.
④ Ibid., p. 132.
⑤ Ibid., p. 132.

综合以统一性。"①类似地,麦克道威尔在《心灵与世界》中明确指出,判断只是"简单地批准经验已经具有的,并作为其基础的概念性内容",并且,"对于事物是如此这般的判断可以以事物是如此这般的知觉性表象为基础"。② 契约的要点在于:契约双方是平等的,它们之间的一致并不导致其中一方对另一方的同化。麦克道威尔指出,把握经验和信念之间的这种先验契约是需要想象力的,而感觉和理智的二分是想象力的一种失败,因为它没有看到生活现象和理智世界是有可能有机整合的。从这个角度来看,麦克道威尔再次为我们揭示了康德式先验路线与浪漫主义的亲缘关系。艾尔斯(Michael Ayers,1935——   )曾不无担忧地指出,说经验具有概念内容等同于是说它以准语言性的方式呈现世界。③ 麦克道威尔建议我们换一个方向来表述:概念能力的实现可以以感觉性方式呈现事物,或者说,经验是"概念能力在感觉性意识中的实现"④。艾尔斯的担忧当然是出于一种对观念论的警惕,但麦克道威尔援引维特根斯坦的观点指出,如果我们将问题彻底地想清楚,观念论和常识实在论其实是完全一致的。⑤ 换言之,理想状态下的观念论可以将知觉经验的概念内容解释为世界中的一个元素,从而进展为概念实在论。《心灵与世界》的核心目标正是在于阐明这种理想状态下的观念论是可能的,麦克道威尔指出,有人认为"称某个立场为'观念论'就是在反对它没有真正认识到实在是如何独立于我们的思维的",而他的工作就是要去除这样的表象。⑥ 麦克道威尔认为,《逻辑哲学论》的第一句话——"世界是所有符合事实的描述"——恰当地表达了这种

---

① Kant, *Critique of Pure Reason*, A79/B104-5.
② McDowell, *Mind and World*, p. 107.
③ See Michael Ayers, "Sense Experience, Concepts, and Content: Objections to Davison and McDowell," in R. Schumacher ed., *Perception and Reality: From Descartes to the Present* (Paderborn: Mentis, 2004).
④ McDowell, *Having the World in View*, p. 135. 麦克道威尔:《将世界纳入视野》,孙宁译,第125页。
⑤ 维特根斯坦在 *Notebooks 1914—1916*, p. 85 指出:"在经过严格的慎重思考之后,观念论引向的是实在论。"转引自 Ibid., p. 141。
⑥ McDowell, *Mind and World*, p. 26.

第四章　康德、塞拉斯与麦克道威尔

并不和常识实在论产生分歧的观念论立场。这一论断应该是一个自明之理，而不是某个尚具争议的形而上学结论，因为"一旦我们注意到理性动物特有的自我决定的潜能，我们就需要认识到我们的理性可能帮助我们接受感觉给予我们的东西"，而这一点"又反过来让下面这一点变得不再神秘：本质地运用于自我决定中的能力可以是隐含客观意义的思维能力"。①

这样，感受性和自发性的先验契约就在一个更深的维度下统一了观念论和常识实在论，麦克道威尔提出的概念实在论作为这种统一的最终体现只有在先验契约的基础上才是可能的。麦克道威尔将这条思路视为康德式先验路线的延续，他认为康德已经为我们指明了这条先验道路。他在《知觉经验的内容》(1994)中指出："休谟从他的前辈那里继承了一个概念：没有一个经验在本质上是与对象相遇的。康德从休谟那里学到的是：从这样一个困境到我们明显所处的认识位置之间并不存在一条在理性上能够令人满意的路径。先验综合并不是这样一条路径。它的全部要点在于，它是先验的；在这一语境中，它不是我们俗常的经验性自我所能获得的。……康德却抓住了休谟的要领，并在此之上进行了建设：因为从经验（被一般地把握为比与对象相遇的程度更低的对客观实在的一瞥）到我们明显所处的认识位置并不存在在理性上能够令人满意的路径，所以经验必须本质地与对象相遇。"②为了克服认识的根本困境，即从经验到我们的认识位置并不存在能够在理性上令人满意的路径，康德提出了他的先验路线：思维必须本质地与对象相遇，感觉与理智的结合是先验地完成的。麦克道威尔指出："将直观与概念的二元论从先验领域内简单移除并不能保证这一立场的安全，这种做法只是将把直观与概念契合在一起的任务分派给了某些经验性的东西，无论是经验性的自我，还是经验性的内在器官。"③很明显，塞拉斯对麦克道威尔呈现的这幅康德式先验路线是持保留

---

① McDowell, *Having the World in View*, p. 144. 麦克道威尔：《将世界纳入视野》，孙宁译，第134页。
② McDowell, *Mind, Value, and Reality*, p. 344.
③ Ibid., p. 358.

意见的,关键的问题在于思维是否能本质地与对象相遇?塞拉斯的回答是否定的。塞拉斯认为,直观与印象之间必须要有所区分,如果我们一味地向前推进直观的限度,我们一定会走出康德,走向黑格尔。事实上,麦克道威尔的思想展开也的确呈现了这条从康德到黑格尔的推进之路。从这个意义上来看,《心灵与世界》的确正如麦克道威尔自己所言,是解读《精神现象学》的导论(prolegomena)。①

Ⅲ 进一步澄清塞拉斯和麦克道威尔对康德的解读

下面我们要在以上讨论的基础上进一步澄清塞拉斯和麦克道威尔对康德的解读。根据塞拉斯的解读,尽管康德对感性有两个不同的诉求,但他并没有清楚地认识到感性在自己的体系中扮演了两个不同的角色:首先,先验演绎中的直观包含了经过知性能力塑造的感性;其次,经验又必须受到独立于知性的"单纯感受性"的引导。所谓的单纯感受性,就是指任何经验都需要由外在于认知活动的实在加以限制。塞拉斯认为,离开了单纯感受性引导的概念活动会退化成"观念论者的欺诈",进而让我们陷入一种不可能实现的先验实在论。康德试图阐明感性如何带着自身的时空形式与知性合作,但他将感性形式理解为事物在直观中呈现的形式,认为这些形式在本质上与从知性那里获得的形式并无二致。在塞拉斯看来,康德的这一步骤是错误的,这表明他并没有正确地认识到自身思想的要求。先验感性论的要点应该是:感性有其自身的形式,这些形式独立于它和知性的合作,我们需要将这种为感性工作的直观形式和知性区分开来。塞拉斯认为,只有阐明并坚持这一点,维持一种康德式的观念论才是有可能的。他在《科学与形而上学》中明确指出:"只有区分了感觉的完全非概念性特征和直观中统觉综合的概念性特征,……并相应地区分了感觉的感受性和直观的引导性,康德才能避免从黑格尔《精神现象学》一直延伸至19世纪观

---

① McDowell, *Mind and World*, p. ix.

第四章 康德、塞拉斯与麦克道威尔

念论的辩证法。"①

而麦克道威尔则认为我们不需要用单纯感受性来满足外部限制的要求,因为如果我们将直观理解为感受性和自发性的结合,那么这幅图景就已经包含了可感知对象对意识的呈现。在麦克道威尔看来,塞拉斯对康德的解读实质上是将感性的贡献视为单纯的所予,虽然塞拉斯会说这里并不存在单纯的所予,只存在单纯感受性的"引导",但这只是措辞上的不同。为了说明这一点,麦克道威尔在《心灵与世界》的增补部分提出了一组概念:塞拉斯明确拒斥了"外生的所予神话"(Myth of the exogenous Given),但他并没有完全摆脱"内生的所予神话"(Myth of the endogenous Given)。② 当然,塞拉斯也意识到了这两个层次上的区分,但是被他保留下来的单纯感受性和印象在某种意义上就是一种内生的所予。由此看来,麦克道威尔对所予神话的批判要比塞拉斯更进一步,他试图阐明,认识空间中不但不存在界面,甚至不存在任何材料性的东西。麦克道威尔指出,如果我们采纳了塞拉斯的解读,即"一旦我们的感性形式独立于它和知性的合作,与这些形式相符就足以成为对象呈现给感觉的独立条件",那么"范畴统一性就成了主观的强加","这就威胁到了康德的目的:通过范畴保证直观具有真正的客观意义"。事实上,在康德那里,"我们感性的形成根本不是独立于知性的,康德认为自己有权这样说:范畴不是单纯地挑选和人类知性能力相符的感觉对象,而是应用于'任何对我们的感觉出现的对象'"③。麦克道威尔进一步指出,塞拉斯在康德的直观中找到了一种非推论性的概念性运作,这说明他已经认识到,康德那里的直观统一性并不是独立于知性统一性的一种能力,但他没有将这一认识落实到对康德的解读中。④

---

① Sellars, *Science and Metaphysics*, p. 16.
② McDowell, *Mind and World*, p. 186.
③ McDowell, *Having the World in View*, pp. 100 – 1. 麦克道威尔:《将世界纳入视野》,孙宁译,第92—93页. See Kant, *Critique of Pure Reason*, B159.
④ Ibid., p. 110. 麦克道威尔:《将世界纳入视野》,孙宁译,第102页。

塞拉斯认为经验中包含断言,这一观点看似和麦克道威尔相近,但塞拉斯的实际意思是:经验是复合性的,单纯性感受性的部分解释它的感觉特征,包含断言的部分则解释它的意向性。麦克道威尔认为,单纯性感受性的部分和包含断言的部分其实是同一种运作,这也是他对康德的基本解读。我们在上面的讨论中提出,塞拉斯认为康德那里的生产性想象力的功能是将感性和知性统一于一个经验(也就是塞拉斯所说的"形象模式")中。麦克道威尔认为,塞拉斯所说的统一并不是先天的统一,而只是后天的混合。他指出:"生产性想象力产生具有概念内容的表征,这种表征可以部分地通过'如此这般'的形式来表达,这一点符合塞拉斯的解读。但我们不需要生产性想象力来产生感性建构,也就是塞拉斯的形象模式。比如,部分地通过'这个粉色立方体'表达的概念表征既属于感性也属于知性。如果一个片段或状态具有可以被这样表达的内容,那么它本身就具有感觉意识的形态。生产性想象力产生的是感性和知性的统一体,而非混合体,不论我们将分属于感性和知性的成分如何紧密地绑在一起。"①

麦克道威尔深入剖析了塞拉斯背后的动机,给出了四个层面的解释。第一,塞拉斯深信为了获得客观意义,概念活动必须受到外部限制。第二,塞拉斯对显像图像和科学图像的区分进一步强化了他对感觉和思维的区分。第三,塞拉斯在区分理性与动物本性时没有考虑到下面这种可能性:将我们同其他动物区分开来的高级能力或许可以为我们的感性提供形式。第四,塞拉斯认为,"任何思维性观念都无法解释知觉经验现象(实际所见和表面所见)特有的那种呈现",因为"思维通过指示(signifying)模式获得它的内容,而指示模式必须用关系性概念来理解"。② 麦克道威尔在剖析这些动机的同时明确指出,概念活动的模式不一定要是思维性的指示,还可以是感觉性的呈现,康德的直观就是这样一种"对对象的直接感性表

---

① McDowell, *Having the World in View*, p. 124. 麦克道威尔:《将世界纳入视野》,孙宁译,第 115—116 页。
② Ibid., pp. 124-6. 麦克道威尔:《将世界纳入视野》,孙宁译,第 115—117 页。

征"。他在《塞拉斯、康德和意向性》(1998)中指出,这种直观并不是单纯感受性的运作,而是一种基于"逻辑共同性"(logical togetherness)的概念性运作。比如,某人判断面前有一个红色立方体,这里需要用到两种概念能力分别帮助他作出"红色"和"立方体"的判断,这两种概念能力必须在一种特殊的共同性模式下得到运用,这里共同性对应于"我面前有一个红色立方体"这一语言表达中"红色"和"立方体"两词在逻辑上或语义上的共同性。① 麦克道威尔认为,概念能力在经验中就是以共同性模式运作的,这正是经验"包含"断言的真正意思,这也正是康德所说的在直观中赋予统一性的功能。如果我们能在这种逻辑共同性的基础上理解概念能力在经验中的运作,就不用担心塞拉斯所说的"观念论者的欺诈",因为这个意义上的综合是非意志性的(involuntary),"只是发生的事件,它不像判断那样是我们的行为,它不需要我们决定如何去思维某物"。② 麦克道威尔认为,真正的外部限制不是来自单纯感受性的引导,而是恰恰来自这种逻辑共同性,换言之,塞拉斯想让单纯感受性来承担的限制性功能已经包含在直观的共同性结构中了。他在《作为关系的意向性》(1998)中指出:"直观正是体现了概念能力通过'逻辑'共同性在感觉意识中实现的概念事件,我们可以以此来理解表面的看是如何'包含'关于客观环境的断言的。……一旦我们理解了对象是如何在直观中直接呈现给经概念塑造的感觉意识的,我们就可以认为这种对外部限制的需要就已经通过知觉到的对象本身得到了满足。这一先验任务让我们看清概念活动是指向实在的,并且后者并不只是前者的图像。"③

放到一个更大的语境下来看,以上探讨的不同解读实质上反映了塞拉斯和麦克道威尔在哲学路线上的分歧。麦克道威尔在《心灵与世界》中告诉我们,康德试图保留一种"对日常世界之独立性的常识性尊重",在一些

---

① McDowell, *Having the World in View*, pp. 10-11. 麦克道威尔:《将世界纳入视野》,孙宁译,第9—10页。
② Ibid., p. 35. 麦克道威尔:《将世界纳入视野》,孙宁译,第33页。
③ Ibid., pp. 45-6. 麦克道威尔:《将世界纳入视野》,孙宁译,第43—44页。

康德的后继者看来,这个意图正是康德背弃观念论的地方。不过康德的实际哲学效应已经在很大程度上削弱了这个初始意图,尽管他试图用物自体来保护日常世界的独立性。① 事实上,物自体是一道"符咒"(spell),因为它在心灵与世界之间设立了一道无法逾越的鸿沟。麦克道威尔从康德那里得到的教训是:将实在置于概念领域之中并不能帮助我们保护日常世界的独立性,相反,我们需要一种将实在真正纳入概念领域的先验哲学。这一点,康德的直观已经给出了提示,但前提是我们必须将这种直观解读为"将……纳入视野"。而在塞拉斯看来,真正意义上的"纳入"是不可能的,概念领域中的元素只能与概念领域中的元素发生关系,而不能与实在领域中的元素发生关系。这一分歧突出表现在塞拉斯和麦克道威尔对意向性或"关涉性"(aboutness)的理解上。塞拉斯认为,意向性是由规则控制的,是一种句子算子(sentential operation),因而本质上并不与对象相关,而麦克道威尔则认为一个"承载了应该"(ought-laden)的意向性指示不但与一个实在领域本质相关,其本身也是实在领域中的一个概念事件。在麦克道威尔看来,意向性表达了这样一个基本事实:知觉必然包含最低限度的自我意识,且这种自我意识并不是自我封闭的,而是指向世界的。站在塞拉斯角度来看,麦克道威尔显然混淆了自然事实(natural facts)与认知事实(epistemic facts),因而并没有从根本上摆脱他在《经验主义与心灵哲学》中批判的自然主义谬误。

不管怎样,根据麦克道威尔的思路,一个必然的结论是:概念领域是可以无限拓展的。他告诉我们:"概念领域是没有界限的,在它之外没有任何东西。"他甚至引用黑格尔话:"在思维里,我是自由的,因为我不在他物中。"②麦克道威尔甚至在维特根斯坦那里找到了共鸣,后者在《哲学研究》中告诉我们:"当我们说和意味情况是如此这般的时候,我们——以及我们

---

① McDowell, *Mind and World*, p. 44.
② McDowell, *Mind and World*, p. 44. Hegel, *Phenomenology of Spirit*, trans. A. V. Miller (Oxford: Oxford University Press, 1977), p. 120. 中译引自黑格尔:《精神现象学(上卷)》,贺麟、王玖兴译,北京:商务印书馆,1981年,第133页。

第四章 康德、塞拉斯与麦克道威尔

所指的意思——并不缺少事实;我们的意思是:这就是这样。这一(自明的)悖论可以这样被表达:思维可以是其所不是东西。"①基于这样的认识,麦克道威尔试图描绘一幅在概念领域内部展开实在建构的观念论图景,正是这一步骤让麦克道威尔从康德走向了黑格尔,对这一点的澄清和辨明是下一章的工作。毫无疑问,塞拉斯不会认同这一思路,他确信黑格尔式的观念论并不是在维护客观性,而是在抛弃客观性,因为任何认知活动都无法一路达及对象本身,客观性最终只能是一种基于主体间性的规范性,而不是心灵与世界的先验契合。同康德与黑格尔一样,塞拉斯与麦克道威尔在对客观性的诉求上产生了不可调和的根本分歧。

---

① Ibid., p. 27. Wittgenstein, *Philosophical Investigations*, §95.

第五章
从第二自然到世界观:麦克道威尔的转向

普特南认为概念能力与世界之间的界面概念给形而上学和认识论造成了灾难性的后果。麦克道威尔更愿意将这种灾难理解为现代哲学的深层忧虑,他认为这种忧虑源自以下两种立场之间的张力:第一种立场认为思维必须在某种程度上指向世界,思维对经验法庭是可答复的;第二种立场是塞拉斯所持的立场,即认为经验无法作为思维的法庭,因为前者属于自然的逻辑空间,后者属于理由的逻辑空间。根据塞拉斯的划分原则,感觉印象运作于自然的逻辑空间,知识运作于理由的逻辑空间,对世界的指向只有在理由空间中才能被考量,自然空间并不包含使事物得到保证、获得根据的关系。因此,由印象构成的经验并不能成为思维的法庭,思维无法也无须对经验做出答复。换言之,第一种立场是基于所予神话的自然主义谬误,这一谬误认为我们可以通过重构自然空间中的材料得到理由空间中的规范关系。麦克道威尔在《心灵与世界》中将塞拉斯和戴维森视为第二种立场的主要代表,他甚至认为戴维森比塞拉斯更具代表性。麦克道威尔认为,塞拉斯对所予神话的批判对应于戴维森对经验主义第三个教条(概念图式/经验内容的二分)的批判,塞拉斯那里的理由空间也对应于戴维森那里的理性的构成性理想(the constitutive ideal of rationality)。[①] 戴维森本人也明确指出,他拒斥即便是最低限度的经验主义。他指出,经验论的第三个教条"也许是经验论的最后一个教条,因为在放弃了这一教条

---

① See Donald Davidson, "Mental Events," in *Essays on Actions and Events* (Oxford: Clarendon Press, 1980), pp. 207–25.

第五章 从第二自然到世界观:麦克道威尔的转向

之后,我们不知道还剩下什么东西可被称为经验主义"①。麦克道威尔认为,第一种立场(赤裸的自然主义、基础主义的)和第二种立场(逻辑空间的二分、融贯论的)都无法最终解释命题判断和经验的关系,因此必须提出第三条道路,也就是将经验概念化的道路。

麦克道威尔既想达到赤裸的自然主义的目标,即拒斥逻辑空间的二分,又要防止赤裸的自然主义所犯的自然主义谬误,他提出,思维对经验是可答复的,但理由空间又是独特而自成一类的(sui generis)。麦克道威尔认为,塞拉斯没有想到这样一种可能性,即自然空间中已经包括了第二自然,而第二自然就是运作于理由空间中的那些法则和规范。因此,我们不只在判断层面运用概念能力,而是在感觉经验层面就已经自发地向一种概念性运作敞开,这种概念性运作是类似判断的、原概念性的(proto-conceptual)。如此一来,我们既在感觉经验的层面保留了来自世界的冲击,从而保证了思维对经验的可答复性,又将理由空间中的运作以第二自然的方式拉入经验层面,真正打通了经验概念化的道路。在这一点上,麦克道威尔借鉴了康德的感受性和自发性概念。在他看来,这条结合感受性和自发性的思路不仅从先验的层面上确保了知觉的可能性,还能成功地消解了现代哲学的忧虑。如果我们不在自然中函括进第二自然,打通感受性和自发性,并将经验彻底概念化,普特南所说的界面将会永远存在。

研读过《心灵与世界》的读者都会得出一个明显结论:康德对麦克道威尔的影响是巨大且关键性的。但我们不能让这一结论掩盖关于《心灵与世界》的另一事实:麦克道威尔对康德的借鉴始终是改良式的。不过这种改良并不是《心灵与世界》主要议题(塞拉斯、戴维森和赤裸的自然主义者是这一文本的主要对话者),我们只能通过一些零星的线索窥得改良的大致方向。比如,麦克道威尔在前言中告诉我们,《心灵与世界》可视为解读《精

---

① Donald Davidson, "On the Very Idea of a Conceptual Scheme," in *Inquiries into Truth and Interpretation* (Oxford: Clarendon Press, 1984), p. 189.

神现象学》的导论①;在另一处,他告诉我们,"斯特劳森的康德,也就是我的康德,比康德本人更接近黑格尔"②。在《心灵与世界》出版二十多年之后,根据于 2009 年结集出版的论文集《将世界纳入视野》,我们得以察觉当时这些表达的重要意义:为了推进康德的先验路线,麦克道威尔实际上对康德进行了黑格尔式的改良。到此为止,这些隐含在《心灵与世界》中的线索才被完整而明确地揭示出来。

麦克道威尔在《心灵与世界》中给出的经验图景和概念性紧紧联系在一起。但他拒绝对概念运作作任何神秘主义的解释,他将概念化经验把握为命题性内容(propositional content)。一些批评者指出了这种理解的危险性③,麦克道威尔自己也认识到了这一点。为了削减这种危险性,麦克道威尔提出了一个改进方案:将概念化经验把握为康德意义上的直观。直观当然是概念化的,但是直观作为将某物纳入视野的特殊事件——"将世界纳入视野"(having a world in view)——也包含了非命题性内容,换言之,直观不等于判断内容。麦克道威尔敏锐地发现,这一步骤实际要求我们从康德进展到黑格尔,或者更确切地说是对康德式的方案作黑格尔式的补充,他把"将世界纳入视野"这样一个黑格尔式的表达作为文集的标题指明的正是这样一个方向。根据第三章的讨论,塞拉斯对康德的解读深刻影响了麦克道威尔,但麦克道威尔的这步推进并非偶然。我们知道,《心灵与世界》的工作并不是阐明式的分析,而是先验式的分析,它的重点不在于知觉如何在经验层面上运作,而在于知觉如何在先验层面上可能。这一点从根本上规定了麦克道威尔的工作仍处于康德构建的语境中,因而也就无法绕开"康德/黑格尔"这个基本语境。我们甚至可以说,麦克道威尔的工作是德国观念论的延续。先验哲学需要解决的根本问题是如何说明对象的客观性,康德试图用先验想象力和图型说来解决这一问题,而麦克道威尔

---

① McDowell, *Mind and World*, p. ix.
② Ibid., p. 111.
③ See for example Charles Travis, "Reason's Reach," *European Journal of Philosophy*, 15 (2007), pp. 225 – 48.

第五章 从第二自然到世界观:麦克道威尔的转向

对这一方案并不满意。为此,他提出如下问题:康德式的先验路线是否暗藏着某些连康德自己也没有意识到的元素,强调这些元素又会给这条先验路线带来怎样的改变?从《心灵与世界》中的"第二自然"到"将世界纳入视野"的转向正是他就这一问题进行深入思考的结果。作为这一转向评估者,我们还面临一个更加微妙的问题:经麦克道威尔改良之后的先验路线是否仍可被称为康德式的?换言之,我们需要澄清,麦克道威尔究竟是揭示了康德中隐藏的黑格尔元素,还是最终将康德黑格尔化了?

康德和黑格尔的观念论有一个共同的旨趣:放弃对前对象化世界的追问,将对象把握为处于建构过程当中的观念。他们的分歧在于对如下问题的回答:前对象化世界是否还保留本体论上的重要性?康德的答案是肯定的,而黑格尔则将此视为康德的不彻底之处。黑格尔认为,这种保留态度让康德没能将前对象化世界进一步纳入观念的建构过程中,从而在观念论内部实现一种不同于康德式普遍有效性的真正客观性。反映在康德的先验演绎中,这一失误特殊地表现为康德没有把作为直观材料的印象纳入自发性统觉的范围中。麦克道威尔也意识到了这一点,他指出,如果康德没有将统觉的运作进一步延伸至直观材料,他的观念论就只能停留在主观观念论阶段:"它退化为主观观念论的原因是,即便康德纠正了形式直观材料的统一性是独立于统觉的印象这一观念,关于后者的先验观念论仍然持存在那里,而这恰恰是黑格尔不会赞赏的那种观念论。为了在先验演绎中找出黑格尔式的萌芽,我们必须注意到,康德将统觉延伸进先验感性论领域的做法是有界限的,而正是这一点开启了一种可以通过克服这些界限而实现的观念论的可能性。"[①]麦克道威尔认为,康德的根本意图是想追求一种与常识实在论完全一致的先验观念论,但基于他处理感性的方式,和实在论一致的目标并没有实现,因为经验世界在康德的图景中只是主体性特征

---

① McDowell, *Having the World in View*, p. 83. 麦克道威尔:《将世界纳入视野》,孙宁译,第77页。

的反映。① 黑格尔的观念论试图将直观材料纳入统觉运作,从而将康德那里的前对象化世界重新拉回到思维内部,这一步骤的实质在于消除康德先验演绎中的外在性。黑格尔认为,康德是有机会走到这一步的,只不过他自己没有意识到这一点。黑格尔在《信仰与知识》中赞赏了康德在 B 版演绎后半部分中的一个步骤:"自发性——创造性想象绝对的综合活动——被认为是以感受性为唯一特征的感性原则。"② 黑格尔认为这是康德最为思辨的一步,这一步骤让康德能从容地接受如下的观点:统觉的综合不仅是知性概念的运作,也是直观形式的运作,知性概念的原则同时也是直观形式的原则。麦克道威尔进一步指出,黑格尔试图追求一种"将主体的自我决定和客观限制结合起来的康德式直观概念",从而帮助我们"在经验认知的语境中理解黑格尔谈论的从意识的对立面中解放出来。直观的对象现在被把握为是完全客观的,即便它们经过了时空的组织。但它们对意识(至少是知觉意识)的异在性却得到了扬弃——不是取消,而是放到了一个更大的、不会再威胁到主体自我决定的理性叙述当中"。③ 这种理性叙述打消了黑格尔给人造成的如下印象:实在就是完全不受限制的心灵运动。相反,康德那里的感受性在黑格尔那里并没有消失,而是在经过扬弃后被重新把握为理性的自我展开,真正成为可供进一步操作的外在性。麦克道威尔指出:"如果我们将康德的感性要求重新把握为概念自我实现过程中的一个'环节',我们就无需再认为思维形式是纯粹的,也就是说,是独立于感觉对象之呈现的。"④

黑格尔认为,B 版演绎中的康德在一定程度上实现了先验观念论与常识实在论的一致,他试图推进并最终完成这一工作。匹兹堡学派的哲学家们对黑格尔的推进路线存在不同的看法。布兰顿认为,黑格尔试图通过强调思维在共同体语境中的公共性运作来完成这一工作。他在《黑格尔观念

---

① Ibid., p. 141. 麦克道威尔:《将世界纳入视野》,孙宁译,第 131 页。
② 转引自 McDowell, *Having the World in View*, p. 101。麦克道威尔:《将世界纳入视野》,孙宁译,第 93 页。
③ Ibid., p. 103. 麦克道威尔:《将世界纳入视野》,孙宁译,第 95 页。
④ Ibid., p. 195. 麦克道威尔:《将世界纳入视野》,孙宁译,第 183 页。

第五章 从第二自然到世界观:麦克道威尔的转向

论中的一些实用主义主题》(1999)中提出如下建议:黑格尔强调了一个关于自我立法的公共性版本以回应被康德忽视的问题——我们受明确的规范束缚的原因何在?① 而在麦克道威尔看来,公共性运作在黑格尔对康德的推进中并不是关键性的。他指出,"这里的要点并不是要将自我立法表征为一个复杂的公共性运作",因为这种运作无法帮助我们逃避"确立基本规范的行为必须在不存在规范的情况下发生这个困境",真正的要点在于,"在理性主义图景中,内在于主体的某种东西让他认识到理性规范的权威"。② 换言之,理性的规范性并不是公共性运作的结果,而是它的前提。只有认识到了这一点,我们才能把握黑格尔思路的核心。麦克道威尔告诉我们:"历史性成就的成因一定要在共同体语境中寻找,但这一观点只是双面图景的其中一面。如果我们过近地关注这一面,自然就会有片面理解的危险(黑格尔常常带有这个意义上的片面性),并陷入最明显的变相相对主义。基于这一点,我们坚持理性要求无论如何都具有权威,这是正确地从片面性返回所必须的。"③也正是出于这一原因,麦克道威尔后来试图用世界观取代第二自然,以此冲淡后者隐含的社会性和公共性倾向。黑格尔和麦克道威尔都认识到,康德坚持的关于自我立法的先验观念论能够帮助我们滑向这种变相相对主义,但先验观念论的问题是,直观材料是完全外在于主体性的另一面。麦克道威尔建议我们在康德式批判哲学上加入黑格尔式的洞见,即把所有将心灵引向对象的能力都放在自发性统觉的范围内,由此得到的图景是:"经验直观的对象既是真正客观的,又需要通过诉诸自发性统觉才能获得。"④不过,麦克道威尔清醒地认识到,这种对康德的修正并不是要在保护常识性实在论的同时保留批判哲学的洞见,因为这种做法最终结果只能是彻底抛弃康德的框架,换言之,先验观念论和常识

---

① Brandom, *Tales of the Mighty Dead*, pp. 210-34.
② McDowell, *Having the World in View*, pp. 106-7. 麦克道威尔:《将世界纳入视野》,孙宁译,第 98 页。
③ Ibid., p. 107. 麦克道威尔:《将世界纳入视野》,孙宁译,第 98—99 页。
④ Ibid., p. 81. 麦克道威尔:《将世界纳入视野》,孙宁译,第 75 页。

实在论之间的一致不可能通过相互调和的方式得以实现。麦克道威尔试图在康德的框架内部实现对康德的改良。总结以上的讨论,这种改良主要是在两个方向上进行:第一,进一步发展B版演绎中的直观概念,阐明统觉的综合不仅是知性概念的运作,也是直观形式的运作,知性概念的原则同时也是直观形式的原则;第二,通过黑格尔的方式将外在性把握为自发性统觉展开过程中的一个环节。这两个方向并不是相互分离的,而是有机地整合在一起,用麦克道威尔的话来说:"如果我们能探索康德的直观概念,对此稍作修改,把全部的分量加在黑格尔所赞许的感性观上,从而理解一小块世界是如何将自己呈现给意识的,我们就能理解世界是如何给出令人信服的理由让我们相信事物就是如此这般的。"①

如何评估这种改良是一个非常关键而微妙的问题。经麦克道威尔改良之后的康德仍然是康德吗,还是披着康德外衣的黑格尔?连麦克道威尔自己也说,"我的第二个改良只有在最稀薄的意义上才是康德式的",并且,"彻底化之后的康德并一定需要被辨识为康德。我们只需要通过反思先验演绎的结果得出一个合理的黑格尔式立场。正如我所建议的,即使这种反思破坏了先验演绎的需要也没有问题,只要这是我们作出如下思考之后得到的结果,即康德的哪些努力是有希望的,哪些不令人满意"。② 由此可见,麦克道威尔并不执着于自己的立场是康德式的还是黑格尔式的,他的兴趣在于如何吸收两者的合理之处,在此基础上得出一个合理的结论。但是对我们的研究而言,澄清和界定麦克道威尔的位置是必要的,也是可以实现的。我们已经初步讨论了麦克道威尔对康德的改良,下面我们要来辨析他与黑格尔的关系。这里,我们借鉴的文本是霍盖特(Stephen Houlgate,1954—)的《黑格尔和麦克道威尔论思维与经验》(2006)。③

---

① McDowell, *Having the World in View*, p. 104. 麦克道威尔:《将世界纳入视野》,孙宁译,第96页。
② Ibid., pp. 195 - 196. 麦克道威尔:《将世界纳入视野》,孙宁译,第183—184页。
③ Stephen Houlgate, "Thought and Experience in Hegel and McDowell," *European Journal of Philosophy*, 14:2 (2006), pp. 242 - 61.

第五章 从第二自然到世界观:麦克道威尔的转向

黑格尔将知觉经验把握为感觉、知性(Verstand)和智性(Intelligenz)共同合作的结果。感觉并不是由主体主动创造的,而是在我们张开眼睛、伸出手指时被简单给予的,它并没有将对象明确呈现给我们。为了获得知觉,我们在感觉之外还需要意识,通过意识进一步将事物对象化。因此,意识是对感觉的理解行为,并通过这种行为形成一个由独立对象组成的领域,让我们得出某物是怎样的判断。为了构成自身之外的对象,意识中必然包含了自我意识的瞬间,对对象的意识是自我意识自由活动的结果。虽然这种自由活动包含了自我意识的瞬间,但它并不在实际过程中有意识地区分自我与对象。这种意识的运作也就是知性,知性把握的是个体间的联系,这种联系并不存在于感觉之中。因此,知觉经验的形成既离不开感觉,也离不开意识对感觉的一般化,更离不开意识在个体间建立的联系。除此之外,黑格尔告诉我们,知觉经验还必须包含智性的运作。智性是具有自我意识的有意识运作,它将世界把握为理性的,并有意识地通过自身的活动彰显这种理性。智性有几种不同的形式,最低级的一种形式是直观(Anschauung)。因此,知觉经验中必然包含概念性判断,不管它是源于知性还是智性的运作。黑格尔试图阐明,概念性判断和我们的感觉是相互契合的,为此他提出了关键一点:思维中先天地包含了存在的结构。他指出:"思维知道被思维的东西,而被思维的东西只有在它被思维的时候才是其所是。"① 霍盖特认为这是一种前康德的、斯宾诺莎式的确信,并认为黑格尔实际给出了两种证明,较长的版本是整部《精神现象学》,较短的版本是:因为思维本身就是能够自我理解的存在,所以思维先天地理解存在的本质。就后一论证来看,黑格尔的思路实质上既包含了康德式要素(经验是主动判断的结果),又包含了斯宾诺莎式要素(这种判断运作并不是主观的,因为思维中已经包含了存在的结构,因而经验就是关于世界的经验)。

基于以上的分析,霍盖特指出了黑格尔与麦克道威尔之间的三点共识:第一,他们都认为知觉经验包含了概念能力的运作;第二,他们都认为

---

① 转引自 Stephen Houlgate, "Thought and Experience in Hegel and McDowell," p. 249。

概念能力是在教化过程中逐渐形成的;第三,他们都认为概念领域是无界限的。① 与此同时,我们也应该看到两者之间的关键性不同:麦克道威尔认为在感觉中已经包含了概念能力的自发运作,而黑格尔则认为经验的形成是知性在感觉上的运作,尽管知觉经验是感觉、知性和智性共同运作的结果,但这种范畴性的区分是必要的。在黑格尔那里,感觉本身不具有概念内容,概念内容来自感觉之外的意识判断;而在麦克道威尔那里,感觉直观本身就已经包含了概念能力的自发性运作,这种运作在首要意义上并不是判断性的,黑格尔那里的意识判断是概念能力的二次运作。麦克道威尔认为,在主体主动运用(exercise)概念能力之前,已经有概念能力的自发运作(operate)。他在《心灵与世界》中指出,判断只是"单纯地批准经验已经具有的,并作为其基础的概念内容"②。黑格尔与麦克道威尔之间的另一点重要分歧是:"在麦克道威尔那里,世界通过知觉经验对思维运作权威,相反,在黑格尔那里,世界通过思维对我们的知觉经验运作权威。"③这一点从根本上反映了两人在前提上的根本性分歧:在黑格尔那里,世界和思维在本质上是同一的,而在麦克道威尔那里,世界和思维并不是同一的,而是先验契合的,或者说,世界与思维的关系是契约式的。在麦克道威尔看来,世界与思维之间的本质同一会从最终取消世界对心灵的必要摩擦,让心灵旋转于虚空中。他在《心灵与世界》中指出:"思维和判断似乎需要来自外部实在的理性限制,如果它们还要对外在于思维的实在作出有意义的指涉。"④如果我们给予这一点足够的强调,就能比较明确地界定麦克道威尔的哲学立场:麦克道威尔的立场是一种黑格尔式的康德主义,而非康德式的黑格尔主义,因为他不需要进展到黑格尔的最后步骤,即世界和思维的本质同一。在黑格尔那里,世界对思维的限制是在思维内部完成的,因而是内在的;而在康德和麦克道威尔那里,世界对思维的限制是以思维答

---

① Ibid., p. 251.
② McDowell, *Mind and World*, p. 49.
③ Houlgate, "Thought and Experience in Hegel and McDowell," p. 254.
④ McDowell, *Mind and World*, p. 25.

第五章 从第二自然到世界观:麦克道威尔的转向

复世界的形式呈现的,因而是外在的。正是在这个意义上,麦克道威尔将自己的立场界定为最低限度的经验主义或最低限度的康德主义。

在澄清了麦克道威尔和黑格尔的关系之后,让我们再次回到前面的问题:在不破坏康德式框架的前提下,康德的黑格尔化是否可能?康德本人当然意识到了主观观念论的问题,为此,他试图阐明知性的要求不仅是主观性的要求,也是来自对象本身的要求。他说:"一般经验可能性的诸条件同时就是经验对象之可能性的诸条件。"①但这种尝试并不成功。麦克道威尔指出,关键的问题在于"康德的整个建构被作为其基础的关于时空的先验观念论下拉到了一种主观观念论"②。换言之,"康德的观念论最终变成了主观观念论的原因并不在于'概念模式'的相对性,而是因为它包含了一种关于空间性和时间性的主观观念论"③。这一见解是深刻的,因为它指明了牛顿式时空观对康德的巨大影响。为了克服基于牛顿式时空观的主观观念论,我们不得不借助黑格尔的辩证法来重新揭示主体和对象的先验契合。正是在这个意义上,麦克道威尔说:"一种成功的批判性观念论必须具有黑格尔式的思辨性。"④批判哲学的根本洞见是:让我们的认知成为可能的条件并不能从物自身的独立条件推得。康德试图建立一种在主观与客观之间维持平衡的观念论,他希望维持心灵和对象的基本区分,而不是通过理性的自我活动走向思维和存在的同一。这是康德与黑格尔的根本分歧。康德试图在一个关于时空的先验观念论中证明范畴的客观有效性,而不是像黑格尔那样将范畴的运作在本质上等同于对象本身,并由此确立一种逻辑本体论。麦克道威尔认为我们应该从康德进展到黑格尔,但这种进展不是抛弃康德的框架,而是对康德的彻底化。

放在一个大的语境下来看,康德观念论与黑格尔观念论都是对基础主

---

① Kant, *Critique of Pure Reason*, A158/B197.
② McDowell, *Having the World in View*, p. 78. 麦克道威尔:《将世界纳入视野》,孙宁译,第72页。
③ Ibid., p. 84. 麦克道威尔:《将世界纳入视野》,孙宁译,第78页。
④ Ibid., p. 79. 麦克道威尔:《将世界纳入视野》,孙宁译,第73页。

义的克服。简单之,基础主义认为存在两部分内容——能够支撑他物的,需要他物支撑的,且前者是后者的基础。康德和黑格尔都认为基础主义并没有把握认知的真谛,基础不是外在于认知进程的材料或原则,而是认知得以可能的条件。黑格尔认为康德对"知识何以可能"这一问题解决是不彻底的,因为他的批判哲学最终呈现为只涉及表征而非世界本身的主观观念论。麦克道威尔认同这一见解,他认为对康德的彻底化必然将我们引向黑格尔。他不但希望像康德那样兼顾感受性和自发性,还试图将自发性引入感受性中。这一步骤已经通过《心灵与世界》中的第二自然初步实现。不过,他在进一步研读黑格尔的过程中逐渐认识到,第二自然也许仍然过于强调主体对概念能力的运用,我们需要另一个更恰当概念来表达概念能力的自发性运作。为此他提出了"将世界纳入视野"这样的表达。这个变化并不是思路的转变,而是在同一条思路上的推进。"将世界纳入视野"与"世界观"(worldview)之间的关联是不言而喻的,拥有何种世界观就是以何种方式将世界纳入视野。事实上,在麦克道威尔的语境中,两者在很多时候是可以互换的。就世界观这一概念而言,我们大致可以区分出两层含义:第一,作为世界意义之整体的世界观;第二,作为人类群体之整体体认和整体行为的世界观。这两层含义实际是一体两面的。世界意义的整体表达了世界观客观的一面,而人类的整体体认和整体行为则表达了世界观主观的一面,只有同时把握了这两方面,我们才能完整地把握世界观概念。① 麦克道威尔在世界观概念中看到了这样一种可能性:我们不需要为

---

① "世界观"最早以德语 Weltanschauung 的形式出现,英语的 worldview 是对德语的照实翻译。现在普遍认为最早使用世界观一词的是洪堡。但事实上,康德早在洪堡之前就提出了世界概念(Welthegriff, conceptus cosmicus)。康德在《纯粹理性批判》中指出,世界概念就是"那涉及使每个人都必然感兴趣的东西的概念"(A839/B868)。在康德的语境中,每个人都必然感兴趣的东西就是存在于每个人理性中的立法的理念。纳格尔(David K. Naugle)指出,康德的世界概念"作为纯粹理性的观念行使其功能,将人类经验的整体带入世界整体的统一体当中"。不过,纳格尔又指出,世界观作为概念在康德以及后来的费希特、谢林那里并不是经常被用到,只有到了黑格尔那里,这一概念才得到经常性的使用,并被特殊地把握为人类精神的总体。See David K. Naugle, *Worldview: The History of a Concept* (Grand Rapids: Eerdmans Publishing, 2002), pp. 9ff.

第五章 从第二自然到世界观:麦克道威尔的转向

了将理性领域拉入自然领域而另外设定一个第二自然,也许世界观就能很好呈现这两个领域之间的原初关联。

这里,塞拉斯对麦克道威尔的启示不容忽视。麦克道威尔这样转述塞拉斯的观点:"一般性地运作于知觉经验(不管它是否产生知识)中的概念部件取决于某个世界观,……这种世界观超越了当下此处的一瞥。相关片段脱离它们所维系的更宽泛的世界观,仅呈现为当下此处的一瞥,这样的情况是不可理解的。"①他还在一个关键性脚注中指出:"塞拉斯说,除非知道关于世界的很多东西,否则我们对可观察属性将毫无概念。我们可以用康德式概念来表述塞拉斯的观点:获得第一个概念能力之前必然需要许多概念能力,这些概念能力相互联系的总体就是体现了知性之必然形式的概念指令系统。换言之,获得第一个概念能力之前必须获得一个与纯粹知性原则相一致的世界观。……世界观是将客观意义赋予知觉经验的基础。"②麦克道威尔从塞拉斯那里得到的启示是,康德的主观观念论倾向可以通过世界观的引入得到中和,不是主体主动运用某个概念能力,而是概念能力的总体从一开始被规定为知觉经验的基础。不过,相较于塞拉斯对世界观的康德式理解,麦克道威尔试图在黑格尔意义上理解世界观:世界观就是被概念把握了的世界本身。塞拉斯无法认同这一思路,他认为理由空间和自然空间是明确区分的,换言之,世界观无法指向世界本身。针对这一点,麦克道威尔指出:"塞拉斯没有考虑到下面这一事实:黑格尔认为他找到的在自身领域内自由运作的理性概念正好勾勒了康德试图在第一和第三《批判》中描述的感觉与知性的相互贯通。黑格尔式的理性不需要来自外部的限制,因为它自身之内就包含了康德归于感性的感受性。"③理解这一点的关键在于认识到,作为经验基础的世界观不只是主体性的反映或投射,还将思维和存在深度关联起来。这个意义上的观念论同时也是一

---

① McDowell, *Having the World in View*, p. 7. 麦克道威尔:《将世界纳入视野》,孙宁译,第 6 页。
② Ibid., p. 36. 麦克道威尔:《将世界纳入视野》,孙宁译,第 34 页。
③ Ibid., p. 39. 麦克道威尔:《将世界纳入视野》,孙宁译,第 37 页。

种实在论。麦克道威尔在一篇回应文章中指出:"世界是所有所是的东西,即所有可以被我们思维为是其所是的东西。但我们可能犯错,这一点足以保证如此把握的世界不会退化为法则的影子或反映,我们总认为这些法则控制着我们的思维,其实它们不过是心灵与世界互动中的地位较低的参与者。这就是我想要的'实在论',在我看来,这种'实在论'认为世界对于任何人来说都是可感的。"①

进一步,与实在相关的世界观必须是先验的,但不能是超验的。罗蒂在《哲学与自然之镜》中指出:"需要……一种外在于当前表征集合的先验立场,让我们可以由此检查表征与其对象之间的关系。"②不同于康德对先验与超验的区分,罗蒂认为先验可以被超验代替,但这并不代表他混淆了这两个概念,而是因为他坚持认为先验哲学需要一个超验立场。麦克道威尔告诉我们,他在写《心灵与世界》时认为康德的先验路线符合罗蒂的描述,但他现在后悔做了这样的论断。③ 康德的先验路线不能进展到超验层面,我们在对康德进行改良时也必须坚持这一点,否则世界观就会变成外在于知觉经验的东西。那么应该如何理解世界观的先验性?不同于布兰顿,麦克道威尔认为对这个问题的探讨不应该走向黑格尔式的公共性实践,而应该回到康德式的先验统觉。先验统觉的运作是康德式先验路线的核心。康德区分了统觉的先验统一性和意识的主观统一性,前者是客观有效性的基础,而后者只能获得主观有效性。他指出:"统觉的先验统一性是使一切在直观中给予的杂多都结合在一个客体概念中的统一性。因此它叫作客观的,而必须与意识的主观统一性区别开来,后者是一个内感官的规定,它把直观的那个杂多经验性地提供给这样一种联结。……只有统觉的先验的统一性才是客观有效的;统觉的经验性的统一性则只有主观的有

---

① John McDowell, "Reply to Gibson, Byrne, and Brandom," *Philosophical Issues*, 7, *Perception* (1996), pp. 284 – 5.
② Richard Rorty, *Philosophy and the Mirror of Nature* (Princeton: Princeton University Press, 1979), p. 293.
③ McDowell, *Having the World in View*, p. 18. 麦克道威尔:《将世界纳入视野》,孙宁译,第16页。

第五章　从第二自然到世界观：麦克道威尔的转向

效性。"①我们已经指出，康德和黑格尔在客观有效性的界定上产生了根本性分歧。黑格尔认为统觉的先验统一性不能只是以客观有效性为目标，还应该进一步进展到真正的客观性，换言之，先验观念论必须同时是常识实在论。一些黑格尔的解读者和批评者往往忽视了这一点，指责黑格尔将一切置于主体自由活动的范围内，因而似乎抛弃了常识实在论。麦克道威尔并不认同这种看法，他指出："拓展理智自由范围的意义在于实现主客之间的平衡，不让其中任何一方处于优先地位。真正的平衡能让主体性接触真正的客观性。客观性只有作为此结构的一部分才能得到理解，坚持这样的观念恰恰要求我们不要用主体性的投射取代独立的实在。"②麦克道威尔进一步指出，黑格尔的思路实质就是拒绝在知性和理性之间作出明确区分："在康德那里，知性是以感性为条件的，而理性则是无条件的。而正是知性的这种有条件性破坏了康德希望实现一种非主观性观念论的尝试。"③黑格尔希望把在康德那里拉开距离的理性思维和感性经验重新放在一个辩证统一的历程中，如此一来，康德式图景中的主观性倾向也就自然得到了消解。从匹兹堡学派的立场出发，麦克道威尔试图用概念实在论来界定黑格尔在先验观念论与常识实在论之间所作的调和。

在黑格尔自己的语境中，"总念"（Begriff，The Notion）恰当地刻画了上述辩证历程。黑格尔的总念和一般意义上的概念有着重要区别：（复数的）概念是指抽象的普遍性观念，而（单数的）总念则是指具体的、有内容的、普遍性的观念。总念是具体化了的概念，因为也就统一了殊相与共相、内容与形式。在黑格尔那里，对客观性的追求就是总念的自由展开，意识的教化过程就是总念的自我展开过程，《精神现象学》就是对这一过程的完整记录。皮平指出，黑格尔"无法谈论任何用于知识断言的概念，因为他指的是总念在意识中的必然推理。《精神现象学》所要展示的不可能是我们

---

① Kant, *Critique of Pure Reason*, B139-140.
② McDowell, *Having the World in View*, p. 153. 麦克道威尔：《将世界纳入视野》，孙宁译，第141页。
③ Ibid., p. 82. 麦克道威尔：《将世界纳入视野》，孙宁译，第75页。

对任何概念之客观性的怀疑可以被克服"①。麦克道威尔认为这个结论是对的,他指出:"《精神现象学》要求我们把对这个或那个概念之客观性的质疑放到被意识把握了的总念的自由展开当中。《精神现象学》的工作就是让意识以这种方式来把握对客观性的追求,而不是去预期如此把握之下的活动会造成什么样的结果。"②世界观概念要表达的这种不是被主体刻意追求,而是同时作为思维之基础和终点的客观性。

从某种意义上来说,这种世界观概念是第二自然的最终形态。在《心灵与世界》中,麦克道威尔试图借助第二自然超越"所予论/融贯论"的语境,以此消解感受性和自发性、自然和自由之间的对峙。他试图探讨一种包容世界的心灵观,其最终目标不是对世界的消解,而是对世界的承认。对这一方案的合法性和可行性是值得探讨的。比如,福多指出:"麦克道威尔并不满足于下面这种观点,即世界的贡献仅仅是为知觉判断提供正确的原因。……这样他就必须同时是自然主义者和二元论者。一方面,世界对知觉的贡献必须是可以被我们思维的。也就是说,世界必须具有思维所具有的那种结构,因为只有这样,从经验到判断的心理过程才可以说是——依照麦克道威尔标准——理性的。但另一方面,麦克道威尔也充分意识到,世界并不是我们写就的,观念论必须被避免。……因此我们不应该像观念论者那样争辩说:如果说世界对知觉的贡献是可以被思维的,而任何可以被思维的就是思想,那么为了被我们知觉到,世界必须是由思想组成的。"③到此为止没有问题,但福多进而指出,为了解决这一矛盾,麦克道威尔的最大失误在于区分了证成(justification)和无罪辩解(exculpation)。麦克道威尔在《心灵与世界》中明确指出:"所予神话的问题在于,在我们需

---

① Robert Pippin, *Hegel's Idealism: The Satisfactions of Self-Consciousness* (Cambridge: Cambridge University Press, 1989), p. 105.
② McDowell, *Having the World in View*, p. 87. 麦克道威尔:《将世界纳入视野》,孙宁译,第81页。
③ Jerry Fodor, *In Critical Condition: Polemical Essays on Cognitive Science and the Philosophy of Mind* (Cambridge: MIT Press, 1998), pp. 5-6.

要证成的时候,它最多给了我们无罪辩解。"①他认为证成与无罪辩解之间的最大区别在于,证成需要理性的参与,而无罪辩解仅告诉我们可以将某些尚未概念化的最初呈现不经分析地接受下来。这一区分当然是匹兹堡学派的典型思路。而福多则认为麦克道威尔没有想到一个简单的选项:"也许有时候无罪辩解就是证成,并且是我们所需要的全部证成。"他问,为什么"我看到一棵树"这一知觉性的心理事实不够我们作出一个"有一棵树在那里"这一理性判断?② 在福多看来,麦克道威尔从本质上来说是一个二元论者,因为他无法接受将无罪辩解(作为对象的世界)等同于证成(概念能力的运作),而第二自然的提出只不过是一个弥合二元论的步骤。他指出:"麦克道威尔的先验主义的代价是,他必须成为某种二元论者。……他将理性置于法则的领域之外,这样他就必须面对一个令人尴尬的问题:我们是如何通过自然过程获得这些能力的?"③从这个意义上来看,《心灵与世界》的最终目标——一种非唯我论的心灵观——并没有完全实现。福多认为,真正的非唯我论心灵观首先要考虑的并不是心灵与世界的关系:"我们的问题不在于在世界中为心灵找到一个位置。心灵已经在世界中了,我们的问题是去理解它。"④

  福多的批评是深刻且合理的。但麦克道威尔会说,这种将无罪辩解等同于证成的天真立场并不能解释下面这个明显事实:我们的认知能力是在教化的进程中不断发展的。如果我们像福多建议的那样去理解心灵在世界中的运作,这一事实必然会跃入我们的视野。麦克道威尔提出第二自然的主要意图并不是在世界中为心灵找到一个位置,而是在认识到心灵和世界必须在一个连续的教化进程(第二自然)中关联起来。麦克道威尔深刻地认识到,将无罪辩解简单地等同于证成并不能帮助我们深入理解心灵与世界的关系,我们必须认识到心灵如何在塑造世界的同时接受来自世界的

---

① McDowell, *Mind and World*, p. 13.
② Fodor, *In Critical Condition*, pp. 6 - 7.
③ Ibid., p. 7.
④ Ibid., p. 8.

摩擦,并在这一过程中获得自身的成长。因此,这里的要点不是在所予论和融贯论之间寻找一个中间点,而是通过彻底重构心灵与世界的关系得到一种最低限度的经验主义。这是麦克道威尔的根本诉求,在他的思想发展进程中,这一诉求是一以贯之的。本章探讨的是他如何在黑格尔的帮助下逐渐认识到,教化在首要的意义上并不是主体主动习得第二自然的过程,而是世界观本身不断展开的过程。世界观不是加诸经验之上的概念框架,而是通过一个已经包含了事物的总体性情境去感知和认识事物。

总结以上的讨论,麦克道威尔用世界观代替第二自然的意图主要有以下三个方面:第一,麦克道威尔认为第二自然过于强调主体对概念的运用,世界观能更恰当地表达概念能力的自发性运作;第二,麦克道威尔希望用世界观来冲淡第二自然所隐含的社会性和公共性倾向;第三,麦克道威尔认为世界观确切地刻画了理性思维和感性经验之间辩证统一的历程。在这个意义上,我们可以说麦克道威尔已经进展到了黑格尔。但是,如果考虑到下面这一点,即在麦克道威尔那里,世界和思维并不是同一的,而是先验契合的,那么我们还是可以确定地说,麦克道威尔的立场是一种黑格尔式的康德主义,而不是康德式的黑格尔主义,因为他没有进展到黑格尔的最后步骤——思维和存在的本质同一。换言之,麦克道威尔用黑格尔元素改良了康德,并没有用黑格尔代替康德。无论如何,正如我们一再强调的,这里的界定是非常微妙的。因为从康德到黑格尔的推进也许并不存在程度上的改良,只有本质性的改变,即从一种批判性的建构哲学推进到一种总体性的形而上学。麦克道威尔清醒地意识到了这个困难。他在《心灵与世界》中就已经探讨性地指出,或许以"如何可能?"为基本问题的建构哲学是无效的。[1] 麦克道威尔后期思考的推进凸显并放大了这一困难。一旦我们进入"康德/黑格尔"这个语境,这个困难就是无法避免的。

可以肯定的是,一旦麦克道威尔将黑格尔引入康德的先验图景,康德式的先验框架就很难维持它原有的形式主义。麦克道威尔试图用世界观

---

[1] McDowell, *Mind and World*, p. xxiii.

第五章　从第二自然到世界观：麦克道威尔的转向

对康德的框架进行黑格尔式的改良，使之拥有具体内容。他试图将范畴的形式化应用理解为"心灵/世界"在一个整体性历程中的自我展开，并由此从康德的先验逻辑进展到黑格尔的中介性逻辑。尽管如此，与布兰顿不同，麦克道威尔还是希望在一定程度上维持对先验性的诉求。在他看来，只有维持最低限度的康德主义才能维持最低限度的经验主义，它们是同一个立场的一体两面。但无论如何，麦克道威尔的先验路线同时必须是一条开放的、具体的路线。只有把握了这一点，我们才能更好地理解他的"寂静主义"。寂静主义并不是沉默主义，而是开放主义，是对任何实体性哲学的规避。麦克道威尔在《心灵与世界》中指出："哲学的任务是应该驱逐下面这一假设，即我们似乎很难在世界中为意义找一个位置，这样我们就可以从容接受意义对塑造我们的生活所起的作用。我们不需要对意义在自我认识中的位置给出一种合法化证明。"[1]换言之，寂静主义者不问概念能力如何运作，也不分析理由空间的结构，坦然进入与世界的互动中，他在塑造世界的同时也接受世界的塑造，这就是关于世界观的全部秘密。这里的问题是，为了完全理解这种寂静主义立场，我们必须首先成为寂静主义者。作为非寂静主义者的艾尔斯曾指出，麦克道威尔的"寂静主义者模式"让他在说世界具有概念性结构时并不是真的这样认为的。[2] 麦克道威尔回应说，他真的是这样认为的。寂静主义者模式并不是要收回"世界是概念性的"这一论断，而是要保证这一论断并不没有表达形而上学上的争议。艾尔斯认为所有观念论都取消了实在的独立性，他并没有意识到还存在一种"非争议性的"观念论。麦克道威尔指出，这种观念论与常识实在论之间并不存在矛盾，它试图解释"我们的感觉如何在理想的状态下提供被我们所接受的东西，让我们可以直接参与到客观世界中去"[3]。麦克道威尔认为，

---

[1] McDowell, *Mind and World*, p. 176.
[2] Michael Ayers, "Sense Experience, Concepts, and Content: Objections to Davison and McDowell," in R. Schumacher ed., *Perception and Reality: From Descartes to the Present* (Paderborn: Mentis, 2004), p. 254.
[3] McDowell, *Having the World in View*, pp. 143–4. 麦克道威尔：《将世界纳入视野》，孙宁译，第133页。

如果我们坚持康德式的先验框架,并接受来自黑格尔的改良,这种特殊的观念论立场是可以实现的,与此同时,《心灵与世界》的目标——一种非唯我论的心灵观——也最终得到了落实。

第六章

心灵哲学和知觉理论：麦克道威尔与普特南①

Ⅰ 引言：知觉作为心灵与世界的关系

知觉是心灵与世界发生关系的首要模式，这是当代认识论的一个基本预设。知觉作为一种关系将心灵和世界这两个基本关系项关联起来。就理论可能性而言，知觉理论可以是无限多种的（虽然并不是每一种立场都能得到明确界定），因为心灵和世界作为两个此消彼长的关系项，其强弱程度的分配方式可以有无限多种。不过，除去绝对不可知论，我们还是可以在这些理论中找到两个基本立场：坚持心灵之绝对性的观念论和坚持世界之绝对性的实在论。彻底的观念论和彻底的实在论是我们理解心灵与世界关系的两个端点，我们的实际理解往往处于这两个端点构成的开放区间之内，也就是说，通常并不包含这两个端点本身。因为坚持这两个立场意味着将世界完全内化为心灵或将心灵完全外化为世界，这两条道路尽管可以在理论上被接受，但终究有悖于清醒的常识，在将心灵或世界置于绝对主导地位的同时，我们多少会对另一项持有一点保留态度。处于这个开放区间内的各种立场之间尽管存在着巨大的差异，但有一点是共通的：它们都试图在两个端点之间找到一个平衡点，只不过有的更接近心灵一些（比如客观观念论），有的更接近世界一些（比如二元实在论），有的则试图将静

---

① 本章第Ⅱ部分曾以《非唯我论心灵观的可能性：从麦克道威尔对普特南心灵观的批判来看》为题发表于《世界哲学》2014 年第 1 期；第Ⅲ部分曾以《"如何成为一个深刻的析取论者？"：对麦克道威尔析取论的一项研究》为题发表于《哲学动态》2015 年第 7 期。这两部分在收入本书时均作了一定程度的改动。

态的位置转化成动态的进程(比如功能主义)。需要指出的是,所有这些立场都是我们把握心灵与世界关系的模式(modus),而所谓模式不过是我们度量事物的标准(measure)。哲学争论的最终落脚点无非在于哪一种模式更接近真实,在这个意义上,所有参与争论的人都认为心灵与世界之间存在着一种真实存在的、等待我们去发现的关系,杜威称之为对确定性的追求。诚然,如果抛开对于确定性的渴望,转而接受不确定性,我们或许可以接受不同模式同时存在的可能性。问题在于,我们总是不满足于詹姆士式的"多元宇宙",希望像莱布尼兹那样在众多"可能世界"中找出一个"最好世界"来。这当然是出于我们作为有限存在的傲慢和自大,但也体现了人类思维特有的彻底性,正是这种彻底性不断推进着思想的发展。因此,尽管心灵在一切意义上都是开放的,而世界又充满了无限的可能,但人类注定要探索心灵与世界之间的关系,这种探索本身就是人类的生活方式。我们不断地建构和重新建构心灵与世界的关系,与此同时,我们也在谋划自己的居所。理论上的探索同时也是生命性的活动。

心灵与世界的关系始终是一个哲学问题,日常思维处于心灵与世界的区分之前,前反思地将两者把握为一个原初整体。哲学思考很多时候是通过一个长程的迂回回到这个原始洞见,但这种迂回并非多此一举,而是绝对必要的。理论的迂回帮助我们更加深刻地认识到生命的位置,心灵不是在遗忘自身的状态下与世界融为一体,而是清醒地认识到自身是如何以一种非唯我论的方式存在于世界中的;反过来,世界的基本特征也不再表现为外在性,而是表现为对心灵的可答复性。没有经过近现代认识论洗礼的心灵也许能够马上接受这种思维模式,但对于经历过"经验之歌"的我们来说,对"天真之歌"的把握则变得异常困难。从某种意义上来说,麦克道威尔的哲学思考正是基于这样的诉求展开的。和普特南一样,他认为任何天真的回答都必须是也只能是一种"二次天真"(second naïveté)。换言之,我们要在对心灵与世界之间的区分作出澄清和界定的基础上,坦然接受心灵与世界的整体性。实现这一目标的关键在于构造一种关系性的知觉理论。作为关联心灵与世界的首要模式,知觉既不只是心灵的运作,也不只是世

第六章　心灵哲学和知觉理论：麦克道威尔与普特南

界的性质，而是作为一个场地将两者纳入到一种整体性的运作中。从这个意义上来说，知觉是比心灵或世界更为基本的范畴。这一思路也从一个侧面体现了自 19 世纪后半叶以来以"事件"(event)形而上学代替"事物"(thing)形而上学的总体趋势。我们也应该看到，单纯谈论作为事件的知觉有其内在的问题：事件性知觉作为最小单位无法获得进一步的分析，因为这样做会让我们再次退回到研究关系项的旧形而上学当中去。但是从黑格尔式的思维方式出发，在用关系克服了关系项之后，我们还必须探究关系项在这一关系进程中的相互作用，这一步骤不但可以实现，而且应该实现。就知觉理论而言，我们应该探究，在一个整体性的知觉场中，知觉主体和知觉对象、心灵和世界究竟意味着什么？这是麦克道威尔的工作目标。从文献上来看，知觉问题始终是麦克道威尔的一个主要议题。他在 20 世纪 70 年代发表了他的第一个重要哲学工作——《泰阿泰德篇》的翻译和注解(《泰阿泰德篇》是柏拉图探讨知觉问题的主要对话)[①]，并在之后的 80 年代发表了一系列关于知觉的论文。[②] 在之后与戴维森、丹尼特、普特南、福多等人的讨论中，知觉经验的问题更是屡屡成为他的核心议题。近年来，通过与伯吉的讨论[③]，麦克道威尔再一次将思考的焦点放在了知觉问题上。下面的研究将会揭示知觉理论在麦克道威尔的哲学体系中的关键性位置。

II　心灵的诸种可能性：从麦克道威尔对普特南心灵观的批判来看

在语言转向进程中的后实证主义阶段，分析哲学家在用日常语言取代

[①] John McDowell, *Plato*, *Theaetetus*, Translated with Notes (Oxford: Clarendon, 1973).
[②] See John McDowell, "Criteria, Defeasibility and Knowledge" (1982) in *Meaning, Knowledge, and Reality* (Cambridge, MA: Harvard University Press, 1998), pp. 369 – 94; "De Re Sense" (1984) in *Meaning, Knowledge, and Reality*, pp. 214 – 27; "Singular Thought and the Extent of Inner Space" (1986) in *Meaning, Knowledge, and Reality*, pp. 228 – 59.
[③] See John McDowell, "Tyler Burge on Disjunctivism," *Philosophical Explorations*, 13: 3 (2010), pp. 243 – 255; "Tyler Burge on Disjunctivism (II)," *Philosophical Explorations*, 16: 3 (2013), pp. 259 – 279.

形式语言,用阐明取代分析的同时,也逐步将探讨心灵的形而上学语汇作为语言游戏的一种重新引入哲学图景中。在此之后,当代心灵哲学的发展为我们理解"心灵"这一古老范畴提供了许多丰富而崭新的可能性。本节的研究将以麦克道威尔和普特南为切入口来考察其中的两种可能性。尽管两者的首要意图都在于发展出一种非唯我论的心灵观,但我们在具体的考察之后发现,两者之间存在着深刻的区分,这些区分为我们精确把握麦克道威尔的立场提供了可供操作的理论空间。为了从细节上呈现这两个理论模型,我们将首先考察麦克道威尔对内在实在论时期的普特南心灵观的批判,然后再以这一批判为出发点阐述麦克道威尔自己的心灵观,并试图指出其中存在的几个问题,最后我们会给出普特南对这一批判的反馈,以及由此提出的解决方案。

普特南在《"意义"的意义》(1975)最后指出:"传统的语言哲学就像大多数传统哲学一样,遗漏了他人与世界,而一种更好的哲学和更好的语言科学必须包含这两者。"[①]此文的主旨在于以语义外在论来反对语义内在论。概而言之,语义内在论认为涵义决定指称,因此意义无非涵义,也就是人内在的心理状态;而语义外在论则认为涵义不足以决定指称,因此意义中还包括不属于心理状态的外部指称,也就是非涵义所能确定的对象本身。在普特南看来,语义外在论的这种外指性并不只是单纯的意义结构问题,而是心灵如何同"他人与世界"打交道的问题,为此他区分出了"狭窄心理状态"(narrow psychological state)与"宽泛心理状态"(wide psychological state)。普特南认为,传统哲学讨论的心理状态都是狭窄的,这一思路认为我们只需研究某个个体内在的心理内容便可以获知他的全部心理状态。将它与普特南批判的"方法论唯我论"(methodological solipsism)结合起来,就得出了所谓的"意义就在头脑中"的论点。与此不同,普特南提出的宽泛心理状态则试图超出个体"头脑中"的心理状态,比

---

① Hilary Putman, *Mind, Language and Reality* (Cambridge: Cambridge University Press, 1975), p. 271. 这篇论文是《意义与指称》(1973)的扩充版。

第六章 心灵哲学和知觉理论:麦克道威尔与普特南

如我们说 x 妒忌 y,我们归给 x 的心理状态中至少包含了 y 的存在,因此妒忌是一种宽泛的心理状态。为了说明狭窄心理状态的问题,普特南设计了孪生地球(Twin Earth)的思想实验。这一著名实验的具体内容无须在此赘述,普特南想借此阐明的是,有可能存在这样的情况:对于一个名称(水)两个人可以拥有同样的狭窄心理状态,也就是说水在他们那里的涵义可以完全相同,但是他们的指称可以完全不相同(一个是指 H_2O,另一个则是指 XYZ),因此意义必须同时包含涵义与指称。普特南由此提出了著名的口号:"意义并不在头脑中!"

但需要指出的是,语义外在论并不是形而上学实在论(metaphysical realism)的一种变形,恰恰相反,普特南要反对的正是形而上学实在论的观点,即认为存在一个在本体论上和因果性上独立于人类心灵的世界。"意义并不在头脑中!"强调的并不是存在一个独立于头脑的世界(这样的世界与意义无关,且自身毫无意义),而是意义被决定的方式,也就是说,只有突破自己的狭窄状态,将世界函括到自身之中,心灵才能真正建构起意义。普特南认为,心理内容是通过追踪世界(track the world)而个体化的,一旦我们接受了心理内容追踪世界的观念,我们就不能再认为世界完全独立于我们存在。沿着这一思路,普特南提出了自 20 世纪 70 年代中期开始坚持的"内在实在论",试图由此在反实在论与形而上学实在论之间开辟出一条中间道路(realism without capital "R")。[①] 内在实在论认为,虽然世界在因果性上独立于人类心灵,但在本体论上一定依赖于人类心灵,也就是说,虽然我们不否认世界的实在性,但世界的结构一定是基于心灵的功能或功能系统的。我们可以看到,语义外在论与内在实在论在理论上是协调的。语义外在论认为心灵必须外指向世界才能获得意义,而内在实在论则让这种外指性运作成为可能:心灵与世界之间并不存在无法跨越的鸿沟,世界为心灵提供内容,而心灵则赋予世界范式。正如普特南在《实在论的多重

[①] See Hilary Putnam, *The Many Faces of Realism* (La Salle, Ill.: Open Court, 1987); *Representation and Reality* (Cambridge, MA: MIT Press, 1988).

面相》(1987)中所指出的,"如果我们一定要用隐喻性的语言,那就说:心灵与世界一起构成了心灵与世界"①。

麦克道威尔对普特南的批判正是针对语义外在论展开的。首先需要指出的,麦克道威尔反对的并不是"意义并不在头脑中!"这一论点本身,而是普特南在批判上的不彻底性。麦克道威尔在《普特南论心灵与意义》(1992)中指出,他大体同意普特南的观点,即"至少有一些意义是经由环境建构起来的",但我们要追问的是,这一观点对于我们把握心灵的本质究竟意味着什么。②如果这一追问没有落实,普特南对语义内在论的攻击就无法取得应有的效果。换言之,如果普特南没有意识到在狭窄心理状态背后起支撑作用的东西,也就是封闭的心灵,那么他对语义内在论的批判就是不彻底的。麦克道威尔指出:"普特南反对的'孤立主义'的语言观只不过是类似的'孤立主义'心灵观(至少是自在心灵)的一部分,而普特南对'孤立主义'的语言观的攻击让他遗漏了对心灵观的质问。"③不但如此,普特南本人的心灵观在某种意义上也是孤立主义的。麦克道威尔认为"意义并不在头脑中!"这一口号的实际含义是:为了获得意义,我们必须在头脑中的东西与不在头脑中的东西之间建立起联系。这一论点隐含了如下的含义,即心灵就在头脑中,但我们断然得不到另一层含义,那就是心灵(至少部分地)不在头脑中。因此,借用麦卡金(Colin McGinn,1950—　)的术语,麦克道威尔将普特南的心灵概念称为"复式的"(duplex):"一部分关于心灵的真理在于有某些东西是完全存在于头脑中的,另一部分关于心灵的真理则在于一部分的内容如何同头脑之外的事物联系起来。"④但无论如何,在这一复式的结构中,我们看不到心灵是如何摆脱头脑的束缚,将世界真正函括到自身之中的。不过麦克道威尔也意识到,也许我们不应该按字面意思来理解"在头脑中",从而认为普特南的心灵在空间上就是落于头脑

---

① Putnam, *The Many Faces of Realism*, p. 1.
② McDowell, *Meaning, Knowledge, and Reality*, p. 276.
③ Ibid., p. 291.
④ Ibid., p. 278.

第六章　心灵哲学和知觉理论:麦克道威尔与普特南

中的,或是等同于某个物质性器官,比如大脑。但即便如此,在普特南的语境之下,心灵依然被理解为是一种器官:"只不过心灵不是大脑,而是一个非物质性的器官。"但无论是物质性的还是非物质性的,它们都是狭窄的,而"任何狭窄的东西,无论是物质性的还是非物质性的(假定我们相信有这样的东西存在),都不能产生经由环境建构起来的东西"①。无论如何,任何将心灵理解为器官的做法都会将心灵封闭起来,而一旦封闭就很难再走出狭窄状态了。这是麦克道威尔以及后来的普特南认为功能主义路线无法成功的根本原因。

可以看出,麦克道威尔要拒斥的是任何将心灵视为器官的立场,为此他区分出了大脑功能与心理生活(mental life)。大脑作为器官当然存在,并且它的功能对心理生活而言也是必要的,但这并不意味着大脑器官的功能运作就是心理生活本身:"心理生活是我们生命的一个方面,我们能够,也必须将心理生活发生在心灵当中这一观念同心理生活发生在我们身上的一部分——无论是物质性的还是非物质性的(假定这样说有意义的话)——这一观念脱离开来。我们无须精确地找出心理生活发生在何处,我们只须说,它发生在我们生命发生的地方。这样,它的状态和发生就可以像我们的生命一样与环境内在地联系在一起。"②麦克道威尔的论点是:只要我们还在考虑在何处放置心灵,我们的心灵观就依然是狭窄的。以普特南为例,只有先有了处于内部的心灵,才会产生将实在内在化的内在实在论。如果一开始就不对心灵进行定位,语义外在论和语义内在论的争论甚至根本就不会出现。麦克道威尔进而指出,普特南没有认识到这一点,是基于其理论上的一个失误。普特南认为下面两个假设是无法同真的,即"认识到某个概念的意义只不过是以某种心理状态把握了该概念"与"一个概念的意义决定了它的外延"。麦克道威尔指出,如果我们以一种截然不同的方式来把握心灵,那么这两个假设是可以同真的。他指出:"普特南似

---

① McDowell, *Meaning, Knowledge, and Reality*, p. 280.
② Ibid., p. 281.

乎从未想过这样一种可能的立场,即认为意义的指派完全是心灵的事情(第一个假设),同时外延又是可以由意义决定的,只要我们能够明确表达出一种彻底的非唯我论的心灵观。"①

在讨论什么是非唯我论的心灵观之前,我们首先要界定唯我论的心灵观。唯我论的心灵观,也就是麦克道威尔眼中的普特南的心灵观,认为心理表征作为符号是完全独立于被表征物的。比如我们听到水滴落下的声,按普特南的立场,我们的心灵中一定存在一个与实际落下的水滴无关但又表征了这一过程的东西。而麦克道威尔则认为,心灵的实际运作并不是一个表征符号(representation),而是一个表征过程(representing),心理表征已经内在地包含了表征物。塞拉斯的副词论在这一点上对麦克道威尔产生了重要影响。麦克道威尔指出:"心理发生自身已经包含了对世界的指涉性定向(referential directedness)。"②这一理解与麦克道威尔对心理生活的看法是一致的:心理生活"发生在我们的生命发生的地方",它是一个动态的表征过程,而不是一个静态的表征符号。麦克道威尔进而指出:"如果我们从一种不指向世界的思维观出发,就会面临一个真正而紧迫的任务,那就是重新引入思维是如何指向世界的方式。但是如果我们不接受这一关于思维的假设,也就是普特南意义上的表征性心理操纵,就不需要面临这一任务。"③普特南的内在实在论认为世界的结构基于心灵的功能或功能系统,麦克道威尔认为这一立场的前提在于心灵从一开始就不是指向世界的。虽然普特南的语义外在论正是以这种指向性为基本考量,但麦克道威尔的论点是:如果指涉性定向不是原初地存在于心灵当中,如果心灵不是与表征对象相关的表征过程,那么心灵依然是一个与世界脱离的不健康概念。

麦克道威尔在《心灵与世界》中进一步发展了他的心灵观。《心灵与世

---

① McDowell, *Meaning, Knowledge, and Reality*, p. 282.
② Ibid., p. 286.
③ Ibid., p. 286.

第六章　心灵哲学和知觉理论：麦克道威尔与普特南

界》主要要解决的两个问题：第一，如何在保留心灵与世界的不可通约性的同时保证实在是依赖于经验的；第二，如何在批判科学自然主义的同时不滑向反自然主义的立场。麦克道威尔的关键性步骤在于引入概念性，在心灵与世界之间构造出一个概念性母体（conceptual matrix）。与科学自然主义不同，他的自然主义的落脚于将经验世界进行概念化把握之后的"第二自然"（second nature）。从大的框架上来看，《心灵与世界》试图将一种康德式的结构拉到经验主义内部，从而构建出一种最低限度的经验主义（minimal empiricism）或所谓的先验经验主义（transcendental empiricism），这一思路的首要意图是在所予神话破灭之后探讨所予的可能性，但更深的意图则在于更新心灵与世界之间的关系。麦克道威尔这样界定自己的立场："思维对经验世界的指向性只有在对经验法庭的可答复性（answerability）意义上，只有在世界将自身传达给知觉主体的意义上才是可理解的。"①另一处："心灵与世界的关系是规范性的，也就是说，不管是否正确执行，作为指向判断或信念的固定思维对世界及事物之所是都是可答复的。"②上面提到的指涉性定向在这里被进一步规定为思维对经验世界的可答复性。这种可答复性包含了两层含义：首先是思维与世界之间的规范性关系，其次是思维与世界之间的因果关系。其中规范性关系保证了思维可以是正确或不正确的，而因果关系则保证了思维是真正关于经验世界的。需要指出的，在麦克道威尔那里，思维对经验世界的这种可答复性描述的既不是思维的能力，也不是世界的性质，而是心灵与世界之间的某种先验关系，正是基于这种先验关系，我们才可以说心灵是"彻底的非唯我论的"。普特南并不认可这种关系，他试图在心灵与世界之间建立起"后天"联系，这种尝试必然会导致心灵的狭窄化。

麦克道威尔对普特南的批判可能存在下面的问题。首先是普特南可能会提出的反驳，对此麦克道威尔已经有所预见。普特南会说，心灵对于

---
① McDowell, *Mind and World*, p. xvi.
② Ibid., p. xii.

世界的指涉性定向或思维对于经验世界的可答复性只是在"假设心灵的神秘力量",而这种假设"并不能解决任何问题"。① 麦克道威尔的回应是:"我的目的不是要假设神秘的心灵力量,相反,我的目的是要恢复这样一种思维观:思维是一种力量的运用,但这种力量并不由某个进行思维的神秘部分所拥有(这个部分的内在运作明显独立于思维者在环境中的位置),而是由思维者本身非神秘性地拥有,思维者作为动物生活在与世界的思维和实践关系中。"② 但普特南可以进一步追问,那么这种"思维和实践关系"究竟是如何具体运作的?如果不澄清这一点,麦克道威尔的心灵观依然是一种神秘。然而在麦克道威尔看来,这一点恰恰是无法也无须得到进一步澄清,在这个问题上,麦克道威尔的寂静主义(quietism)无疑延续了维特根斯坦式的沉默。一个更为深刻的问题是,我们在对心灵进行重新定位的同时,是不是也要对世界进行重新定位?换言之,在心灵世界化的同时,世界是不是同时也要心灵化?从某种意义上来说,麦克道威尔提出的指涉性定向和可答复性都是单向的,即都是由心灵指向世界。这也造成了他在理论上的难题:如何解释世界对心灵的影响与心灵本身的运作相契合。为此他提出了概念能力的自发性运作(而非主动运用)。他告诉我们:"我们倾向于陷入一种不可容忍的摇摆:在一个阶段,我们被带向无法给出思维与客观实在之关系的融贯论;在另一个阶段,我们又退回到对所予的诉求,而这种诉求最后毫无用处。我主张,为了逃脱这种摇摆,我需要一种作为状态或事件的经验概念,这些状态或事件是被动的,但又反映了在运用中归属于自发性的概念能力。"③ 这一工作当然是精细而微妙的,用布兰顿的玩笑话来说:"孩子,别在家里尝试它。此人是专业的,你试的话会以流泪收场。"④

麦克道威尔对普特南的批判是深刻,而普特南对这一批判的反思也是

---

① McDowell, *Meaning, Knowledge, and Reality*, p. 288.
② Ibid., p. 289.
③ McDowell, *Mind and World*, p. 23.
④ Brandom, *Perspectives on Pragmatism*, p. 197.

第六章　心灵哲学和知觉理论：麦克道威尔与普特南

深刻的。他在《缺少绝对的实在论》(1993)中认同了麦克道威尔的观点，指出"心灵不是一个物质性或非物质性的器官，而是一个能力系统"，并进而表示，"虽然我不希望麦克道威尔为我这里的理论负责，但是我想答谢其著作的广泛影响，这一影响加强了我对知觉理论中的自然实在论的长期兴趣（这一兴趣最初是由我在最近几年对詹姆士和奥斯汀在知觉理论上的观点的思考唤醒的）"①。当然，麦克道威尔的知觉问题上的主要资源是康德和塞拉斯，而普特南的主要背景则是詹姆士和奥斯汀，这一点决定了他们在思路上的根本不同。我们已经看到，为了说明心灵对于世界的原初指向性，麦克道威尔在心灵与世界之间构造了一个概念性母体，并用思维与对象之间的规范性来保证思维对世界的可答复性。虽然普特南在麦克道威尔的提示下认识到了自身存在的问题，但他并不认为为了摆脱心灵的狭窄状态就一定要走这种康德式的路径。普特南意识到，为了理解心灵与世界的关系，我们需要重新思考直接实在论。直接实在论从一种常识性的立场出发，否认心灵与世界之间的鸿沟，但传统的直接实在论存在两个问题：第一个问题是传统实在论对待意义的天真态度，即认为"一个词的意义就是一个属性，这个属性被这个词所指示的所有事物所分享"；第二个问题是陷于一种形而上学幻想，"认为存在一个形式、一般概念或'属性'的总体，这一总体一经固定便永远固定，一个词的每一种可能的含义都必须符合其中一个形式、一般概念或属性。所有可能思维的结构都由形式提前固定了"。② 概而言之，直接实在论的根本问题在于它的还原性。在普特南看来，真正对我们理解心灵和世界有所帮助的立场一定不是还原性的，而是生长性的。

基于此，普特南提出了一种基于自然主义的直接实在论，或称自然实

---

① Hilary Putnam, *Words and Life* (Cambridge, MA: Harvard University Press, 1994), pp. 292-3.
② Hilary Putnam, *The Threefold Cord: Mind, Body, and World* (New York: Columbia University Press, 1999), pp. 6-7. 中译引自普特南:《三重绳索：心灵、身体与世界》，孙宁译，上海：复旦大学出版社，2017年，第5页。

在论。普特南是在詹姆士的帮助下完成这一步的。詹姆士常说世界是由我们"构造"(make up)的,这一表达给我们理解詹姆士的立场造成许多误解和麻烦。但在普特南看来,我们并没有把握这一说法中的真正洞见,即"'描述'永远都不只是简单的复制,我们在不断地添加语言对实在负责的方式"①。普特南借助詹姆士认识到,"将感觉经验视作我们与世界之中介的传统断言并不能得到很好的证明,更糟糕的是,这一断言让我们无法看清个体究竟是如何与世界进行真正的认知性接触的"②。在普特南看来,构造作为心灵与世界之间的首要关系并不是心灵的一种功能,而是"心灵/世界"的整体性结构,这个结构会随着生命进程的展开而不断丰富。这是自然实在论的根本要义。自然实在论并不试图将世界拉回到心灵内部,而是坚持"成功的知觉是对'外在'实在的某些方面的主动感觉,而不仅仅是这些方面对主体性的影响"③。在这个意义上,普特南的自然实在论与麦克道威尔的概念实在论并无二致,两者既肯定了世界的实在性,又强调心灵对世界展开的建构。普特南借用胡克威(Christopher Hookway,1949—)的表述来界定他的立场:"所有的变化都包含物理变化,但这并不是说每一个事实都是物理性事实。"④和麦克道威尔一样,普特南认为心灵对世界的把握从一开始就是一种概念化活动,并且这种活动并不以某些非概念材料为起点,而是"心灵/世界"这一概念整体的不断展开。但两者的区别在于,在麦克道威尔那里,概念化活动首先是命题性判断(基于塞拉斯对康德的解读),而在普特南那里,这种活动首先是多元的生命性实践(普特南对詹姆士的另一个借鉴)。这种对多元经验的强调在普特南那里落脚于"概念相对性"(conceptual relativity)。值得一提的是,在《带人面的实在论》(1990)中,当时还是持内在实在论的普特南就已经在强调概念

---

① Putnam, *The Threefold Cord: Mind, Body, and World*, p. 9. 普特南:《三重绳索:心灵、身体与世界》,孙宁译,第 7 页。
② Ibid., p. 11. 普特南:《三重绳索:心灵、身体与世界》,孙宁译,第 9 页。
③ Ibid., p. 11. 普特南:《三重绳索:心灵、身体与世界》,孙宁译,第 9 页。
④ Putnam, *Words and Life*, p. 292.

第六章 心灵哲学和知觉理论:麦克道威尔与普特南

相对性。他当时的表述是:"简言之,概念相对性理论就是:虽然在每一样我们称之为真的事物中都存在习俗与事实的方面,但是如果我们犯了'分割谬误',并得出结论说真理中一定存在一个'习俗部分'和一个'事实部分',那么我们就会跌入无望的哲学谬误当中。"①我们可以看到,当时用于反对"事实/价值"两分的概念相对性逐渐变成了自然实在论的有力支撑部件。

普特南的自然实在论在下面这一点上推进了麦克道威尔的观点:心灵对世界的指向性定向并不是一次性完成的,而是一个不断定向与再定向的开放性进程。在普特南看来,问题的关键不在于预设心灵与世界之间的原初关系,而在于理解这种关系是如何随着生命进程的展开而不断发展和丰富的。他指出,一个普遍存在的哲学谬误是"认为实在这一概念必须指涉一个单一的超事物,而不是去考察——随着我们的语言和生命的发展——我们(被迫)与我们的实在观进行无休止的再商议的方式"②。生命本身就是心灵与世界之间无止境的商议和再商议的过程,只有真正基于这一立场的心灵观才可以说是"非唯我论的"。在麦克道威尔那里,心灵的非唯我论特征是被先验规定的,而在普特南那里,心灵的非唯我论特征则是在生命进程中逐步获得的。在这个意义上,古典实用主义对普特南影响要远远大于对麦克道威尔的影响。这个区分是关键性的,因为正是这一点让普特南的心灵观从本质上不同于麦克道威尔的心灵观。普特南(以及罗蒂)对传统认识论的一个主要批判在于后者认为我们可以从自己的语言和思维中退后一步来看待心灵与世界之间的关系。抛开立场的变化不谈,普特南一以贯之的确信是,我们不能"踏出我们的皮肤"(step outside our skins),而正是这种"不能踏出"从根本上规定了心灵与世界的关系。他在《表象与实在》(1988)中写道:"在我看来,重要的事情是找到一幅图景,这幅图景能够

---

① Hilary Putnam, *Realism with a Human Face* (Cambridge: Cambridge University Press, 1990), p. x.
② Putnam, *The Threefold Cord*, p. 9. 普特南:《三重绳索:心灵、身体与世界》,孙宁译,第8页。

让处在我们的世界与实践之中的现象变得有意义,而不是去寻找一个来自上帝之眼的观点(God's-eye view)。"①在普特南看来,麦克道威尔的先验预设无疑是"来自上帝之眼的观点",而他提出的第二自然也不能帮助我们真正理解心灵,因为只有生命进程本身才是心灵产生和生长的真正母体。

以上我们讨论了两种试图让心灵摆脱唯我论特征,真正与世界关联起来的理论尝试。哲学史上并不乏这样的尝试,亦不乏由这种尝试得到的教训:如果我们将心灵过度世界化,最后可能会丢掉世界,只剩下心灵化的世界(比如费希特和爱默生)。我们看到,麦克道威尔和普特南都试图抵御这种危险,前者诉诸心灵与世界之间规范性关系以及经验世界的概念化构成,而后者则从古典实用主义那里汲取养分,诉诸心灵在经验进程中的不断丰富和完善。虽然以上探讨的两种可能性不能最终解决心灵与世界的关系问题,但对于我们更加深刻地理解这一问题是助益良多的。正如普特南在《实在论的问题》(1993)中所指出的:"虽然我同意孔德和罗蒂的看法,即思维和语言是如何与世界挂钩的问题是一个混乱的问题,但我不想得出结论说,讨论这个问题是浪费时间。实际上,我的论点是,即便我们永远找不到一个'解决方案',对这一问题的讨论也已经在最近两个世纪引向了一些最深刻、最多产的思想。"②下面我们要分别研究处于这两种心灵观下的知觉理论。

Ⅲ 如何成为一个深刻的析取论者?——麦克道威尔的析取论

析取论(disjunctivism)是知觉理论中的一个基本立场,与其他立场——比如意向论(intentionalism)、现象论(phenomenalism)和交互论(transactionalism)——不同,析取论的首要意图不在于解释知觉的一般机制和运作过程,而在于解释关于知觉经验的一个古老难题:可证实知觉与

---

① Putnam, *Representation and Reality*, p. 109.
② Putnam, *Words and Life*, p. 297.

第六章　心灵哲学和知觉理论：麦克道威尔与普特南

错觉(illusion)/幻觉(hallucination)是否有区别，又该如何区别？这里的错觉是指主体由于笛卡尔意义上的感觉欺骗错误地感知了某物，而幻觉则是指主体直接将不存在的某物视为实存。析取论者认为，知觉经验的性质在这三种情况下是不同的，因此我们不能对它们作出"同类断言"(common kind claim)。换言之，可证实知觉的对象可以不依赖心灵独立实存，而错觉/幻觉(为了简便起见，以下统称幻觉)的对象则并不具有这种独立性。本节要研究麦克道威尔所持的析取论立场，并在析取论的一般理论框架内澄清这一立场的独特性质。我们将首先通过普特南对析取论的批评来暴露析取论本身存在的一些问题，然后以伯吉对析取论的定义为参照系直接考察麦克道威尔所持的析取论立场，并在此之后进一步揭示出麦克道威尔坚持析取论立场的深层意图，以及这一立场是如何契合他的哲学意图和理论旨趣的。另外，本节的标题仿自普特南于2009年所作的题为"如何成为一个深刻的'天真实在论者'？"的访谈。①

普特南认为，析取论最初是由辛顿(J. M. Hinton，1923—2000)发表于《心灵》杂志的文章《视觉经验》(1967)中引入的。②他指出："辛顿的意图在于重新阐释并激活天真实在论——可证实经验的对象就是我们在环境中看到的对象(视觉知觉)，而不是我们的'感觉材料'。"③换言之，析取论者认为在一个可证实的知觉中(比如看到一面黄色的墙)，我是直接意识到了墙本身以及它的黄颜色。我意识到的并不是现象论者(比如布洛克[Ned Block，1942—　])所谓的"感质"(qualia)，在我和墙壁之间并不存在任何"界面"(interface)。普特南看到，持这一观点的并不只有析取论者，意向论者同样也认为"我们所知觉到性质就是我们所看到的对象的性质"，因此在某种意义上他们都是在为天真实在论辩护。④换言之，他们都

---

① Hilary Putnam, *Philosophy in an Age of Science Physics, Mathematics, and Skepticism* (Harvard University Press, 2012), pp. 624 - 39.
② J. M. Hinton, "Visual Experience," *Mind*, 76:302 (1967), pp. 217 - 27.
③ Putnam, *Philosophy in an Age of Science Physics*, p. 631.
④ Ibid., p. 631.

拒斥了罗素(Bertrand Russell，1872—1970)、摩尔(G. E. Moore，1873—1958)、艾耶尔(A. J. Ayer，1910—1989)、普莱斯(H. H. Price，1899—1984)等人通过感觉材料在知觉者和知觉对象之间设置的界面。但普特南也看到，析取论者在拒绝传统界面的同时也拒绝了意向论者所设置的另一个界面——意向内容。意向论者(比如泰[Michael Tye，1950—]和德雷斯基[Fred Dretske，1932—2013]认为，我的知觉内容表征了墙和它的颜色，并且，这种意向内容是我直接意识到的，而不是墙本身。而在析取论者看来，可证实经验与对象是直接相关的，而不是一个表征与被表征的过程。

在普特南看来，对这两种界面的拒绝让析取论成为"一种最极端的天真实在论形式"，因为它否认可证实经验与幻觉之间有任何共同之处。① 这一点很容易理解：如果我们认为可证实经验与幻觉之间存在着某些共同的东西，那么我们就无法将上述两种界面成功地从前者那里排除出去，反过来也就无法在这两者之间作出任何实质性的区分。而这一后果正是辛顿以及后来析取论者如麦克道威尔和马丁(Michael Martin，1932—2015)想要极力避免的。辛顿甚至在他的经典文章中认为将关于对象的可证实知觉和幻觉都视为"经验"的做法也是误导性的。但普特南又认为，析取论者恰恰在这一点上犯了和意向论者一样的错误：将天真实在论"等同于对知觉到的公共性质的描述，这种做法同时也就排除了经验的质性特征(现象特征[phenomenal character])"②。一方面，为了将可证实经验与幻觉绝对地区分开来，析取论者"简单地认为不可能存在科学的原因将经验的现象特征同大脑状态或大脑事件等同起来"，但他们似乎又承认"幻觉与可证实经验在现象上的相似性是伴随着大脑状态的，也就是说，同一个大脑状态暗示了两种不可区分的经验"。普特南建议将这一观点称为"现象特征对内神经状态的伴随"③。另一方面，析取论者又认为，在可证实的经验

---

① Putnam, *Philosophy in an Age of Science Physics*, p. 632.
② Ibid., p. 631.
③ Ibid., p. 632.

第六章　心灵哲学和知觉理论：麦克道威尔与普特南

中,现象特征是由墙的性质——它的黄颜色——所决定的,也就是说,外在的颜色本身"被包含于"经验之中。普特南建议将这一观点称为"可证实经验中现象特征对外在性质的伴随"①。现在的问题是,基于布洛克的"反转地球"实验在物理上和概念上的可能性,这两种伴随之间可能存在一种"致命张力"。也就是说,"如果大脑状态可以根据地球和反转地球上墙的不同性质而发生共变,而大脑状态又决定了现象特征(两者之间至少是不可区分的),那么现象特征为何既是相同的(因为大脑状态是相同的),又是不同的(因为墙的物理颜色是不同的)?"②在普特南看来,这一问题无法在析取论的理论框架内部得到解决,因为析取论在拒绝了可证实经验的现象特征的同时也丢弃了一个有力的工具,而只有这一工具可以帮助我们调和这两种伴随之间存在的致命张力。

普特南对析取论的批评当然是为了支持自己的交互论。如果暂且不考虑这一点,他的批评至少指出了析取论存在的两个问题。第一,从根本上来说,析取论者在可证实经验与幻觉之间所作的区分是先验性的,也就是说,尽管析取论者在经验的层面上对这一区分进行了说明(比如两者在生理机制上的区别),但析取论立场本身的得出并非建立在经验性的结论之上,相反,这些经验性的结论不过是先验结论的副产物。正如普特南所指出的,在某些关键性的问题上,析取论者简单地认为不可能存在科学的原因,而正是在这些问题上,先验性的设定并不能代替经验性的解释。第二,为了彻底坚持天真实在论,析取论者建议在可证实经验的层面抛弃一切界面。但是普特南指出,这一思路会将我们引向一个无法避免的困难:知觉经验中的现象特征为何既可以是相同的又可以是不同的?这个问题不能简单地通过拒斥现象特征得到解决。事实上,普特南试图指出,在拒斥现象特征的前提下,这一问题是无法得到解决的。析取论者当然不会认同这一思路。在他们看来,对现象特征的引入会破坏知觉者与世界的直接

---

① Putnam, *Philosophy in an Age of Science Physics*, p. 633.
② Ibid., p. 633.

关系,从而再次形成某种界面。但问题是,普特南提出的疑难该如何解决?

不过在考虑这两个问题之前,我们首先要考虑的问题是:麦克道威尔对于析取论的理解是否与普特南一致?如果不是,麦克道威尔的理解有何特殊之处,这种特殊之处又会给麦克道威尔带来何种理论上的优势?更进一步,我们要追问,麦克道威尔坚持析取论立场的意图是什么,是将可证实经验与幻觉之间的区分作为一种合理可信的知觉理论(尽管存在着上述批评),还是有更深层次的理论意图?

关于麦克道威尔所持析取论的独特性质,他本人曾给出过提示。他在《泰勒·伯吉论析取论》(2010)中指出,伯吉错误地将他归入下面这种析取论的一般立场中。① 伯吉对析取论的界定是这样的:"析取论声称在可证实知觉和推论性知觉幻觉之间并不存在任何共同的、在解释上相关心理状态。析取论还声称,在知觉对象和幻觉对象(知觉者并不能觉察到幻觉对象对知觉对象的替代)之间并不存在共同的心理状态。同样的观点还适用于知觉信念。析取论持这些观点的原因是,它认为为了辨识所有在解释上相关的知觉状态和知觉信念,包含在知觉中的特殊环境性对象是根本性的。"② 我们把伯吉的这一定义作为以下讨论的参照系。

尽管麦克道威尔对析取论的探讨可以一直追溯至 20 世纪 80 年代初,但这里我们要将他发表于 2008 年的文章《作为先验论证材料的析取论经验观》作为讨论的着眼点。③ 麦克道威尔认为,析取论的首要意图并不是要打消怀疑主义的质疑,即"事物是否真的像它们的表象那样",而是要在可怀疑与不可怀疑的经验之间作出区分。他认为,正是在这个意义上塞拉斯提出了一种关于知觉表象的析取性概念:"知觉表象或者是某个客

---

① John McDowell, "Tyler Burge on Disjunctivism," *Philosophical Explorations*, 13:3 (2010), pp. 243 - 55.
② Tyler Burge, "Disjunctivism and Perceptual Psychology," *Philosophical Topics*, 33:1 (2005), p. 25.
③ John McDowell, "The Disjunctive Concept of Experience as Material for a Transcendental Argument," in Fiona Macpherson & Adrian Haddock, ed. *Disjunctivism: Perception, Action, Knowledge* (Oxford: Oxford University Press, 2008), pp. 376 - 89.

第六章　心灵哲学和知觉理论:麦克道威尔与普特南

观事态(objective states of affairs)自动显现给了主体,或者是某个客观事态自动显现给了主体,但这种显现并不是事物原本之所是。"① 这一区分的析取性质意味着这两类经验中不可能存在所谓的"最高共同因素"(highest common factor)。关于最高共同因素,麦克道威尔在《心灵与世界》中给出了一个明确定义:对于"好的"认识和"不好的"认识来说,我们的"主体性位置"是一样的。② 换言之,因为我们无法在"真的"表象与误导性表象之间作出区分,所以我们只好假设它们之间存在着一个最高共同因素。

事实上,麦克道威尔在1982年的文章《标准、可消除性与知识》中就已经指出,"如果我们接受关于表象的析取性概念,我们就必须严肃地对待下面这个观念:经验主体可以无中介地向'外在'实在敞开,而'最高共同因素'概念则允许我们在它们之间设置一个界面",因为"'最高共同因素'概念将被给予经验的东西内在化,直到把它和我们的感觉结合起来。这给我们提供了一个令人满意的概念:一个让'内在'与'外在'互相接触的界面。界面的存在似乎是强迫性的,而关于表象的析取概念则对此表示不屑。"③根据他的理解,所谓的"最高共同因素"本质上其实就是我们在内外之间设定的界面。这一界面对误导性表象并不构成问题,但对"真的"表象("经验主体无中介地向'外在'实在敞开")却构成严肃的问题。麦克道威尔承认,在多数情况下我们无法在"真的"表象与误导性表象之间作出区分。但这种无法区分性并不引向怀疑主义,它最多说明"我们通过知觉经验获得知识的能力是可错的。"我们不能由此推出:"即便是在再最好的情况下,通过经验获得的认识位置也不会比通过某个误导性经验获得认识位置要好。"而在麦克道威尔看来,这一洞见正是析取性概念发挥作用的地方:"它阻断了从经验在主体上的不可区分性推得最高共同因素概念的道路",因而也

---

① McDowell, "The Disjunctive Concept of Experience as Material for a Transcendental Argument," p. 381.
② McDowell, *Mind and World*, p. 113.
③ McDowell, *Meaning, Knowledge, and Reality*, pp. 392-3.

就避免了怀疑主义。①

更进一步,这种析取论的思路可以为认识的先验论证提供材料。不过为了实现这一点,传统的先验论证必须首先放弃对"经验必然契合事物本身"的绝对确信,转而接受这种析取论的经验观。麦克道威尔指出:"这种先验论证的出发点是,知觉经验至少可以指涉客观实在,并得出结论:我们应该可以理解实际就是客观实在的知觉经验。"对于这样的先验论证,笛卡尔式的怀疑主义并没有构成挑战。因为笛卡尔并没有质疑知觉经验得到的表象可以呈现事物客观之所是,他质疑的是"实际事物就是表象所呈现的样子"这一信念。而能够挑战这一先验论证的只有比笛卡尔更加彻底的怀疑主义,即认为我们无法在"真的"表象与误导性表象之间作出区分,而这种怀疑主义的基础就是"最高共同因素"。对于这种怀疑主义,我们需要一种"先天的先验论证",这种论证应该能够指出:"'意识包含了客观实在状态或客观实在事件'这一事实是某些更为基本的意识特征的必要条件。"②虽然析取论不能说明知觉经验的起源,但我们不能因此取消这种先验论证的合法性。换一个角度,麦克道威尔还可以说,正因其是先验论证,所以也就不涉及知觉经验的起源。

麦克道威尔接着通过对赖特(Crispin Wright,1942—)的批评进一步揭示了析取论先验论证的本质以及析取论的反怀疑论力量。③ 他认为,析取论的确消除了怀疑主义所依赖的支撑物:由知觉经验得来的东西永远不能成为揭示事物之实际所是的根据。但我们不需要在这一消除步骤之后再进一步推进到摩尔的结论:有一个物质性的世界存在。④ 这一思路对

---

① McDowell, "The Disjunctive Concept of Experience as Material for a Transcendental Argument," p. 381.
② McDowell, "The Disjunctive Concept of Experience as Material for a Transcendental Argument," p. 382.
③ See Crispin Wright, "(Anti-)Sceptics Simple and Subtle: G. E. Moore and John McDowell," *Philosophy and Phenomenological Research*, 65:2 (2002), pp. 330-48.
④ McDowell, "The Disjunctive Concept of Experience as Material for a Transcendental Argument," p. 385.

第六章　心灵哲学和知觉理论：麦克道威尔与普特南

于理解麦克道威尔的析取论是至关重要的：对于"经验主体无中介地向'外在'实在敞开"的先验论证并不需要走向实在论的设定，换言之，析取论探讨的是认识模式，而不是本体论模式。麦克道威尔指出，"是什么给了我们权利让我们说知觉到的事物是如此这般的？我们又是何时获得了这种权利的？回答是：'我们如此这般知觉事物'这一事实。"并且，我们的知觉当然是可错的："我识别斑马的能力是可错的，因此，我知道我看到的是否是斑马的能力也是可错的。但这并不是说——这是关键的一点——我没有根据基于我的所见相信在我眼前的是斑马。如果在我眼前的的确是斑马，而条件又适合让我在看到它的时候认出它是斑马（比如，我能完整地看到它），那么我的能力虽然可错，仍能让我看出这是斑马，并且让我知道我能这样做。"也就是说，析取论者认为概念能力中的可错性可以发生，但"不能强迫性地发生在我们身上"①。这是非常重要的一点，也正是这一点让麦克道威尔的理论带上了实用主义色彩。

麦克道威尔在这篇文章的最后再一次强调，析取论的先验论证并不试图证明"事物是怎么样的"，而是要指出："如果我们的经验能够具有客观意义，我们应该如何理解处在我们的可控范围之内的认识位置。这一点将我们从寻找与我们分离的事物是怎样的这条寻常道路中解放出来。因为我们想要寻找的东西并不在这一论证想要辩护的范围之内。"②但是我们也应该看到，析取论的先验论证虽然不是要回答康德式的问题：先天综合知识是如何可能的？但仍然还是在询问知觉经验是如何可能客观的？因此麦克道威尔指出，他的论证也许可以被看作是"最低限度的康德主义"（minimal Kantianism）。这一论证的背景是"用经验体现了属于知性的形式这一事实来解释经验的客观意义"，但对康德这种运用不需要进展到"世界应该是怎样的或者我们应该如何去理解世界"。③

---

① McDowell, "The Disjunctive Concept of Experience as Material for a Transcendental Argument," p. 387.
② Ibid., p. 387.
③ Ibid., p. 388.

通过以上的讨论,我们至少能总结出四个要点:第一,麦克道威尔的析取论承认我们有时无法在"真的"表象与误导性表象之间作出区分,但并不因为这种"无法区分性"而走向怀疑主义;第二,麦克道威尔的析取论认为知觉经验会可以发生错误,并且是基于概念能力的可错性,但错误"不能强迫性地发生在我们身上";第三,麦克道威尔的析取论通过先验论证("经验主体可以无中介地向'外在'实在敞开",或者说"意识包含了客观实在状态或客观实在事件")反对"最高共同因素"概念,由此也就从根本上瓦解了怀疑主义的基础;第四,麦克道威尔认为析取论对怀疑主义的克服并不要求它走向实在论,也就是说,析取论并不对"事物"或"世界"进行设定。在此基础上,我们现在回到之前提到的问题:伯吉在何种程度上对麦克道威尔的析取论作了错误的归类?

麦克道威尔在《泰勒·伯吉论析取论》中再次界定了自己所持的析取论立场:"表象要么就是事物对主体如此这般的呈现,要么就是事物在主体'看起来'所是的样子。"① 因此,析取论的两个选项其实并不是可证实经验和不可证实经验,而是"事物本身的呈现"和"在主体看起来的样子"。而正是这一误解让伯吉从根本上忽视了下面这种"自然的、直观的"可能性:"客观实在就在那里向主体的知觉呈现。"②

具体而言,伯吉在以下三个方面误解了麦克道威尔的析取论。第一,伯吉认为析取论者不懂得知觉的可错性。③ 而在麦克道威尔看来,这一指责不仅并不适用于析取论者(至少是麦克道威尔式的),反而恰恰适用于伯吉自己。可错性是属于能力的一种性质。能力的可错性意味着"能力的所有者有时候会被愚弄"(且这种情况是一定会发生的),但并不意味着在我们没被愚弄的时候,我们所知觉到的东西可以作为让我们相信事物确实如此的根据,并由此区分出所谓的可证实经验和不可证实经验。然而,我们

---

① McDowell, "Tyler Burge on Disjunctivism," p. 244.
② Ibid., p. 245.
③ Burge, "Disjunctivism and Perceptual Psychology," pp. 30 – 1.

第六章　心灵哲学和知觉理论:麦克道威尔与普特南

又不能就此说知觉经验不能为我们的信念提供根据,或者说我们无法在有根据的信念与无根据的信念之间作出区分。这是对"可错性"的另一个错误认识。尽管我们无法区分出"被愚弄"与"没被愚弄"的情况,但我们不能就此推论:"当我们没有被愚弄的时候,我们的经验不会将我们放到一个位置,让我们知道自己没有没愚弄。"客观实在向知觉的呈现"超越了单纯的可证实意义",并且可以为我们对事物之所是的信念提供"无法取消的"的根据。① 出于同样的理由,麦克道威尔在《心灵与世界》中指出:"在经验中我们当然是可错的,当经验误导我们时,经验就介入我们和世界当中。但我们不能就此认为这取消了经验对世界的(可错的)敞开性,这个观点是一个严重的错误。"②

第二,麦克道威尔认为,如果知觉能力的这种运用能够意识到自己拥有这种根据(也就是说,能够知道自己没有被愚弄),那么其中就存在了理性的运作,知觉能力属于拥有者的理性,或者用塞拉斯的话来说,知觉能力的运作处于理由空间内。伯吉认为对这种对知觉能力的理性化是错误的。③ 麦克道威尔指出,他所说的并不是指"理性动物通过推理得到知觉知识",而是指"理性动物的知觉能力本身就是其所有者的理性力量的一种"。也就是说,主体把握向知觉呈现的客观实在的过程本身就是一种理性的知觉能力的运作。这一过程不一定要是规范性的推论,也不需要伯吉认为的"深刻的概念"(sophisticated concepts)。理性能力的运作是常识性的,不需要将它"超理智化"(hyper-intellectualization)。另外,伯吉还认为这样做将人类的认知能力同它的动物性根基割裂了开来。④ 这在麦克道威尔看来同样也是一个误解:知觉能力是一个"属",理性的知觉能力只是它的一个"种",而作为属的知觉能力则是属于动物性生

---

① McDowell,"Tyler Burge on Disjunctivism," pp. 245–6.
② McDowell, *Mind and World*, p. 143.
③ Tyler Burge, "Perceptual Entitlement," *Philosophy and Phenomenological Research*, 67:3 (2003), p. 503.
④ Ibid., p. 504.

命的。①

第三,伯吉认为"析取论声称在可证实知觉和推论性知觉幻觉之间并不存在任何共同的、在解释上相关心理状态",这一点同科学研究的某些结论是矛盾的。事实上,在麦克道威尔看来,两种知觉之间一定存在某些共同点,只不过其中的细节需要经验性工作去揭示。他自己也尝试在《泰勒·伯吉论析取论Ⅱ》(2013)中沿着这一思路建立一种与科学结论相契合的析取论。②麦克道威尔的这一回应也适用于普特南对析取论的批评。

这三点对于我们理解麦克道威尔所持析取论的独特之处是非常关键的。在麦克道威尔看来,析取论的第一个选项不应该被归纳为可证实经验,因为世界向知觉的呈现已经超越了单纯的可证实意义,由此得到的信念根据是无法被怀疑主义取消的。其次,知觉能力的这种运作本身就是理性的概念运作,但这种概念运作又是常识性的,不需要被超理智化。最后,析取论的出发点一定是先验的,但先验的思路又不排除之后的经验性工作。

麦克道威尔关于析取论的另外两篇重要文章可以帮助我们加深对这几点的认识。第一篇是发表于 1984 年的《从物的感觉》。该文旨在讨论弗雷格在从物(de re)和从言(de dicto)之间作出的区分,前者指与断言或表达所提到的事物性质相关,而不只是与断言或表达相关,后者指只与断言或表达本身的形式相关,而不与事物相关。麦克道威尔指出,"在逻辑形式的层面上,这里的区分是:一方面是信念的从言属性,这种属性将相信者同一个'完整的'或'全面表达的'命题联系起来;一方面则是信念的从物属性,这种属性将相信者同一个实体(res)和某些较不'完整的'命题联系起来。这一语法区分的背后是一种'认识论'区分:一方面是'完全概念化的'信念;另一方面则是这样一种信念,这种信念的正确归属将相信者放到了

---

① McDowell, "Tyler Burge on Disjunctivism," pp. 247 – 8.
② See John McDowell, "Tyler Burge on Disjunctivism(Ⅱ)," *Philosophical Explorations*, 16:3 (2013), pp. 259 – 79.

第六章　心灵哲学和知觉理论：麦克道威尔与普特南

一个适当的、非概念化的、与信念对象的语境关系当中。"①麦克道威尔认为弗雷格深刻地认识到了下面这一点：这一区分只是理论上的人为区分。他指出："一旦我们将主体的认知世界从主体与实际对象的缠绕当中分裂出来，这一单纯的术语运作就无法恢复下面这一观念中的本真含义：任何信念都包含大量的思维运作，即便是从物信念。"②也就是说，心灵与世界的直接关联并不能由从物信念得到保证，相反，从物信念本身必须以心灵与世界的直接关联为基础。与事物关联的感觉并不是单纯等待认知世界对此进行操作的内容，它本身已经是一个关系性的语境。麦克道威尔对伯吉将这一语境归纳为"非概念化"表示怀疑，因为弗雷格所说的"较不完整的命题"不等于是非概念化。正是这种对从物信念之首要性的强调让伯吉称麦克道威尔为"新弗雷格式的析取论者"(neo-Fregean disjunctivist)③，在麦克道威尔看来，从物信念的前提是主体与实际对象的缠绕，并且它可以是不完整的，但不一定是非概念化的。

麦克道威尔在《单称思维及内在空间的范围》(1986)中进一步在单称思维(singular thought)的语境下探讨了主体与实际对象在知觉思维中的缠绕。单称指涉是针对标准的指涉理论提出的，后者认为当思维指向某个特殊对象时，它的一部分内容来自概念性语词对该对象的界定。单称指涉认为有一些思维指向对象的方式并不符合这一模式。特别地，知觉的指示性并不用一般性语词去界定对象，并让对象去符合这种界定，而是直接采纳对象本身的知觉性呈现。比如，如果我看到面前有一个鸭子，这并不是说我看到了鸭子中的一只，而是说，我看到前面有这样一个东西，这个东西在我看来是一只鸭子。麦克道威尔在《泰勒·伯吉论析取论》中这样定义单称思维的思路："单称思维者自觉地站在与特定对象的特别关系中，这一

---

① McDowell, *Meaning, Knowledge, and Reality*, p. 215. See also Tyler Burge, "Belief De Re," *The Journal of Philosophy*, 74:6 (1977), pp. 338-62; John Searle, *Intentionality: An Essay in the Philosophy of Mind* (Cambridge: Cambridge University Press, 1983), pp. 217-20.
② Ibid., p. 226.
③ Tyler Burge, "Disjunctivism Again," *Philosophical Explorations*, 14:1 (2011), p. 46.

关系(在一种呈现模式下)将思维者的思维导向这一对象。"①下面这段话阐明了麦克道威尔推荐这一思路的意图:"我们必须找到出路,避免丢失世界的恐惧对我们造成影响,但我们还是要保留意向性的假设。为此,我们最好能够将我们的视线从我们(以各种方式理智地)选择的困难那里移开,不要去担心它。我所推荐的单称思维这一概念的要点在于,它以一种无动于衷但又完全令人满意的方式处理笛卡尔式的恐惧:它并不试图在意向性和对象之间建造起桥梁,也不是鲁莽地拒绝考虑和担心这一问题,而是从根本上破坏了那幅产生笛卡尔式分裂的心灵图景。"②这也是麦克道威尔坚持析取论立场的根本意图。

麦克道威尔试图阐明,析取论区分的两种情况并不是可证实经验与不可证实经验,而是比这一区分更为基本的"事物本身的呈现"和"在主体看起来的样子"之间的区分。后一区分"超越了单纯的可证实意义",从一种先验的方式规定了世界可以按其原本所是直接呈现给知觉主体。这种直接呈现就世界这一面来说是先验规定的,就知觉主体这一面来说则是直观的。他在《心灵与世界》中将这种知觉主体与对象之间无中介的成功关联把握为心灵对世界的可答复性。他指出,"思维对于经验世界的指向性只有在对经验法庭的可答复性意义上,只有在世界将自身传达给知觉主体的意义上才是可理解的。"③并且,"心灵与世界的关系是规范性的,也就是说,不管是否正确执行,指向判断或固定信念的思维对世界及事物是怎样的都是可答复的"④。斯特劳森(P. F. Strawson,1919—2006)试图在经验内部刻画心灵对世界的可答复性,为此他提出了"相关器官的不受阻范围"(unobstructed range of the relevant organ)。这一方案认为,X 知觉到 M,当且仅当 M 以某种方式决定了 X 的"M 经验"的形成,并且 M 处在相关器

---

① McDowell, "Tyler Burge on Disjunctivism," p. 252.
② McDowell, *Meaning, Knowledge, and Reality*, p. 259.
③ McDowell, *Mind and World*, p. xvi.
④ Ibid., p. xii.

第六章　心灵哲学和知觉理论：麦克道威尔与普特南

官的不受阻范围内。① 麦克道威尔的深刻之处在于认识到，世界对心灵直接呈现和心灵对世界的可答复性都是一种先验设定，为了彻底消除心灵与世界之间的界面或代理（proxy），我们必须走一条先验路线。如果不先验地预设心灵与世界的原初相关，其他任何道路最后还是会向某种界面或代理妥协。这是析取论者不接受现象特征的根本原因。也正是基于同样的理由，他们"简单地"认为在某些关键性的问题上不可能存在科学的原因。

麦克道威尔认为康德已经为我们指明了这条先验道路。他在《知觉经验的内容》（1994）中告诉我们："休谟从他的前辈那里继承了一个概念：没有一个经验在本质上是与对象相遇的。康德从休谟那里学到的是：从这样一个困境到我们明显所处的认识位置之间并不存在一条在理性上能够令人满意的路径。先验综合并不是这样一条路径。它的全部要点在于，它是先验的；在这一语境中，它不是我们俗常的经验性自我所能获得的。……康德却抓住了休谟的要领，并在此之上进行了建设：因为从经验（被一般地把握为比与对象相遇的程度更低的对客观实在的一瞥）到我们明显所处的认识位置并不存在在理性上能够令人满意的路径，所以经验必须本质地与对象相遇。"② 麦克道威尔试图阐明，我们必须以先验主义的态度来规定所予：所予是可能的，当且仅当所予中先验地包含了与对象相一致的形式和结构。我们看到，麦克道威尔是在与康德相同的意义上提出了先验的必要性和必然性，心灵与世界只有通过先验的道路才能真正相遇。麦克道威尔的独到之处在于兼顾了幻觉的实际存在以及来自怀疑论者的反驳，并用析取论的结构重新构造了这条先验主义的思路。然而我们又看到，麦克道威尔认为"事物本身的呈现"和"在主体看起来的样子"之间的区分乃是基于功能性的概念能力运作的好坏。在这个意义上，我们可以说，麦克道威尔试图将这条先验思路与功能主义进行一定程度上的调和。但是从根本上

---

① P. F. Strawson, *Freedom and Resentment and Other Essays* (London: Methuen, 1974), p. 81.
② John McDowell, *Mind, Value, and Reality* (Cambridge, MA: Harvard University Press, 1998), p. 344.

来说,这是一条以先验主义为本质,以功能主义为表象的思路。也正是因为这个原因,麦克道威尔对认识功能好坏的强调无法平息人们对他的先验主义的指责。但无论如何,麦克道威尔的析取论在他的理论框架中是自恰的。

放到一个更大的语境中来看,麦克道威尔的析取论立场深刻体现了他的哲学目标:一方面希望通过区分"事物本身的呈现"和"在主体看起来的样子"从根本上保证日常世界的独立性,另一方面希望阐明经世界定向的知觉和幻觉的认识基础和认识机制是不一样的,从而揭示出心灵与世界之间存在整体性关联这个被遮蔽的洞见。这条思路也完全符合麦克道威尔的基本哲学意图:试图刻画实在领域内部的概念运作,而不是概念对实在领域的外在规定。一般的批评(包括麦克道威尔自己)认为,这一思路让他从康德主义逐渐走向某种意义上的黑格尔主义。但是对知觉对象与幻觉对象的先验区分又最终让麦克道威尔的思考维持在了康德式的思路上。

Ⅳ 普特南的知觉理论:基于自然实在论的交互论

普特南对这条从析取论出发的先验路径并不满意,借助实用主义的资源,他试图提出一种基于交互论的知觉理论。我们需要明确,后期(20世纪90年代之后)的普特南并不是特别地反对某个理论方案,而是反对一切仍在本体论层面抱有幻想的理论方案,他将自己之前所持的内在实在论也毫无保留地划入这一阵营。普特南试图让理论的建构落脚于现实活动,并尝试给出了一系列真正具有公共智性的理论方案,这一思路体现了鲜明的实用主义特征,让他成为新实用主义这条线索中的突出代表。因此,本节的讨论必须以一个特殊的语境为背景,即作为新实用主义者的普特南。

普特南和与古典实用主义者之间的关联并不是一个有待揭示的事实。他在2007年的一个讲座中告诉我们,他首次接触实用主义是在宾夕法尼亚大学读本科的时候。当时他的第一位科学哲学老师丘奇曼(C. W. Churchman, 1913—2004)是一位实用主义者,丘奇曼则是辛格(E. A.

第六章 心灵哲学和知觉理论:麦克道威尔与普特南

Singer Jr., 1873—1954)的学生,而后者又是詹姆士的学生。普特南从丘奇曼那里学到的重要一点是:事实、理论与习俗三者之间是相互纠缠的。1950 年,他又在 UCLA 学习了两门课程:受杜威影响的卡普兰(Abraham Kaplan, 1918—1993)开设的一门课程,以及派亚特(Donald Piatt, 1898—1968)开设的杜威《逻辑:探究的理论》研讨班。普特南告诉我们,虽然他通常并不称自己为实用主义者或任何主义者,但对于人们称他为实用主义者不会不开心。诚然,他并不赞同罗蒂对古典实用主义的解读,也不赞同皮尔士、詹姆士和杜威的真理理论,但我们"不需要分享伟大哲学家的所有信念才能向他们学习"①。在这些信念中,普特南认为有两点最值得借鉴:第一,取消描述与评价的两分。虽然这一主题主要见于后蒯因和后维特根斯坦哲学家,但在詹姆士和杜威的著作中已普遍存在(也存在于皮尔士的著作中,虽然不是普遍地);第二,哲学应该关注我们的道德生活和精神生活。实用主义者的态度是:我们应当避免非理性,但避免非理性的方法不止一种,我们不应该在哲学内部人为地设立坚固的界限。② 我们知道,这两个主题一直都是普特南哲学思考的主线索,但阐明这一点还不能展现普特南作为新实用主义者的真正面貌。事实上,从受实用主义影响到成为一位新实用主义者,普特南在这期间经历了漫长的思考累积和思想地形的巨大变迁。普特南在 20 世纪的最后十年才开始严肃阅读詹姆士,他曾在《缺少绝对的实在论》中指出,正是詹姆士和奥斯汀对知觉问题的思考激发了他对知觉理论中的自然实在论的长期兴趣。③ 近年来,知觉问题更是成为普特南思考的焦点,并仍然处于不断推进和发展的过程中。普特南告诉我们,他正和雅各布森(Hilla Jacobson)合写一本关于知觉问题的专著。④ 遗憾的是,普特南的去世(2016 年 3 月 13 日)让我们无法看到他这

---

① See Putnam, *Philosophy in an Age of Science*, pp. 69 – 70.
② Ibid., pp. 70 – 1.
③ Putnam, *Words and Life*, pp. 292 – 3.
④ Randall Auxier, & Douglas Anderson ed., *The Philosophy of Hilary Putnam* (La Salle, Ill.: Open Court, 2015), p. 101.

一问题上的进一步展开了。但幸运的是,已有的材料已经能够为我们的讨论提供一个坚实的场地和一些明确的线索,普特南在围绕知觉问题展开的思考中对古典实用主义作出了建设性的更新,这些更新在学理上体现了两者之间的深度关联。

在普特南看来,知觉问题可以追溯至一个更为基本的哲学问题,或者说哲学的唯一问题,即心灵与世界的关系。他指出:"在写作《理性、真理与历史》时,我并没有意识到将指涉问题与古典知觉问题联系起来的重要性。从根底上来说它们是同一个问题:思维与世界的关系问题。"[①]关于知觉研究,普特南有两点明确的看法。第一,我们不应该简单抛弃古典知觉理论,而应对此进行改造,并且这种改造必须从两方面进行:首先是基本思考模式的更新,其次是对关键概念的再定义。换言之,知觉理论的建立不需要新的地基,旧有的地基可以为我们提供足够的材料,我们所要做的只不过是用新的方法去组织这些材料。第二,考察心灵对世界的指涉对知觉理论来说是一个不可或缺的层面。

古典知觉理论的基本形式是,知觉的实现必须借助一个非物理性质的中介物,也就是感觉材料。感觉材料在现代知觉理论中进一步演化为表征。同感觉材料一样,表征同外部世界的联系只是因果性的(causal),而非认知性的(cognitive)。普特南认为这一古典图式及其现代版本对于形而上学和认识论的每一部分都是灾难性的。他指出:"需要为这一灾难负责的关键元素在于这样一种观念:在我们的概念化力量与世界之间必须存在一种'界面',我们的概念化力量不能一路达及对象本身。"并且,在古典理论及其现代变形中,这种界面是"内在于我们而非外在于我们的"[②]。在普特南看来,所予神话的破灭并没有消灭这种内在界面,反而进一步强调了界面的存在,因为所予神话破灭的同时也取消了一切被直接给予的对象(即使是最初级感知层面上的对象),任何主体的认识活动都无法一路达及

---

① Putnam, *Words and Life*, p. 281.
② Ibid, p. 282.

第六章 心灵哲学和知觉理论:麦克道威尔与普特南

对象本身。换言之,我们在取消所予的同时也取消了心灵直接把握世界的可能性,于是只能转而探讨心灵与世界的关系,或者说心灵是如何把握世界的。但在普特南看来,这一步推进地过于极端了。他认为,在所予神话破灭之后,我们仍然可以探讨世界是如何被给予心灵的,也就是说,心灵直接和世界发生关系的可能性并没有被完全消解,我们需要做的是找到并揭示出这种隐藏的直接关系。因此,知觉理论不能只是探讨心灵的概念化力量,相反,知觉理论必须一次次地回到老问题:何谓所予?而对于这一问题,我们远没有达成共识和得出定论。

普特南认为,世界的所予性并不能够通过理论分析抽象得到,相反,世界的所予性只有在世界被给予的实际过程中才能得到理解。换言之,对所予性的探讨必须在经验中展开。不过,和古典实用主义者不同,普特南将语言作为经验组织的基本形式。这也是语言学转向的一个最为重大的后果。他在《模式与实在》(1980)中指出:"在说出这就是我的问题时,我知道如何去使用我的语言。至于要问我是如何挑出这一阐释的,这个问题毫无意义。语言的使用已经固定了'阐释',除此之外没有其他可能性。"①但普特南后来也承认,当时他并没有正确认识到这里的"使用"究竟意味着什么。他在《缺少绝对的实在论》中谈到,在写下上面这段话时自己仍然是一个"功能主义者"。虽然"在那时我也并不认为'使用'的概念可以被大脑中的计算机程序所穷尽",但"使用还是在很大程度上被描述为大脑中的计算机程序"。并且,"作为一个指涉的'外在论者',我认为人们不应该只谈论语言者大脑的功能性组织,还必须界定语言使用者身处其中的环境。简言之,当时我是一个社会功能主义者(social-functionalist)"②。但普特南逐渐意识到还有另外一种后期维特根斯坦意义上的"使用":语言游戏中词语的运用只有在该语言游戏的词汇中才能得到说明。因此,普特南要求将自

---

① Hilary Putnam, *Realism and Reason*: *Philosophical Papers*, vol. 3 (Cambridge, MA: Harvard University Press, 1983), p. 24.
② Putnam, *Words and Life*, p. 283.

己口号从"意义就是运用"转换为"理解就是拥有运用语言的能力"。① 正是这一步骤帮助普特南克服了内在实在论的思路(世界可以在因果性上独立于人类心灵,但世界的意义一定依赖于心灵),而转向自然实在论。在普特南看来,世界的内在性和外在性并不是我们首要需要探讨的问题,因为正如我们在运用语言的同时就获得了理解,我们在经验的同时也就自然而然地把握了世界,我们无法也无须跳脱经验世界去探讨把握世界的可能性。因此,我们应该以一种"慎思的天真"(deliberate naïveté)态度去看待知觉问题:不是运用知觉去把握世界,而是在知觉的过程中自然而言地把握了世界。这样一种自然主义的态度能够让我们摆脱知觉是如何把握世界的问题,而直接进展到关于心灵与世界之原初关联的洞见。这种经过慎思的天真是能够将我们从灾难性的现代认识论图景中拯救出来的天真。

普特南称这一态度为"二次天真"(second naïveté)。他指出:"基于奥斯汀和詹姆士的观点,我指出问题的出路在于实现一种我所谓的'二次天真'。这一立场充分意识到 17 世纪哲学家所指出的深刻困难,但它试图克服这些困难,而不是屈服于它们。这一立场看到,这些困难的存在最终并不需要我们拒斥下面这一观念,即我们可以在知觉中无中介地与我们的环境接触,我们不需要接受界面的概念。"② 不过,普特南的主要启发者显然是詹姆士。关于这一点,我们可以在《永存的威廉·詹姆士》(1992)中找到明确的线索。普特南指出,詹姆士让他看到兼容以下两个观点的可能性:一方面是直接实在论的立场,即知觉能够直接把握对象;另一方面则是彻底的经验主义立场,即知觉和对象都是"纯粹经验"的一部分。在实用主义的语境中,前一立场对应于反怀疑论,后一立场则对应于可错论的立场。普特南指出:"一个人可以同时持可错论和反怀疑论的立场,这也许是美国实用主义最基本的洞见。"③

---

① Putnam, *Words and Life*, p. 284.
② Putnam, *The Threefold Cord*, p. 44. 普特南:《三重绳索:心灵、身体与世界》,孙宁译,第48—49页。
③ Hilary Putman, *Pragmatism: An Open Quest* (Oxford: Blackwell, 1995), p. 21.

第六章　心灵哲学和知觉理论:麦克道威尔与普特南

普特南赞同詹姆士的如下观点:知觉中主体和对象的区分只能通过事后的反思实现,知觉过程本身是一个不可再分的自然事件。和詹姆士一样,普特南认为任何对心灵与世界的区分都必须以两者的原初关联为基本前提,虽然他没有像詹姆士那样将这种关联进一步把握为"纯粹经验"(pure experience)。普特南认为詹姆士在传统的感觉材料理论之外提出了另一种可能性——"天真实在论"(naïve realism),这种立场认为对于对象的直接的、无中介的感知是可能的。在普特南看来,詹姆士提出的可能性虽然不能推翻传统的感觉材料理论,但至少能证明后者也仅是假设性的,并不能成为认识论的基础。这是詹姆士对普特南一个主要启发。

詹姆士对普特南对另一个主要启发是,阐明了纯粹经验中既包含了知觉(percept)又包含了概念(concept),纯粹经验既包含了知觉的直接性,又包含了概念的建构性。在詹姆士那里,纯粹经验的流动性打破了知觉与概念的二分,将它们同时把握为纯粹经验中的协同物(coordinate)。这一步骤是对传统经验论模式的彻底颠覆:知识的获得不再是通过对上一级材料的复合而实现,经验本身的连续性展开就是知识。传统经验论将分离关系(disjunctive)和连接关系(conjunctive)作为经验背后的组织原则,而在詹姆士看来,这两种关系本身就是纯粹经验的组成部件。普特南试图阐明,如果我们能通过詹姆士式的步骤"将概念放到了知觉层面上",就能摆脱长久以来的困境,即需要在直接知识和间接知识之间作出非此即彼的选择。[①] 直接性和建构性可以同时存在于所予当中,这是自然实在论或天真实在论立场要求我们欣然接受的结论。但我们要问,如果我们将建构性的要素引入直接性中,所予还能按其字面意思维持其所予的特征吗?这里的困难是,所予本来就是用于指称感觉材料的概念,如果我们对此加以改造,就势必要进行来自主体方面的添加和修改,而感觉材料论者完全可以不接受这种经过改造的所予。他们会说,尽管你将概念放到了知觉的层面上,但归根到底,你还是在概念和知觉之间作出了区分。但是我们不能忘记,

---

① Putnam, *Realism with a Human Face*, p.250.

直接性和建构性不但共存于所予当中,并且两者还是相互关联,无法分割的。被直接给予我们的所予实际上只是一种单纯的理论抽象,它可以被思维,但不能进入真实的知觉运作。我们不能从知觉过程中还原出所予,并在此基础上进行建构。普特南希望通过自然实在论指出一个简单但经常被遗忘的洞见:知觉并不是我们认识世界的开端(传统认识论认为,在感知的基础上,知性或理性进一步展开建构),恰恰相反,知觉是我们认识世界的结果。换言之,认识的建构并不是一步步实现的,而是自然地、整体性地发生的。而普特南试图指明的就是这种心灵与世界之间的整体性状态。

现在的问题是,如果知觉中不但包括直接性,还包括建构性,那么知觉理论是不是永远无法跳脱唯我论的泥潭? 自然实在论必须对这一点作出解释。事实上,詹姆士在《彻底的经验主义》中也试图通过《两个心灵是如何知道一个事物》一文对此作出回答。但在普特南看来,詹姆士用纯粹经验之流包容不同心灵的解决方案太过神秘①,而奥斯汀的常识主义思路似乎更能解决问题。我们可以来看奥斯汀本人的一段阐述:"任何人作出的某物看起来是如此这般的陈述在原则上一定不是最终的、结论性的和无法驳倒的。在受压的情况下,或者如果我们更加留心观看事物,即便在说完

---

① 在詹姆士那里,不同的心灵对同一个纯粹经验进行"占有",由此获得个体性经验。他写道:"同一个经验出现在两个意识中的悖论中其实并不存在任何悖论。'意识到'某物并不是单纯意味着某物存在,而是意味着某物这样被报导,这样被认识,将对某物存在的意识加到某物的存在上。在据为己有的经验(appropriative experience)接踵而至时,这一切就这样发生了。我关于笔的经验在其最初的直接性中并不意识到它自身,它只是单纯地存在,为了让我们所谓的关于这一经验的意识出现,我们需要第二个经验。因此,为了理解这里所发生的一切,我们的困难并不是逻辑上的:其中并不包含任何矛盾之处;我们的困难毋宁说是本体论上的。大量的经验向我们涌来,如果我们将它们一起接受下来,它们不可通约的关系就会乱作一团,让我们无法清理。为了谈论它们,我们不得不将它们抽象为不同的群组,分别地处理它们。但是,经验自己是如何出现的,它们的特征和关系为什么如此显现,对于这些问题我们无法理解。然而,如果我们假定无论用什么方法,经验能够让自己出现,并且能够像我所概要地描述过的那样相继出现,那么我们不得不承认,即使'一个感觉仅仅以它被感觉的方式存在'(这是我的一个论敌的原话),下面这个观点中也不存在任何荒谬之处,即一个感觉可以在同时以两种不同的方式——你的和我的——被感觉。诚然,只有在我感觉到的时候,这个感觉才是'我的';而只有在你感觉到的时候,这个感觉才是'你的'。但在这两种情况下,这个感觉都不是通过自身被感觉到,而是在被两个记忆性经验'占有'时才被感觉到,这种情况就像一份未分的地产被几个继承人同时占有一样。"WWJ 3:65-66.

第六章 心灵哲学和知觉理论：麦克道威尔与普特南

'……现在在我看来是……'的之后，我也许还会希望撤销自己的陈述或者至少对此进行修正。将其他人和其他时间排除在外的做法并不能完全排除不确定性，也不能排除每一个受到挑战以及也许会被证伪的可能性。下面这一点也许更为清楚：大体来说，事物看起来如此这般的方式就是关于世界的一个事实，这些事实向公共的证实或挑战敞开，而就是事物存在的方式。当我说汽油看起来像水一样的时候，我并不是在公开一个关于我自己的事实，而是在公开一个关于汽油的事实。"①当然，问题的关键还在于我们能不能接受"事物看起来如此这般的方式就是关于世界的一个事实"这样的立场。在奥斯汀那里，这是知觉理论必须接受的前提，如果我们不接受这一前提，就永远只能在唯我论的漩涡中打转。而普特南则将这一立场更加推进了一步。他认为这一立场揭示了一个基本的事实，那就是心灵的事实与世界的事实一定是一致的。因此，知觉的建构性要素并不会引向唯我论，而只是会引向詹姆士意义上的多元论。知觉的多元性也为我们指明了世界的多元性，并且，两者并不互为因果，而是"心灵/世界"这一关联体（这一关联体是詹姆士"主体/对象"这一关联体的扩大化）的一体两面。这样一来，下面这个实用主义立场也就在普特南那里获得了关键性地位："进入一个普遍实在不需要我们进入某些前概念性的东西，相反，它要求我们能够形成一些共享的概念。"②

不过，我们也应该看到，普特南所持的自然实在论立场并没有和詹姆士式的实用主义图景完全重合。普特南承认詹姆士的图景是实在论的，但他认为詹姆士过于夸大了知觉过程中建构性的一面，而这威胁到了詹姆士的实在论立场。因此我们可以说，普特南的立场比詹姆士的立场更偏向实在论。普特南指出："我同意传统实在论者的观点，即世界独立于任何描述者的兴趣。我强烈反对詹姆士的建议，即我们所知的世界是我们自身心灵的未决定的产物。"但普特南又说："我自己并不完全赞同詹姆士，也不完全

---

① John Austin, *Sense and Sensibilia* (Oxford: Oxford University Press, 1962), pp. 42-3.
② Putman, *Pragmatism: An Open Quest*, p. 21.

同意传统实在论者的批评。"传统实在论者的错误在于,他们在"指出詹姆士立场的错误时包含了一个形而上学的幻相",即"认为存在一个形式、一般概念或'属性'的总体,这一总体一经固定便永远固定"。普特南指出:"詹姆士正确地拒斥了这幅图景,但从这种过度形而上学的后退又驱使詹姆士去质疑世界的独立性。"①基于这一思路,普特南这样界定他的自然实在论:这一立场并不是丹尼特批判的"伪装的麻木"(feigning anesthesia)②,因为它并不"否认意识现象和主观经验(连同其所有的感官丰富性)的存在。相反,它坚持认为'外在'事物,比如卷心菜和国王,是可以被经验的"③。

不过,这一方案存在一个无法解决的问题:这种静态的界定无法将感知描述为一个动态的过程。这个问题也存在于麦克道威尔的析取论方案中。普特南清醒地认识到了这个问题,他建议我们到杜威那里去寻找有益的补充。他在1994年的杜威讲座中指出,他完全可以将第一部分的讲座命名为"脱离亚里士多德式形而上学的亚里士多德式实在论",或者命名为"杜威式的实在论"。④ 不过,"杜威式的实在论"的一个有待商榷的表述,因为我们知道,在实在论和观念论的争论中,杜威特有的自然主义将他放到了一个极为尴尬的位置。实在论发现自然,观念论创造自然,而杜威式的自然主义则致力于建构自然;实在论者敦促杜威对建构的材料给出说明,而观念论者则试图强调建构主体在杜威那里的决定性地位。因此,在2009年的一个访谈中,普特南建议将杜威和他自己的立场界定为交互论。他指出,析取论、意向论和现象论这些知觉理论都犯了一个共同的错误:"它们没能看到我们的知觉在何种程度上依赖于我们和环境之间的交互,因而也没能看到我们知觉到的属性既依赖于我们的天性,也依赖于环境的

---

① Putnam, *The Threefold Cord*, p. 6. 普特南:《三重绳索:心灵、身体与世界》,孙宁译,第5页。
② 丹尼特认为行为主义者为了否认某些意识性特征的存在,只好假装不拥有某些我们确乎拥有的经验。在丹尼特看来,关键的问题不在于假装这些经验不存在,而在于说明这些经验是幻觉性的。See Daniel Dennett, *Consciousness Explained* (New York: Back Bay Books, 1992), p. 40.
③ Putnam, *The Threefold Cord*, p. 20. 普特南:《三重绳索:心灵、身体与世界》,孙宁译,第18页。
④ Ibid., pp. 4-5. 普特南:《三重绳索:心灵、身体与世界》,孙宁译,第3页。

第六章　心灵哲学和知觉理论：麦克道威尔与普特南

天性。"①我们可以在2012年整理出版的杜威晚年手稿中发现这样的论述："活生生的存在不断地（即使是在睡眠中）与环境进行互动。或者说，站在构成生命的事件角度来看，生命是一个交互行为，如果对此进行分析性的检查，我们会发现在有机体结构及过程和环境条件之间存在着交互行为的连续序列，这些交互行为是自然的，就像碳、氧和氢在糖中进行有机的自然交换一样。任何将构成生命（从最简单到最复杂的形式）的交互行为作为出发点的人都会看出下面这一观点的荒谬性，即在'看'这一事件中，眼睛（或者说视觉器官）同构成光线的物理震动是可以分开来看的。"②普特南应该会很乐意用这一段来界定他和杜威共享的交互论立场。普特南在2011年的一次发言中将自己的交互论立场进一步界定为自由化功能主义（liberalizing functionalism）以区别于他之前所持的计算功能主义（computational functionalism）。③ 自由化功能主义者不认为需要将他的语汇还原为非意向性的观念，在这个意义上，他是反还原论的自然主义者。功能是交互性的，我们无法在大脑内部对功能作完整的描述，功能从一开始就包含了环境，用普特南的话说，心理功能具有一直伸展至环境中的"长臂"（long arms）。因此，我们不但无须回避意向性用语，还应该解释意向能力是如何从原始意向能力进化而来的。

同詹姆士一样，杜威也试图提出一种常识化的知觉理论和一种天真的态度。他在《经验与自然》中指出："我们无法恢复到原始的天真，但是我们可以实现一种经过教化的、观察、聆听和思考上的天真。"④但两者之间的区分也是显而易见的。首先，詹姆士在指出主体可以无中介地接触环境的同时又强调主体了对知觉的关键贡献，而杜威则将有机体和环境的交互整体（在杜威那里被称为"原始经验"）放在首要位置，他指出任何理智运作都

---

① Putnam, *Philosophy in an Age of Science*, p. 636.
② John Dewey, *Unmodern Philosophy and Modern Philosophy* (Carbondale: Southern Illinois University Press, 2012), p. 235. 中译引自杜威：《非现代哲学与现代哲学》，孙宁译，上海：华东师范大学出版社，2017年，第206页。
③ Hilary Putnam, "Corresponding with Reality," in *Philosophy in an Age of Science*, pp. 72-90.
④ LW 1:40.

必须从原始经验出发并最终回到原始经验接受检验。其次,正如普特南所指出的,詹姆士认为自然实在论是"另一种形而上学观"①,而杜威则倾向于将这一立场限制在方法论的范围内。根据普特南的解读,杜威认为认知并不需要一个"关于每一个事物的理论",相反,我们需要的是"关于人类如何解决问题性情境的洞见"。② 鉴于普特南试图将哲学讨论从灾难性的现代认识论图景中赈救出来的意图,我们可以说他更倾向于杜威的选择。再次,詹姆士的思路仍然处于"实在论/观念论"的语境中,而杜威则试图用具体的交互过程消解这一语境。普特南欣赏詹姆士的实在论诉求,但他认为必须用杜威式的交互论使这一方案真正运作起来。交互论的彻底之处在于以关系而非关系项作为理解的基本单位。在这个意义上,普特南在古典实用主义语境中的落脚点已经发生了从詹姆士到杜威的微妙转移。

杜威对普特南的启示还不止于此。普特南从杜威那里获得的另一个重要启示是,生命的承受(sufferings)与享受(enjoyments)并不是被动地接受,这些直接的生命形式本身已经包含了价值评估,并在接下来的生命历程中不断地接受价值的重新评估。③ 因此,我们所处的环境(杜威意义上的经验或文化)是我们感知世界唯一的出发点,除此之外并不存在任何先定的材料和基础。杜威在前面提到的手稿中指出,心灵的初始状态应该是动词化,只不过在后面的运用中逐渐被形容词化,进而被动词化了。他建议将心灵的运作动词化为关心(minding)、注意(attending)或是在连续的行为中的意向行为(intending)。④ 我们已经看到,普特南的心灵观正是在沿着杜威提示的这条动态化思路展开的,他提出的交互论是这种心灵观的必然后果。

---

① Putnam, *The Threefold Cord*, p. 41. 普特南:《三重绳索:心灵、身体与世界》,孙宁译,第 42 页。
② Hilary Putnam, *Renewing Philosophy* (Cambridge, MA: Harvard University Press, 1992), p. 187.
③ Putnam, *Words and Life*, p. 201.
④ Dewey, *Unmodern Philosophy and Modern Philosophy*, p. 187. 杜威:《非现代哲学与现代哲学》,孙宁译,第 164 页。

第六章 心灵哲学和知觉理论：麦克道威尔与普特南

到此为止，我们可以明确看出交互论和析取论的分歧：在交互论者看来，析取论者区分的两个状态——"事物本身的呈现"和"在主体看起来的样子"——不过同一经验进程的两个片段，它们之间的界限在大部分时候是模糊甚至重叠的。普特南在《亚里士多德的心灵与当代心灵》（2000）中提示我们，麦克道威尔的析取论方案也许是从亚里士多德那里汲取了资源，但问题在于亚里士多德并不是析取论者，而是直接实在论者或自然实在论者。① 双方对亚里士多德的解读深刻揭示了经验主义和先验主义的根本路线分歧。

在麦克道威尔看来，所有知觉经验都是概念化的。他的理由是匹兹堡学派的基本确信：未被概念化的经验无法作为接受或拒绝其他信念的理由。普特南在《事实/价值二分及其批评者》（2011）中指出，这种知觉观直接也影响了麦克道威尔的道德观：所有道德判断都必须上是被证成的，这些被证成的道德判断构成了第二自然的大部分内容。② 无论在哪个层面上，普特南显然都无法接受这样的概念化方案。他在前引发言中提出了一个麦克道威尔没有作出的区分：对于某个对象的统觉（apperception）和作为单纯感觉或感觉组合的感质（qualia）。普特南指出，麦克道威尔讨论的经验都是统觉，但非概念化的感质也是存在的，虽然正如詹姆士所指出的，这些感质通常和"统觉性观念"混合在一起。③ 交互论者（自由化功能主义者）认为，知觉命题并不是我们形成知觉信念的开端，真正的开端在我们的大脑之外，整个知觉过程作为功能系统的运作是由生物进化和文化进程塑造的。根据这种外在论立场，原始信念的内容来自对环境的功能性运作，这样我们就有了一种从输入（inputs）到表征的新解释，这种解释并不坚持认为非命题性对象或非心理性对象必须被概念化。简言之，重要的是功能性的过渡（transition），而非经验的概念化。普特南敏锐地指出，问题关键

---

① Putnam, *Philosophy in an Age of Science*, pp. 606 - 7.
② Ibid., p. 294.
③ Ibid., pp. 87 - 8.

在于麦克道威尔在证成问题和事实问题、理由空间和自然空间作出的明确区分,匹兹堡学派的这一倾向显然与普特南的基本哲学路线——消除事实与价值的二分——背道而驰。① 我们完全可以说,交互论是普特南在知觉理论上为消除事实与价值的二分而作出的尝试。从这个意义上来看,在与古典实用主义的亲和性上,普特南要远胜于匹兹堡学派的哲学家们。

---

① Putnam, *Philosophy in an Age of Science*, pp. 89 - 90.

第七章
从康德—塞拉斯论题到分析实用主义：
布兰顿的实用主义路线

塞拉斯在《经验主义与心灵哲学》中区分了 knowing-how 与 knowing-that，他明确指出，knowing-how 和 knowing-that 分属于两个不同的逻辑空间中，前者并不能作为后者的前提或基础。布兰顿对此的解读是，塞拉斯区分了语用推论（基于所做的）和语义推论（基于所说的），并基于自己的理性主义立场强调了后一维度的优先位置。他在《实用主义的诸视角》(2011)中将塞拉斯的立场进一步界定为"关于语义的推论功能主义"(inferential functionalism about semantics)。他认为，这一立场的主要贡献在于指出，"任何判断、断言或信念要具有内容，要具有理解上、概念上或认知上的意义，要能成为知识或证据的潜在成分，要成为一种智识状态，都必须在理性推论中扮演推论性角色，即必须成为进一步判断、断言或信念的理由，因而也就是成为它们的前提"，因此，"对概念的非推论性的、观察性使用并不能构成自发的推论性实践"。① 在塞拉斯的语境中，knowing-how 与 knowing-that 这两个维度之间的张力是一个值得探讨的关键性问题，但布兰顿从自己的思路出发"帮助"塞拉斯明确了对后一维度的强调。布兰顿指出，虽然塞拉斯认为"模态语汇"(modal vocabulary)和纯描述性的"非模态语汇"在原则上是可区分，但它们在实际上又是不可分割的，非模态语汇的使用中隐含了使用模态语汇的能力。布兰顿将这一观点称为"关于模态的康德—塞拉斯论题"(Kantian-Sellars thesis about modality)。

"康德—塞拉斯论题"的根本目标是为了解决休谟所揭示的经验主义

---

① Brandom, *Perspectives on Pragmatism*, p. 87.

路线的主要困难：可观察的经验事实（"是"）与联系这些事实的模式（"应当"）之间存在着不可跨越的鸿沟，如果我们不能用非模态语汇解释模式，那么就只能抛弃模式。从罗素到卡尔纳普再到奎因的思路是，试图阐明事实与模式之间的区分不仅是不必要的，实际上也是不存在的。不同于这条经验主义的思路，从康德到塞拉斯的思路则是将模式抽离具体的经验进程：不是说 A 因果性地导致了 B，而是说某个先验的法则规定了我们以这样一种模式理解 A 和 B 的关系。这条思路要求我们将模式的运作放到经验进程的开端，这里的开端不仅是时间上的，还是逻辑上的。塞拉斯试图将康德的基本观点表述为："硬的""绿的"这样的经验性描述已经预设了某些可以被模态语汇——也就是以命题形式——清晰表达的属性和关系。他在早年的一篇文章标题中明确地指出了这一点：《概念是包含法则的，无法离开法则理解概念》（1948）。① 他还在 1975 年的一次讲座中指出，康德通过他的范畴和判断理论纠正了"自笛卡尔以来的对命题的遗忘"②。

布兰顿在《阐明理由》中确认了塞拉斯对康德的理解。他指出，康德的开创性洞见在于认识到"命题性的首要性"（the primacy of the propositional）。康德指出，意识或认知的基本单位是判断，而非词项，这一洞见在弗雷格和维特根斯坦那里得到了进一步的推进。作为第一个命题演算系统，弗雷格提出的概念文字（Begriffsschirift）试图用符号化的方式澄清被日常语言遮蔽的逻辑关系，而维特根斯坦则明确指出，句子（sentence）是唯一能在语言游戏中运作的表达形式。③ 和塞拉斯一样，布兰顿也认识到了模态语汇的先验性和基础性，他在《介于言与行之间》（2008）中指出："模态语汇不只是给平常的经验性观察语汇加上外在的表达能力，就好像将烹饪的语汇加给航海的语汇。而是说，模态语汇的表达

---

① Wilfrid Sellars, "Concepts as Involving Laws, and Inconceivable Without Them," in *Pure Pragmatics and Possible Worlds: The Early Essays of Wilfrid Sellars* (Atascadero: Ridgeview Publishing, 1980), pp. 87–124.
② Sellars, *Kant and Pre-Kantian Theme*, p. 20.
③ Brandom, *Articulating Reasons*, p. 159. See also, Brandom, *Perspectives on Pragmatism*, p. 3.

第七章　从康德—塞拉斯论题到分析实用主义：布兰顿的实用主义路线

工作在于阐明塞拉斯(和奎因)所指出的经验概念之间的本质性语义联系，而语义原子论者在原则上是否认这些联系存在的。"①基于这样的认识，布兰顿得出了两个结论：首先，"在使用平常经验性语汇时，我们已经知道应该如何去做才能引入并运用模态语汇"；其次，"真性模态语汇(alethic modal vocabulary)特有的表达功能是，使那些隐含在平常经验语汇中的语义性、概念性的联系和承诺清晰起来"。② 并且，由于模态语汇不仅涉及隐含在非模态语汇中的概念性联系，还涉及承诺，康德在实践领域中得出的洞见也自然进入了布兰顿的视野。布兰顿用康德的"自律"来区分理性的立法行为与单纯的自由选择(Willkür)，与单纯的自由选择不同，理性的立法行为是用自己选择的规范约束自己。他在《使之清晰》中指出："作为理性的人，我们既是自由的，又受到规范的制约。康德试图调和这两个方面：自由就是受一种特殊规范——也就是理性规范——的制约，并由此认为，道德责任的规范身份是通过规范态度建立的。"③

"康德—塞拉斯论题"对布兰顿的哲学方案而言是关键性的。从这一论题出发，布兰顿澄清了言与行的关系(《介于言与行之间》)，并在此基础上提出哲学工作的主要目标(《使之清晰》)。他明确指出："在使用非模态的经验性描述语汇时，我们已经知道该如何去使用模式，这也可以被理解为使已经隐含于描述行为中的结构性特征变得清晰。"④尽管如此，布兰顿还是在其中找到了一个必须得到改良的缺陷：论题明确区分了非模态的经验性描述语汇和模态语汇，但事实上，这两种语汇是"以实用主义方式为中介的"⑤。布兰顿指出，"我们必须在所说中认识所做，也必须在所做中认识所说"，为此我们需要将康德对休谟的回应作实用主义式的改造，改造的工具是那些"能够用于分析'意义—使用'的元概念性资源(metaconceptual

---

① Robert Brandom, *Between Saying and Doing: Towards an Analytic Pragmatism* (Cambridge, MA: Harvard University Press, 2008), p. 98.
② Ibid., p. 102.
③ Brandom, *Making It Explicit*, p. 51.
④ Brandom, *Perspectives on Pragmatism*, p. 99.
⑤ Brandom, *Between Saying and Doing*, p. 115, see also p. xvi.

resources），这些资源能够让我们明确以实用主义方式为中介的语义关系，而康德正是依赖这些关系对休谟作出回应的"。① 在此基础上，布兰顿提出了自己的"分析实用主义"（analytic pragmatism）方案，分析实用主义目标就是分析这些能够帮助我们澄清实用主义语义关系的元概念性资源，从而"使实践态度具有命题性的清晰性"②。所谓清晰性，就是用一种规范语汇刻画"意义—使用"，规范语汇的核心是给出和要求理由的断言句，它必须具备两个维度："向后地，它必须具有推论后果，对原始内容的承诺让我们具有了承诺这些后果的资格；向前地，它必须具有推论前件，以这些关系为前提，我们可以得到继承原始内容的资格。"③这两个维度共同构成了分析实用主义的实用主义内涵。

不过，布兰顿在之后的思考中逐渐认识到，也许我们不需要对"康德—塞拉斯论题"作实用主义式的改造，因为在康德那里已经隐含了一条实用主义的思路。他在《实用主义的诸视角》中探讨性地指出，实用主义的经验概念就是将康德的统觉的综合统一自然主义化之后的版本，而康德那里的概念性关系就是实用主义式的自然因果关系。④ 除此之外，他还明确指出了康德的两个主要理论贡献：规范转向（normative turn）和实用主义方法论（pragmatist methodology）。

前一点是对"康德—塞拉斯论题"的进一步阐发。布兰顿指出，在康德那里，"将判断行为及意向性行动者与单纯自然生物的活动区分开来的是如下这一点：判断和行为属于不同的规范评估。我们在一种明确的意义上为判断和行为负责，它们是我们的一种承诺。康德将判断和行为理解为法则（概念）的应用，概念决定了主体的承诺以及在应用时所负的责任。"⑤布兰顿进一步将康德的统觉理解为"推论性觉识"（discursive awareness），因

---

① Brandom, *Between Saying and Doing*, p. 116.
② Ibid., p. 115.
③ Ibid., p. 115.
④ Brandom, *Perspectives on Pragmatism*, p. 8.
⑤ Ibid., pp. 1–2.

第七章 从康德—塞拉斯论题到分析实用主义：布兰顿的实用主义路线

为"它将判断整合到一个整体中，这个整体的结构就是判断在相互支持和反对中形成的关系。判断之间的这些理性关系是由法则（概念）决定的。……任何新经验，以作出一个知觉判断为典型，都必须整合并通过整合改变之前的承诺的集合"。①

但这并不是康德提供给我们的所有资源。布兰顿试图阐明，如果我们进一步思考康德提出的规范转向，并思考由此揭示的"命题性的首要性"，会发现这一思路背后的动因是一种实用主义方法论——语义必须解释广义上的语用。正是在这个意义上，布兰顿称自己的实用主义——"方法论实用主义"（methodological pragmatism）——是后期维特根斯坦意义上的，因为后期维特根斯坦"将对表达意义的考量置于一个更为宽泛的语境中，即对规定其使用的规则的考量"。② 布兰顿告诉我们："因为概念内容的一个任务是决定判断和行动的实践正确与否的条件，所以康德也是一个方法论实用主义者。"康德必须是一个实用主义者，因为只有这样他关于概念活动的规范理论才能塑造他所理解的概念内容，但康德的方法论实用主义并不是将实践在解释上的优先权置于理论之上，而是说，"在实践和理论的领域中，用弗雷格意义上的语效（force）来理解知性；用主体为了判断、相信或行动必须要做和必须要参与的活动来理解判断、相信或行动所指的东西"。③ 布兰顿又指出，因为康德所理解的实践是规范性的，因此他的实用主义和弗雷格一样是一种规范实用主义（normative pragmatism）。这是他们和晚期维特根斯坦的主要分歧，因为后者用基础实用主义（fundamental pragmatism）来反对规范实用主义。④ 事实上，塞拉斯在布兰顿之前就已经发现了康德中的实用主义线索。他在《对康德经验理论的一些评论》（1967）中指出，康德的建构过程并不像有的批评者认为的那样无法得到恰当的解释和说明，事实上，规范语言行为和行为倾向的那些模式是"在一代

---

① Brandom, *Perspectives on Pragmatism*, p. 2.
② Brandom, *Between Saying and Doing*, p. xii.
③ Brandom, *Perspectives on Pragmatism*, p. 68.
④ Ibid., p. 68.

传一代的训练中实现的统一性"。基于这样的理解,康德式的建构实际变成了一种先验语言学(transcendental linguistics)。① 塞拉斯进一步指出了先验语言学和经验语言学有两点重要区分:首先,语言必须符合在语言使用中形成的规范;其次,康德试图寻找所有概念框架共享的一般性。② 不过,尽管塞拉斯发现了康德式先验语言学中的语用学维度("在一代传一代的训练中实现的统一性"),他并没有像布兰顿那样强调先验语言学的第一个特征,因而也就没有像后者那样将康德的思路进一步界定为规范实用主义。相反,他强调了先验语言学的第二个特征,并试图将概念框架共享的一般性理解为某种卡尔纳普意义上的元语言(metalanguage)或一般句法(general syntax)。在这个意义上,塞拉斯和布兰顿沿着两个不同的方向推进了康德的"范畴";也正是在这个意义上,塞拉斯不是实用主义者,布兰顿是实用主义者。布兰顿试图在分析实用主义语境(以规范为导向的语用学语境)中重新理解"康德—塞拉斯论题"。

尽管布兰顿说自己的实用主义是后期维特根斯坦意义上的,但这并不意味着他没有从古典实用主义者那里汲取资源,相反,无论是从事实上还是从逻辑上来看,布兰顿的实用主义路线和古典实用主义都是紧密交织在一起的,尽管布兰顿的最终意图是推进并超越古典实用主义。

大体而言,布兰顿对古典实用主义的基本解读和判断是准确的。他告诉我们,古典实用主义的科学背景是达尔文的进化论和基于概率的统计学思路。③ 古典实用主义者从达尔文那里学到的关键一课是,连续性(continuity)是宇宙运作的基本原则,这一点也成为了古典实用主义的核心要义;而关于统计学思路的应用,皮尔士在《信念的确定》(1877)中就指出,罗杰·培根和弗朗西斯·培根对经验和经验性实验的理解是"粗鲁的",并不是严格意义上的科学。④ 布兰顿还特别强调了古典实用主义的

---

① Sellars, *In the Space of Reason*, p. 451.
② Ibid., p. 452.
③ Brandom, *Perspectives on Pragmatism*, p. 5.
④ CP 5:360 - 361.

第七章 从康德—塞拉斯论题到分析实用主义:布兰顿的实用主义路线

实践维度,经验是"在做中实现的,而不是单纯的发生。它是过程、对实践的参与和能力的运作,而不是一个片段,它不是 Erlebnis 或 Empfindung 意义上的,而是黑格尔意义上的 Erfahrung"。因此,"经验的结果不是最好的思想,也不是拥有某些知识,而是一种实践性的理解,是对环境的调试性适应,是发展习惯以便成功地处理偶发事件,是 knowing how 而非 knowing that"①。以上述思想为理论基础,古典实用主义成功地调和了本体论自然主义(ontological naturalism)和认识论经验主义(epistemological empiricism)。布兰顿指出,这两种立场之间的分歧一直从近代(牛顿和休谟)一直延续到当代,比如维也纳学派和奎因,因此这种调和并不是一项简单的工作。我们知道,持自然主义立场的纽拉特(Otto Neurath,1882—1945)和持经验主义立场的石里克(Moritz Schlick,1882—1936)分别代表了维也纳学派的两个方向,而卡尔纳普则像悲剧英雄般地试图调和这两个方向,以维持维也纳学派的整体性。与卡尔纳普不同,古典实用主义者并没有试图调和这两种立场,而是以一种实践维度下的连续性和统计学的思路消解了冲突:"世界和我们关于世界的知识是在一个单一模式下被理解的:作为统计性选择—调适进程的可变产物和偶然产物,这一进程允许秩序在随机可变的海洋中浮出水面并不断漂流。自然和经验都必须在这一进程中被理解,相对稳定的习惯集合不断产生,并在与环境(其中也包括与之竞争的习惯)的互动中得到维持。……自然主义和经验主义是一个硬币的两面。"②

但另一方面,古典实用主义者对连续性的坚持也将他们引入了理论上误区:将 knowing how 理解为一种特殊的 knowing that,进而模糊了两者之间本应存在的清晰界限。布兰顿将这种实用主义称为基础实用主义,将古典实用主义者、早期的海德格尔和晚期的维特根斯坦都归于其中。基础实用主义的一个主要贡献在于指出了从前语言状态到语言状态的连续性,

---

① Brandom, *Perspectives on Pragmatism*, p. 7.
② Ibid., p. 8.

但他们的薄弱环节是缺少对推论性(discursiveness)的界定,也没有回答区分语言实践和非语言实践的理性标准是什么。布兰顿特别地将杜威的工具实用主义(instrumental pragmatism)作为基础实用主义的主要代表,进而指出了这一立场的四个主要错误:第一,只往下游看,不往上游看,只关注信念的实践后果,而不关注信念本身的形成过程。经验主义者、证实主义者、可靠主义者、断言主义者只关注信念的条件,忽视了信念的后果,实用主义者只关注信念的后果,忽视了信念的条件。第二,只关注信念在证成或产生行为时所扮演的角色,而忽视了信念在证成或产生新信念时所扮演的角色。心灵哲学的发展已经证明了功能主义之于行为主义的优势,虽然实用主义者在很大程度上持功能主义立场,但他们的具体思路却是行为主义的。我们必须从实用主义式的"倾向—因果功能主义"(dispositional-causal functionalism)转向一种"推论—规范功能主义"(inferential-normative functionalism)。第三,在考量行为与信念内容的关系时,忽视了欲望、偏好、目的、规范。第四,实用主义者谈论真理作为欲望的满足,并试图阐明直接倾向和概念性承诺之间的连续性。① 这是布兰顿从自己的立场出发对工具实用主义作出的诊断。第二和第四条大体而言是公允的,而第一和第三条则并不是十分恰当(至少在杜威的语境中)。对规范("习惯")的探讨是古典实用主义的重要维度,布兰顿自己也指出,基础实用主义者在某种意义上也是规范实用主义者,因为他们通过融合康德与后达尔文式的自然主义提出了工具性规范(instrumental norms)。② 但在布兰顿看来,基础实用主义存在一个根本缺陷:为了强调"实用主义语义学的厚度"(the thickness of pragmatist semantics)而放弃了清晰表述实践意向性的规范性特征。这一点对于理解布兰顿的实用主义路线是关键性的。

与基础实用主义不同,布兰顿的实用主义路线明确区分了实践意向性(practical intentionality)和推论意向性(discursive intentionality),前者属

---

① Brandom, *Perspectives on Pragmatism*, pp. 48–53.
② Ibid., p. 71.

第七章 从康德—塞拉斯论题到分析实用主义:布兰顿的实用主义路线

于非语言或前语言动物,而后者虽然是实践意向性的一种,但又和实践意向性明确区分,因为它特指语言动物在判断和意向性行为中使用概念来阐明事物、评估命题、形成法则。在此基础上,布兰顿明确区分了客观自然主义(objective naturalism)和主观自然主义(subjective naturalism)。基础实用主义作为客观自然主义关注概念如何是自然的一部分,而布兰顿所持的主观自然主义则首先关注概念使用者在做什么,行使何种能力,参与何种实践。在布兰顿看来,这些区分能帮助我们清晰界定推论性,从而将基础实用主义改造为推论实用主义(inferentialist pragmatism)。推论实用主义的目标是通过厘清社会实践的结构来理解社会实践,它提出:"正是对推论关系和推论转换的实践性掌握让实践性的 knowing how 叠加变成 claiming that。"① 从某种意义上来说,推论实用主义试图将理性主义维度重新引入以经验主义维度为基本语境的基础实用主义。布兰顿告诉我们:"正如康德调和了经验主义和理性主义,以及实用主义调和了自然主义和经验主义,我建议调和实用主义和理性主义。"② 以此为目标,布兰顿提出了两点核心建议:首先,在历史层面结合前瞻性视角(prospective perspective)和回溯性视角(introspective perspective);其次,在社会层面结合归属承诺(attributing commitments)和认识承诺(acknowledging commitments)。③ 事实上,这两条思路在基础实用主义那里都是存在的,芝加哥学派甚至正是沿着第二条思路展开他们的哲学工作。布兰顿当然清楚这一点,不过在他看来,哲学工作不但要揭示历史线索和社会身份中隐含着的规范,还必须明确界定这些规范。正如《使之清晰》所要阐明的,哲学不能只停留在功能的语境中,还必须从功能中分析出概念内容,哲学是对功能的反思,而只有清晰的反思才能帮助我们改进功能。

调和实用主义和理性主义的关键是结合语用和语义。布兰顿指出,分

---

① Brandom, *Perspectives on Pragmatism*, p. 31.
② Ibid., p. 32.
③ Ibid., p. 19.

析哲学的基本构想是根据基础语汇(base vocabularies)建构目标语汇(target vocabularies),而实用主义路线对这一方案的挑战是,这种建构在独立于语用的语义层面是不可能实现的。实用主义对语用层面的强调是毋庸置疑的。布兰顿在《介于言与行之间》中用三个命题解释了杜威强调的"过程之于关系的优先性",也就是语用之于语义的优先性:首先,"最基本(直接朝向对象)的意向性就是感觉动物在有技巧地处理世界时与对象的实践性牵连";其次,"这种活动的最基本形式是'Test-Operate-Test-Exit'的循环,即知觉、执行、评估执行的结果、进一步执行,由反馈控制的执行构成了这一过程或实践的开放序列";再次,"由反馈控制的实践是'有厚度的',它本质地包含了对象、事件和世界的事实状态。世界的各部分在这种能力的运用中与这些实践结合在一起"。① 我们知道,语义和语用之间的张力是当代语言哲学的核心问题。写实主义(literalism)认为语用层面的引入严重威胁了语义分析的清晰性和精确性,而语境主义(contextualism)则认为离开使用语境的形式语言是一种毫无意义的虚构。在这两个极端之间,我们可以看到各种形态的中间立场,比如"最小化理论"(minimalism)承认语义和语用的关联,但认为后者对前者的影响应限制在最小限度之内。② 不过,尽管充分认识到了语义和语用之间的张力,哲学家在立场选择上还是呈现了明显的区分:借用斯特劳森(P. F. Strawson,1919—2006)的一个区分来说③,德雷兹科、福多、勒波(Ernie Lepore)等人属于坚持语义自律(semantic autonomy)的"新笛卡尔"阵营,匹兹堡学派、罗蒂、戴维森、达米特等人则属于坚持语用入侵(pragmatic intrusion)的"新实用主义"阵营。处于"新实用主义"阵营中的布兰顿明确指出,"语义必须回应语用"④。但我们也应该看到,布兰顿比这一阵营中

---

① Brandom, *Between Saying and Doing*, p. 178.
② For minimalism, see Emma Borg, *Pursuing Meaning* (Oxford: Oxford University Press, 2010); Herman Cappelen & Ernie Lepore, *Insensitive Semantics* (Oxford: Blackwell, 2005).
③ P. F. Strawson, *Logico-linguistic Papers* (Aldershot: Ashgate, 2004), p. 132.
④ Brandom, *Making It Explicit*, p. 83.

第七章　从康德—塞拉斯论题到分析实用主义:布兰顿的实用主义路线

的其他哲学家更强调对语义的探讨(在这一点上,塞拉斯与之类似)。一方面,他并不担心语用会过度影响了语义,因为他和杜威一样确信语用是探讨语义的唯一场地。另一方面,他又有自己的担心,即对语用的过度强调会让我们忽视对语义的探讨。因此,他建议我们将语义和语用放到一个可以互相兼容的推论性图景中。

布兰顿指出,关联语义和语用有两条主要思路:第一条思路是方法论实用主义,即将意义、外延、内容或其他语义解释与语言表达联系起来,其目的在于制定规范的使用规则,从而使表达清晰。第二条思路是语义实用主义,即解释表达的使用者参与了何种实践,他们如何受规则控制,又是如何协商意义的。布兰顿指出,这两条思路的区分实质是观察语汇与理论语汇的区分,并且是一条整体性思路——布兰顿称之为语言实用主义(linguistic pragmatism)——的两个面相:"方法论实用主义者试图通过与表达相关的内容(语义)去解释使用表达的实践(实用主义);而语义实用主义则试图通过使用表达的实践去解释与表达相关的内容。"[1]在这幅兼容的推论性图景中,谈论语义或语用的优先性是没有意义的。因此,所谓的"格赖斯循环"(Gricean circle)在布兰顿这里并不存在。格赖斯(Herbert Paul Grice, 1913—1988)提出,我们必须完全理解一个命题才能开始推论,但完全理解一个命题实际上就已经包含了推论。[2] 这个循环似乎揭示了语义和语用之间不可调和的矛盾,但布兰顿指出,这个无法解决的矛盾是虚构的,它可以在一种以语言实践为基本导向的方案中得到合理解释。他在《阐明理由》中将这一方案称为概念实用主义(conceptual pragmatism)。与概念柏拉图主义(conceptual Platonism)相对,概念实用主义将应用概念,而不是理解概念作为自己的起点。[3] 换言之,我们不需

---

[1] Brandom, *Perspectives on Pragmatism*, pp. 62 - 3.
[2] Herbert Paul Grice, *Studies in the Way of Words* (Cambridge, MA: Harvard University Press, 1989). See also Stephen Levinson, *Presumptive Meanings* (Cambridge, MA: Bradford, 2000).
[3] Brandom, *Articulating Reasons*, p. 18.

要理解规范的全部意义才能开始我们的推论,规范的意义是在语言使用的过程中逐渐充实和清晰起来的。布兰顿明确指出,推论性实践的本质在于"产生无数新信念、形成无数新目的的能力"①。从更深的层次上来看,"格赖斯循环"提示了后期维特根斯坦语境中的一个核心困难:我们的思维需要遵守规则,但为了遵守规则,我们首先必须理解规则,无穷倒退的问题由此出现。事实上,《使之清晰》的一个主要目标就是合理地说明已经蕴含在实践中的规范是如何逐渐清晰起来的,从而解决这个无穷倒退的难题。②因此,布兰顿的目标并不只是消解问题,还要在消解问题之后进行合理的建构,消解是基础实用主义的步骤,而建构则是分析实用主义的步骤。

在"寂静主义者"麦克道威尔看来,这个建构的步骤是多余的。他和基础实用主义者持相同的看法,认为规范只能在经验的不断展开中逐渐呈现,并不能通过语义和语用的分析事先获得。除此之外,两者还有一个更为根本的分歧:布兰顿认为我们没有必要为规范的运作设定一个最初的节点,问题的关键不在于解释我们是如何从前规范状态发展到规范状态的,而在于解释蕴含在实践中的规范是如何从隐含状态(implicit)发展到清晰状态(explicit)的;而麦克道威尔则认为,如果我们不对最初的节点作出合理的解释,之后的建构都是没有根基的,事实上,在合理解释了最初的节点之后,之后的建构都可以用寂静主义的态度加以对待。正是基于这种解释最初节点的诉求,麦克道威尔试图用一种先验的态度思考心灵与世界的关系,甚至暗示了一条诉诸"先天理性"的思路。一方面,他在《自我决定的主体性与外部限制》(2005)中指出,"确立基本规范的行为必须在不存在规范的情况下发生"这个困境是无法逃避的,但这并不是问题的关键。问题的关键在于,"认识理性要求(它们的权威性是本身所具有的,并不是因为我们认识到了它们的权威)的能力可以通过展开恰当的公共性实践获得,它

---

① Brandom, *Perspectives on Pragmatism*, p. 81.
② See Brandom, *Making It Explicit*, pp. 29–30.

第七章 从康德—塞拉斯论题到分析实用主义:布兰顿的实用主义路线

不需要成为人类的超自然天赋"①。但另一方面,他接着又指出,虽然我们必须"将理性主义观念拉回到地面(在某种意义上使之自然化)",但理性主义的洞见("内在于主体的某种东西让他认识到了理性规范的权威")是不能被抛弃的,在这个意义上,布兰顿过度强调了公共性实践的维度,而忽视了理性主义的核心洞见。② 因此,尽管布兰顿从理性主义的立场出发,认为麦克道威尔没有必要在最低限度上保留经验主义,麦克道威尔在上述这一点上恰恰比布兰顿更接近理性主义。这里的问题在于,麦克道威尔和布兰顿在界定理性主义上存在着根本性分歧:和康德一样,麦克道威尔认为理性是主体的自我决定,而布兰顿则认为我们只能在推论性实践的意义上探讨理性,因此探讨理性的基本语境不是康德式的自律,而是黑格尔式的共同体维度。

布兰顿要解决的问题是,推论性实践意义上的理性是如何具体展开的。虽然他引入了黑格尔式的共同体维度,但黑格尔式的辩证法在这条实用主义路线中显然是不适用的。为了理解推论性实践,布兰顿建议我们首先在思维范式上作出一个更新。虽然规范起源于实践性的 knowing-how,但拥有智识的人学会自然语言的同时也拥有了将 knowing-how 转化为 knowing-that 的能力,这种能力就是"表达能力"(expressive capacity)。布兰顿在《使之清晰》中指出:"在弱的意义上,任何参与语言实践,因而应用概念的存在都是理性存在;在强的意义上,理性存在不仅是语言性存在,至少还是潜在的逻辑性存在。我们应该将自己理解为满足这种双重表达性条件的存在。"③在这个意义上,布兰顿说自己的实用主义就是解释"清晰如何产生于隐含"的"表达理论"。④ 正是这条表达主义的思路为我们揭示了布兰顿提出的思维范式上的更新——原来的问题是:理解一个断言或命题意味着什么?现在的问题则变成了:一个解释者应该怎样做才能恰当地

---

① McDowell, *Having the World in View*, p. 107. 麦克道威尔:《将世界纳入视野》,孙宁译,第 99 页。
② Ibid., p. 107.
③ Brandom, *Making It Explicit*, p. xxi.
④ Ibid., p. 77.

接受或对待(taking or treating)说话者,认为后者在他的言语行为中提出了一个真断言?与前一种发问方式相比,后一种发问方式中包含了两个关键步骤:第一,解释者将一个真断言作为一种承诺(commitment)归属于说话者,说话者有义务在必要时给出他为什么认为该断言为真的理由;第二,所有理由都必须得到衡量,也就是说,解释者必须同时从他自己的视角出发判断该断言是否为真,即判断说话者是否有资格(entitlement)作出该断言。这里的关键是"接受或对待",在交互性的实践过程中,每个人都从自己的视角出发去记录(keep track)他人言语行为的资格,所谓的"计分"(scorekeeping)即由此而来。在布兰顿那里,计分是表达能力的具体体现,也是我们理解推论性实践的基本形式。

布兰顿告诉我们,计分的构想最初来自刘易斯(David Lewis, 1941—2001),后者用棒球比赛计分的形式探讨了对话分数在对话进程中的变化。布兰顿转述刘易斯的构想如下:"如果时间 t 下的对话分数是 s,并且时间 t 与时间 t′ 间的对话进程是 c,那么时间 t′ 下的对话分数就是 s′,而 s′ 是以某种方式由 s 和 c 决定的。"或者说,"时间 t′ 下的对话分数是集合 S 中的一员,而 S 是以某种方式由 s 和 c 决定的"①。和刘易斯一样,布兰顿试图通过分析和归纳计分过程的形式来解释一组社会实践必须呈现怎样的结构才能具有声称或断言的意义。在这个意义上,布兰顿称自己的思路为形式实用主义(formal pragmatism)。布兰顿的原创之处在于将形式语义学和推论语义学结合,即将形式化的计分过程与给出和要求理由的活动结合起来。通过这种结合,推论语义学对形式语义学进行了实用主义式的补充,进而帮助我们把握推论性实践的真正内涵。布兰顿指出,棒球比赛与给出和要求理由的活动之间存在一个关键区分:后者的计分是视角性的(perspectival),也就是说,"没有两个个体拥有完全相同的信念或承认完全相同的承诺。分数不仅是为(for)每个对话者计算,还是由(by)每个对话

---

① Brandom, *Making It Explicit*, p. 182.

第七章　从康德—塞拉斯论题到分析实用主义:布兰顿的实用主义路线

者计算的"①。在推论语义学的语境下,每个解释者在评估断言时都考虑到了说话者没有考虑到的条件和后果,解释者的推论和说话者的推论是不对等的。概而言之,我们永远不能预先得知分数,分数只有在具体的实践过程中才能确定。不过,布兰顿虽然一方面强调了推论性实践的视角性特征,但另一方面又指出,计分的过程最终会指向某些"道义分"(deontic scores),道义分"是由不同对话者的承诺和资格共同构成的"。②布兰顿还指出:"每个计分视角都在实践中维持了规范状态与(直接)规范态度之间的区分,也就是客观正确与认为正确之间的区分。"③不过,这里的客观正确并不是符合论或实在论意义上的。布兰顿明确指出:"规范在某种意义上是我们自己创造的。……推论性的道义状态(deontic statuses)是在用道义态度(deontic attitudes)控制计分的实践中形成的。"④综上所述,布兰顿认为推论性实践必须同时具有视角性和规范性。并且,从某种意义上来说,布兰顿对规范性的强调要胜于对视角性的强调,这也从一个侧面说明了,在古典实用主义阵营中,布兰顿为什么比较倾向于皮尔士的立场。

关于计分的构想在古典实用主义的语境中已经出现了萌芽,布兰顿的工作实质上是对这些萌芽的进一步展开和深化。从这个意义上来看,我们更应该将布兰顿提出的推论性计分方案放到他的实用主义路线中来理解。杜威在《经验与自然》中构想了一个场景,用以解释不同的视角如何在交流中建构共同的意义语境。下面这一长段引文完整地呈现杜威的思路:"A指着某个东西,比如一朵花,请B拿给他。这里有一个原初的机制,B借助这个机制对A的动作作出反应。但这个反应是对动作的反应,而不是对所指对象的反应。但B又知道这个动作是指的动作,他不是对动作本身作出反应,而是将动作视为他物的标志。他的反应从A的直接运动转向了A所指的对象,因此他不只是被A的运动所激发,作出看或拿的自然行

---

① Brandom, *Making It Explicit*, p. 185.
② Ibid., p. 183.
③ Ibid., p. 597.
④ Ibid., p. 626.

为。A 的运动将他的注意力吸引到所指对象,然后,他不只是将针对 A 运动的反应转移到针对刺激物作出自然反应,他的反应还体现了 A 和对象之间的现实或潜在的关系。B 理解了 A 的运动和声音,其特征就是 B 站在 A 的立场对对象作出反应。他不是以自我为中心,而是以对象在 A 经验中的功能去感知它。类似地,A 在提出请求时不只是在对象和自己的直接关系中把握该对象,而是将其理解为可以被 B 拿取的东西。他以对象在 B 经验中的功能去看待它。这就是交流、符号、意义的本质和重要性。就至少两个不同的行为中心而言,某些共享的东西是实际存在的。理解就是共同预期,就是构造一种相互参照,在此基础上展开行动,参与到一个共同的、包容性的事业中。……语言的核心并不是对既有存在的'表达',更不是对既有思维的表达。语言是交流,是在参与者的活动中建立的合作,每个参与者的活动都受到这种合作的改变和规范。……参与这种活动的能力就是智性(intelligence)。智性和意义是人们进行特殊互动形式所产生的自然后果。"①这里,A 和 B 之间的互动已经初步具有计分的性质。A 和 B 都以对方的立场对对象作出反应,他们不是以自我为中心,而是以对象在对方经验中的功能去感知它,并在此基础上作出回应。用布兰顿的话来说,解释者并不是简单地接受或对待说话者的承诺,还必须同时从他自己的视角出发判断说话者是否有资格作出该承诺,并在此基础上作出回应。两者的不同之处在于,就这一模式的适用范围而言,杜威的理解要比布兰顿宽泛地多,计分在后者那里只针对以语言形式展开的给出和要求理由的活动。并且,杜威并没有将这种开放性的互动机制进一步落实为计算参与者各自的得分,他希望停留在"有厚度的"的经验中,而在布兰顿看来,正是这一诉求让杜威没能从他的基础实用主义进一步推进至分析实用主义。尽管如此,两者的方案还是分享了一个关键的洞见:视角之间的交互活动必须以共享的意义为最终目标,杜威将这一目标界定为社会性(sociality),而布兰顿则将此界定为规范性。杜威告诉我们,意义在首要意义上就是

---

① LW 1:140-142.

第七章　从康德—塞拉斯论题到分析实用主义：布兰顿的实用主义路线

"意图"(intent)，意图总是外指的，因而意义是"事物让分享性合作成为可能并产生结果时所获得的含义"①。布兰顿则指出："交流不是一起拥有某个共同的东西，我们要放弃这一范式，转向另一种范式：交流是一种实践中的合作。"②

从一个更为宽泛的视角来看，芝加哥学派的米德(George Herbert Mead, 1863—1931)也应该被纳入这条强调社会性的实用主义思路。米德建议我们将思维理解为"内部对话"(inner conversation)，在此基础上，他提出了"角色扮演"(role-taking)这个关键概念。简言之，角色扮演就是将他人的态度作为自己行动的基础，这里的他人并不是其他个体，而是"一般化的他人"(generalized others)。一般化的他人是共同体的声音，它在不同的层面上对个体产生影响。米德在《心灵、自我与社会》(1934)中指出："个体在群体中的生活机制就是扮演互相的角色，这种机制当然就是交流。……我所谓的交流总是意味着意义的传输，这种传输就是在一个个体中唤起他人的态度，并对他人的这些回应作出回应。"③这条基于社会性的实用主义思路还可以向前推至库利(Charles Horton Cooley, 1864—1929)提出的"镜中自我"(looking-glass self)④，向后推至阿佩尔(Karl-Otto Apel, 1922—2017)的先验实用主义(transcendental pragmatism)。⑤放到一个更大的语境中来看，这条思路还超出了实用主义语境，一直延伸至从社会性维度理解康德式规范的当代康德主义者那里，如哈贝马斯(Jürgen Habermas, 1929—　)、罗尔斯(John Rawls, 1921—2002)和科斯佳(Christine Korsgaard, 1952—　)等人。比如，罗尔斯在《正义论》中

---

① LW 1:142.
② Brandom, *Making It Explicit*, p. 485.
③ George Herbert Mead, *Mind, Self, and Society: From the Standpoint of a Social Behaviorist* (Chicago: University of Chicago Press, 1934), p. 83.
④ See Charles Horton Cooley, *Human Nature and the Social Order* (New York: Charles Scribner's Sons, 1922).
⑤ See Karl-Otto Apel, *Towards a Transformation of Philosophy* (London: Routledge & Kegan Paul, 1980); *Understanding and Explanation: A Transcendental-Pragmatic Perspective* (Cambridge, MA: MIT Press, 1984).

告诉我们,"日常生活中的意见交流抑制了我们的片面,扩大了我们的视角。我们开始以他人的视角看待事物,并认识到自己视野的局限性。"①布兰顿的贡献在于,通过形式语义学细致分析了这条社会性思路的内部结构和运作机制,通过构造出一种分析实用主义揭示了融合分析哲学和实用主义的可能性。

通过将计分理解为推论性实践的基本形式,布兰顿的分析实用主义实际上已经转换了"康德—塞拉斯论题"的基本语境,将模式的运作场地从主体之中转移到了主体之间。模式无法和公共实践分离开来,它的形态是通过共同体的连续实践来维持和整饬的。在这一思路下,"命题性的首要性"虽然得到了保留,但命题的主要功能却从主体的内部判断变成了主体间的公开表达。正是这种对公开表达的强调让匹兹堡学派的思路(特别是塞拉斯和布兰顿)有时被界定为言语行为主义(verbal behaviorism)。我们需要明确,言语行为主义并不是将思维还原为外在行为,而是将它理解为公开的言语行为,这种行为主义并不拒绝"意识""心灵"等概念,而是试图将它们放到社会性语境中加以重新描述。在这个意义上,匹兹堡学派的言语行为主义和米德的社会行为主义(social behaviorism)、罗蒂的认识论行为主义(epistemological behaviorism)属于同一个范畴。米德将由形成自我的所有关系和互动行为所组成的系统称为"心灵",心灵是由交互性关系和交互性行为构成的意义整体。他在《对意义符号的行为主义解释》(1922)中指出:"心灵的领域不局限于个体,也不位于大脑当中。"②在他看来,狭窄的意识概念并不能涵括思维活动的交互性反思,也不能表达个体形成过程中的社会性维度。罗蒂也曾明确指出,认识论行为主义的本质在于"用社会解释理性和认知权威,而不是用理性和认知权威解释社会"③。不过,米德和罗蒂的思路要比布兰顿的思路宽泛得多。在后者那里,行为被特别地

---

① John Rawls, *A Theory of Justice*, revised edition (Cambridge, MA: Harvard University Press, 1999), p. 315.
② George Herbert Mead, *Selected Writings* (Indianapolis: Bobbs-Merrill, 1964), p. 247.
③ Rorty, *Philosophy and the Mirror of Nature*, p. 174.

第七章　从康德—塞拉斯论题到分析实用主义:布兰顿的实用主义路线

理解为对承诺与资格的理性探讨,基于行为的社会性实践被特别地理解为语言层面的推论性实践,而由社会性实践构成的社会空间则被特别地理解为由命题间的推论性关系构成的"理由空间"。

到此为止,我们完整地呈现了布兰顿是如何将隐含于"康德—塞拉斯论题"中的实用主义线索推进到它的完成形态:一种试图融合分析哲学和实用主义的分析实用主义。对于这个分析实用主义方案,布兰顿在《介于言与行之间》的前言中乐观地指出:"如果我们以分析的精神探讨这些实用主义观念,就不会从这些实用主义观念得出一些反理论、反体系的结论。相反,我们可以精确而系统地思考意义和使用之间的每一个关系。"① 但是,如果我们考虑到塔斯基和戴维森的工作,就会发现情况也许并不乐观。我们知道,戴维森试图通过在塔斯基的 T 约定中加入语境成分,使 T 约定与特定的语言使用者和实际的语言交际联系起来,并由此告诉我们,他可以将塔斯基的模式应用于实际使用的自然语言。但事实上,关于如何应用,戴维森并没有给出一个令人满意的演示。而塔斯基本人一开始也抱有类似的期望,但是后来又明确放弃了这一思路。这里的关键问题在于,在融合分析哲学和实用主义的过程中,对分析性的强调一定会在一定程度上削减实用主义观念所要求的厚度,而对实用主义观念的强调则一定会在一定程度上削减分析所要求的精确性。布兰顿既不愿放弃分析的精确性也不愿放弃实用主义的厚度,但是从结果来看,他的分析实用主义过于偏向分析的精确性,并因为这种偏向削减了实践语境的厚度。他在《使之清晰》中多次指出,不应该从"我与我们"(I-we)的关系,而应该从"我与你"(I-thou)的关系出发来理解社会性,因为只有后一种关系才能精确地呈现规范的形成过程和内部结构。② 麦克道威尔在《伽达默尔与戴维森论理解和相对主义》(2002)中质疑了这条思路。他指出,离开了共享的语言("我们"),"我"与"你"都是不可理解的,在这种情况下诉诸计分活动是没有用

---

① Brandom, *Between Saying and Doing*, p. xii.
② See for example Brandom, *Making It Explicit*, pp. 39, 62.

的,因为计分活动无法解释两个与世界无关的视角最后是如何变成与世界有关的视角的。① 从视角本身出发还是从视角所处的世界出发,这是布兰顿与麦克道威尔的根本分析。基于这一分歧,布兰顿只在主体间的维度中探讨"表征",而不探讨对世界的直接"拥有"(having)。在匹兹堡学派内部,只有麦克道威尔认识到了将世界"纳入视野"的重要意义。在这个意义上,麦克道威尔提出的最小限度的经验主义也是布兰顿眼中的基础实用主义。

麦克道威尔对布兰顿的批评同样也可以是基础实用主义者对布兰顿的批评。在基础实用主义者看来,布兰顿的分析实用主义路线显然是一条相当窄化的思路,因为它忽视了下面这一事实:给出和要求理由的推论性实践必须落实在一个更为宽广和更为基础的实践语境中。海德格尔的"上手状态"(Zuhandheit)和古典实用主义者的"习惯"试图揭示的正是这个语境。正如布尔迪厄(Pierre Bourdieu, 1930—2002)所指出的:"习惯(habitus)是过去经验的积极呈现,它储存于每个有机体的知觉、思维和行动模式中,保证着实践的'正确性'以及在时间进程中的一致性,它比形式化的规则和明确的规范更可靠。"②我们在前面指出,布兰顿曾批评基础实用主义,认为后者只往下游看,不往上游看,只关注信念的实践后果,而不关注信念本身的形成过程。根据这里的讨论,只向后看,没有向前看的也许恰恰是布兰顿本人。他没有认识到,以命题形式展开的推论性实践是如何向前植根于"不断绽放、嗡嗡作响的"经验中的(詹姆士语)。杜威将这种前推论性的经验维度称为"质性整体"(qualitative whole)。杜威告诉我们,质性(quality)既不是对象的,也不是主体的,"它永远是有机体与外部事物互动时产生的质性"③。与杜威不同,布兰顿将主体的实践严格限制在命题性思维的内部,在他看来,实践中的规范即便一开始是隐含的,最终

---

① McDowell, *The Engaged Intellect*, pp. 148-9.
② Pierre Bourdieu, *The Logic of Practice* (Cambridge: Cambridge University Press, 1990), p. 54.
③ LW 1:199.

第七章 从康德—塞拉斯论题到分析实用主义:布兰顿的实用主义路线

也是可以得到清晰阐明的。而杜威尽管一再强调"智性"(intelligence)的重要性,却始终认为,不断涌现的经验远远超出了理智的界限和范围。在基础实用主义者(包括古典实用主义者、早期的海德格尔和晚期的维特根斯坦)看来,将实践理解为可以清晰阐明的推论性实践已经在很大程度上削减实践的厚度和广度,因此,最为基本的方法论并不是分析性的阐明,而是布兰顿所说的"描述的特殊主义"(descriptive particularism)、"理论的寂静主义"(theoretical quietism)和"语义的悲观主义"(semantic pessimism)。① 显然,这样的方法论原则是布兰顿无法接受的。从这个意义上来看,他离真正融合分析哲学和实用主义还是非常远的理论距离。同时,根据本章的讨论,我们也有必然思考如下的问题:融合分析哲学和实用主义在何种意义上是可能的,在何种意义上是不可能的?我们必须思考,在实现了一定程度的清晰性之后,是否有必要转身返回隐含的语境?或者从隐含到清晰的推进本身就是哲学家的僭妄?正如罗蒂在《麦克道威尔的经验主义版本》(1998)中所指出的,在必要的时候,或许我们必须放弃"精确的构想",回到一种"模糊的'世界—历史—精神分析'"(fuzzy world-historical-cum-psychoanalytic)语言。② 作为反思的哲学必须思考这些问题。

---

① Brandom, *Between Saying and Doing*, p. 7.
② Richard Rorty, *Truth and Progress: Philosophical Papers* Ⅲ (Cambridge: Cambridge University Press, 1998), p. 151.

第八章
"意义"的意义:塞拉斯与布兰顿

I 引论

何谓"意义"?意义就是语词或表达的指涉,探讨意义就是探讨词语或表达与指涉对象之间的关系。这个简单的界定中隐藏了一个语言哲学的关键问题:语词或表达所指涉的对象是思维中的概念还是语言外的实在?换言之,意义表达的是"语词—观念"的关系还是"语词—世界"的关系?显然,这个语言哲学的问题本质上是关于"何物存在"(on what there is)的本体论问题。

哲学家被这个问题困扰已久。比如,洛克在《人类理解论》中告诉我们,一方面,词语"只能指示说话者心灵中的观念"[①];但另一方面,"因为人们谈论的并不只是自己的想象,而是真实存在的事物,因此他们通常认为词语也代表实在的事物"。[②] 洛克并没有在这两个矛盾的选项之间作出明确的选择。卡西尔(Ernst Cassirer,1874—1945)曾敏锐地指出,这个问题是近代经验论思路下必然会出现的问题:"对经验主义者而言,这种相互关系——理念和实在、共相领域(必然真理)和殊相领域(实际现实)之间的'前定和谐'——被悬置了。他们将语言界定为概念的表达,而非事物的表达,他们越这样做,下面这个问题就越难以避免:语言作为一种新的精神介

---

① John Locke, *An Essay Concerning Human Understanding* (Oxford: Clarendon, 1990), bk. 3, ch. 2, sec. 4.
② Ibid., bk. 3, ch. 2, sec. 5.

第八章 "意义"的意义:塞拉斯与布兰顿

质是否篡改了,而不是指示了终极的、'实在的'存在元素?"① 与传统经验主义者不同,语言转向之后的哲学家更多地将语言视为一种怀疑论的武器,而非知识的载体,他们从容地通过语义上行(semantic ascent)的思路摆脱了洛克式困扰。哲学家不再探讨实际存在的东西是什么,转而探讨我们应该以怎样的方式谈论这些东西。对意义的探讨也被明确地限制在语言的内部:意义是"语词—观念"的关系,而非"语词—世界"的关系。维特根斯坦建议我们放弃用语词来代表对象的奥古斯丁式的语言模式,他告诉我们:"如果我们说'语言中的每个词都表示某物',那就等于什么都没说,除非我们明确解释我们想要作出何种区分。"② 奥古斯丁式的语言模式作为语言游戏的一种是可以存在的,比如在传递石料的语言游戏中③,但这一模式不能作为我们理解意义的基本方式。而奎因则更加明确地指出,意义不是与对象具有同等本体论地位的实体,而是具有意义(having of meaning)或拥有意味(having of significance),给出意义就是说出一个比原来更加清楚的同义语。

但我们又看到,语义上行的思路并没有让语言转向之后的哲学家放弃关于"何物存在"的本体论诉求。语词或表达总要有所指,它们所指涉的即便不是实在,也总要是某些相对不变的东西,否则任何可交流的意义都是不可能成立的。弗雷格在《论概念与对象》(1892)中严格区分了概念与对象,但他又指出,我们在两种不同的意义上对"概念"进行了混淆的使用,一种是心理意义上的,另一种是逻辑意义上的。④ 在心理意义上,概念的意义指的是"I mean";在逻辑意义上,概念的意义指的是"it means"。显然,这一区分对应于涵义(Sinn)与指称(Bedeutung)的区分。涵义是所指对象向我呈现的模式,而指称就是所指对象,与它如何向某个主体呈现无关。

---

① Ernst Cassirer, *The Philosophy of Symbolic Form*, Vol. 1: *Language* (New Haven: Yale University Press, 1955), p. 136.
② Wittgenstein, *Philosophical Investigations*, §13.
③ Ibid., §2.
④ See Gottlob Frege, *Translations from Philosophical Writings of Gottlob Frege* (Oxford: Basil Blackwell, 1960), pp. 42-55.

类似地,罗素也在《数学原则》(1903)中指出,我们对意义的理解混淆了逻辑元素和心理元素,像"一个人"这样的概念不仅具有心理意义,还具有"非心理的"逻辑意义,逻辑意义上的概念指示(denote)概念之外的实体(entity)。① 罗素进一步称这种实体为项(term)。他指出:"思维和真假命题中可能出现的任何对象,只要能被视为一个东西,我就称之为一个项。因此,项就是哲学语汇中最宽泛的词了。我把它等同于单位、个体和实体。单位和个体强调了每一个项都是一,实体则来自这样一个事实:每一个项都是存在。"②考虑到这些界定指示对象的尝试,我们可以说,罗素并没有通过他的摹状词理论真正放弃对"是什么"(what it is)的探讨,而是换了一种方式,转而通过探讨"如何是"(how it is)来探讨"是什么"。我们可以用相同的视角来看待奎因提出的语义整编(semantic regimentation)方案,这一方案通过量化变项(比如将"有些狗是白的"改写为"存在一些狗,它们是白的")规避了"狗性""白性"这些意义实体,但奎因又在《逻辑与共相的实在化》(1953)中告诉我们:"我不是主张存在依赖于语言。这里考虑的不是本体论事实,而是话语的本体论承诺。一般而言,何物存在并不依赖于语言的使用,但我们说何物存在则依赖于语言的使用。"③

匹兹堡学派的重要洞见在于指出,修正对意义的理解是摆脱指涉难题的关键,塞拉斯和布兰顿尤其强调了这一点。在他们看来,说出一个语词或表达意味了(means)什么或代表了(stands for)什么并不是说出它揭示了自身之外的某个东西,而是说出我们在使用这个语词或表达时遵守了何种规范。也就是说,为了理解语词或表达的意义,我们必须理解它们在语言活动中所处的位置,理解它们是如何理性地支持其他语词或表达的,又是如何得到其他语词或表达的理性支持的。在此基础上,塞拉斯和布兰顿建议我们放弃对意义的因果性解释(比如克里普克在《命名与必然性》中所

---

① Bertrand Russell, *Principles of Mathematics* (London: Routledge, 2009), pp. 48-9.
② Ibid., p. 44.
③ Quine, *From a Logical Point of View*, p. 103.

第八章 "意义"的意义:塞拉斯与布兰顿

作的尝试①),转而从一种功能性的角度来理解意义。通过这条整体主义的思路,对于意义的探讨似乎不再涉及语言外的实体,而变成了语言内部的分析。但我们不能忘记,塞拉斯有着强烈的实在论诉求,而布兰顿则努力在他的推论主义路线内部保留探讨表征的可能性。和罗素、奎因的情况一样,这些倾向同样也会影响塞拉斯和布兰顿对意义的理解。我们将通过以下的讨论澄清,塞拉斯和布兰顿是否通过功能性和推论性的思路完全摆脱了探究语言之外有何物存在的本体论诉求。

Ⅱ 塞拉斯

和维特根斯坦一样,塞拉斯在《经验主义与心灵哲学》中明确拒斥了用语言去指示非语言实体的奥古斯丁式的语言观。他指出,检验一个人是否持该语言观的标准不在于他对"不在场之思"(thinking in absence),而在于他对"在场之思"(thinking in presence)的描述。他告诉我们:"很多理论,当我们看它们对不在场之思的描述时,它们看上去像心理学唯名论,而解析它们对在场之思的描述之后,却发现全然'奥古斯丁'。"②一般而言,指涉有两种基本形式:言内指涉(intralinguistic reference)和言外指涉(extralinguistic reference)。言内指涉是语词和语词(word-word)的关系,言外指涉是语词和世界(word-world)的关系。塞拉斯认为,将言内指涉理解为语词和语词的关系("不在场之思")并没有问题,有问题的是对言外指涉("在场之思")的理解,我们不能依照常识将它理解为语词和世界的关系,奥古斯丁式的语言观正是源自这种常识性的误解。

塞拉斯认为,我们之所以倾向于将语言或表达的意义理解为它们的指涉对象,根本的原因在于我们没有将意义理解为以"a means b"为基本形

---

① See Saul Kripke, *Naming and Necessity* (Cambridge, MA: Harvard University Press, 1980).
② Sellars, *Empiricism and the Philosophy of Mind*, p.65. 塞拉斯:《经验主义与心灵哲学》,王玮译,第52页。

式的断言,进一步,我们没有认识到意义必须在断言的行为中得到理解。他在《意义作为功能性分类》(1974)中明确指出,首先,理解意义就是"用语词思考"(thinking in words)或"大声想出来"(thinking out loud),在这个意义上自己的立场是一种"言语行为主义"。① 其次,"不只是声明、许诺、警告等,所有的语言片断都是行动"②。在澄清了这两点之后,塞拉斯提出了他的核心观点:一个意义断言好像表达了一种"aRb"的关系,但这种关系性的形式只是一种表象,意义断言背后真正的逻辑形式根本不是关系性的,而是以系词维系的"a is b"形式。简言之,意义不是两个关系项之间的二元关系,意义的本质是一元的。

为了说明这一点,塞拉斯分别考察了意义断言中的主词和谓词。我们先来看意义断言中的主词。塞拉斯认为,意义断言中的主词是一个分举性单称词项(distributive singular term),不是抽象单称词项(abstract singular term),也就是说,它所指涉的不是抽象实体,而是殊型集合(the class of tokens)中的一个分举性殊型(token)。根据这一思路,"'Rot'(in German) means red"大致可以等同于"'Rot's(in German) means red"。将'Rot'改写为'Rot's之后,我们就不会再将'Rot'和某个抽象实体挂钩起来,而将它视为一个殊型集合('Rot's)中的一个分举性殊型。经过改写,原来的意义断言表达了如下的意思:对使用英语的人来说,"rot"在德语中和"red"在英语中发挥的作用是相似的,换言之,"rot"这个词的意义是,德国人在使用它时遵循的规则与英国人在使用"red"时遵循的规则是相似的。这样一来,主词就不再涉及对象,它是元语言的分举性单称词项(metalinguistic distributive singular term),而非对象语言的抽象单称词项。

再来看意义断言中的谓词。塞拉斯为此引入了一个技术化手段:"点

---

① Wilfrid Sellars, "Meaning as Functional Classification (A Perspective on the Relation of Syntax to Semantics)," *Synthese*, 27:3 (1974), p. 418.
② Ibid., p. 421.

第八章 "意义"的意义:塞拉斯与布兰顿

引号"(dot-quotation)。·red·表示所有语言中具有和英语中的"red"相同功能的词,这样·red·变成了一个说明相同功能的"说明类"(illustrating sortal),这个类里包含了所有语言中具有和英语中的"red"相同功能的词。和主词类似地,作为类的谓词是元语言的功能类(metalinguistic functional sortal),而非对象语言的类。用点引号来改写上面的意义断言,"'Rot'(in German) means red"就变成了"'Rot's (in German) are ·red·s"。这一改写方案同样适用于命题:"'a ist rot's (in German) means 'a is red'"实际就是"'a ist rot's (in German) are ·a is red·s"。这样一来,使用"means"的关系形式就被转换成了使用系词的非关系性形式:"t is an ·fa·"。t 表示作为殊型(token)的主语,·fa·表示 a("red")在语言 f(英语)中的功能。如果我们将谓词理解为功能性分类("说明类"),那么任何意义断言实际上都是一种使用系词的特殊形式(specialized form of the copula),因而都是非关系性的。

拒斥非语言的抽象实体是塞拉斯一直以来的工作目标。他曾在 1958 年的一次演讲(《语法和存在:本体论序言》)中明确拒斥了柏拉图式的实在论,认为我们在日常语言中容易将通名、属性、类别等理解成外延,进而在本体论意义上理解它们,正确的做法是考察它们的内涵,坚持唯名论立场。① 但是直到《意义作为功能性分类》,塞拉斯才通过分举性单称词项和元语言的功能类这两个技术化手段将"-ity""-hood""-ness""-tion""that…"这些极易实体化的表达真正唯名论化。② 但这只是这两个手段要完成的其中一个目标。另一个更为重要的目标是,塞拉斯试图通过它们明确阐明意义的本质是功能性分类。他指出:"说一个人说了什么,或者更一般地,说某个表达说了什么,就是给这个表达以一种功能性分类。"③塞拉斯建议我们根据这条功能主义的思路来理解意义:"f-ness = g-ness 当且

---

① See Sellars, *In the Space of Reasons*, pp. 126–62.
② Sellars, "Meaning as Functional Classification," p. 433.
③ Ibid., p. 421.

仅当用于·f·s的规则和用于·g·s的规则相同"。这样一来,意义的问题就和规范和基于规范的推论结合了起来。为了理解语词或表达的意义,我们必须清楚它们具有何种功能,也就是知道它们在语言游戏中扮演何种角色,基于何种规范参与推论性实践。《意义作为功能性分类》的副标题——"关联语义和语用的一个视角"——向我们明确揭示了这个重要维度。我们知道,布兰顿正是在这一维度下进一步推进了塞拉斯的语义建构。

到此为止,塞拉斯似乎通过对意义断言的主词和谓词进行双重改写彻底取消了语词和世界的关联。但我们发现,他在《心理事件》中这样写道:"我并不是说,在存在的序列中,思维在首要意义上是大声想出来和大声想出来的这种倾向。我是说,大声想出来是我们理解思维的首要概念,因此是我们进入心理领域的概念转化入口。"① 也就是说,尽管我们在逻辑上无法离开语言理解思维,但是在事实性的存在序列中,思维还是和某种前语言的东西关联在一起。我们还在《意义作为功能性分类》中找到了另一些表述,这些表述似乎在暗示语词和世界之间存在某种关联。塞拉斯告诉我们,表达有不同的功能,"有些功能是纯粹言内的(句法的),在简单的情况下,涉及经典逻辑句法所描述的规则如何形成和转化。另一些功能则涉及语言如何回应环境中对象的感觉刺激"②。他还探讨了控制语言行为的三个基本形式,分别是:语言转化入口(language entry transition),即说话者在一定的状态下,以适当的语言活动回应知觉情境中的对象;言内步骤(intra-linguistic move),即说话者的语言性概念片断以不违背逻辑原则的有效推论(理论的和实践的)的形式出现;语言转化出口(language departure transition),即说话者用举手的动作回应"我现在要举手了"这样的语言性概念片断。③ 这里的关键是语言转化入口:如果语词和世界之间

---

① Sellars, *In the Space of Reasons*, p. 284.
② Sellars, "Meaning as Functional Classification," p. 421.
③ Ibid., pp. 423 – 4.

第八章 "意义"的意义:塞拉斯与布兰顿

不存在某种关联,说话者是如何以适当的语言活动回应知觉对象的?这些表述提示我们,塞拉斯并没有取消了语词和世界的关联,他并没有完全停留在语义上行的思路中。

事实上,塞拉斯在《经验主义与心灵哲学》中就已经指出:"感觉和形象一旦清除认知的关涉性,假定语言与世界之间的基础联系(fundamental associative tie)一定存在于语词与'直接经验'之间的首要理由就不复存在,这显然就是承认语词—世界联系存在于(比如)'红的'和红的物理对象之间,而非'红的'和所谓的那类私人的红的殊相之间。"[①]塞拉斯的基本思路是,用语词和世界的因果关系替换语词和所予的认知关系,在此基础上,进一步用语词组成的句子构成功能性的推论网络。这样,他就用一种特殊意义上的"语言表征"(linguistic representation)代替了传统意义上的表征。在这个过程中,语词起到了两个关键作用:因果作用和规范作用。前一个作用是后一个作用的前提,也就是说,语言必须首先和世界建立"基础联系"才能发挥它的规范性功能。到了晚年,塞拉斯更加确定了语言和世界之间的基础联系。他在题为《自然主义与本体论》的"杜威讲座"(1973—1974)中告诉我们,语言中的变元"涉及"(range over)语言外实在中的对象(比如石头和老虎)。[②] 他还告诉我们,语言的特点是具有雅努斯之脸(Janus face),它既属于因果秩序又属于理由秩序。[③] 麦克道威尔敏锐地把握到了塞拉斯的这种倾向,他在《塞拉斯的托马斯主义》(2009)中指出:"塞拉斯认为,产生语言片段和语言外情境间描绘关系的同构是语言项具有意义的必要条件。正如我解释过的,塞拉斯认为对语词意义的陈述并没有将语词和语言外秩序中的事物联系起来。但是如果我们认为某个东西把捉到了一个词的意义,它必须要能帮助我们理解这个词所处的语言运作是如

---

① Sellars, *Empiricism and the Philosophy of Mind*, p. 64. 塞拉斯:《经验主义与心灵哲学》,王玮译,第 51 页。译文有改动。
② Wilfrid Sellars, *Naturalism and Ontology: The John Dewey Lectures for* 1973—1974 (Atascadero: Ridgeview, 1997), p. 8.
③ Ibid., p. 130.

何明确指向语言外内容的。如果这幅完整语言图景中的某处不存在对语言外秩序中的元素的指向性,我们就无法理解一个陈述是如何在不提及语言外实在的情况下将意义秩序中的一个元素和意义秩序中的另一个元素排列起来的。因此,在塞拉斯看来,我们虽然必须将这种指向性和语词的意义区分开来,但也需要认为到它是语词具有意义的必要条件。"①

塞拉斯将语言和世界之间的因果关系界定为"描绘"(picturing)。有批评者认为,塞拉斯并没有恰当地说明描绘的涵义,也没有给出正确描绘的标准。② 如果我们考虑到,塞拉斯虽然付出了极大的努力尝试界定"印象",但仍没有得到令自己满意的结果,这个批评显然是有效的。但德弗里斯(Willem A. DeVries)提醒我们注意:我们不能将塞拉斯的这种构想简单理解为早期维特根斯坦式的摹写,"根据塞拉斯的解释,描绘关系并非像维特根斯坦原来认为的那样,是事实之间的关系,而是处于因果和自然秩序中的对象之间的关系"③。这一提醒对于我们理解塞拉斯的思路而言是关键性的。在塞拉斯那里,描绘并不是用一个自然秩序外的东西表示一个自然秩序内的东西,而是自然秩序内各对象之间的关系。塞拉斯在《真理与"符合"》(1962)中指出,如果语言表达属于自然秩序,那么"这意味着我们必须考量语言表达的经验属性和事实性关系,尽管这些属性和关系肯定非常复杂,包含了语言使用者及其环境之间的所有恒定关系或一致性"。塞拉斯进一步将自然秩序中的语言性对象称为"自然—语言对象"(natural-linguistic object)。④ 他甚至在《命名与言说》(1962)中指出,不但"自然—语言对象"在"狭窄意义上"存在于世界中,而且功能性的共相(比如用点引号表达的功能类)也在"宽泛意义上"存在于一个"包含了规范与

---

① McDowell, *Having the World in View*, pp. 247-8. 麦克道威尔:《将世界纳入视野》,孙宁译,第 234 页。
② See for example J. F. Rosenberg, *One World and Our Knowledge of It* (Dordrecht: D. Reidel, 1980).
③ Willem A. DeVries, *Wilfrid Sellars: Philosophy Now* (Chesham, Bucks: Acumen Publishing, 2005), p. 51.
④ Sellars, *Science, Perception and Reality*, p. 212.

第八章 "意义"的意义：塞拉斯与布兰顿

角色"的世界中。① 如果语言是自然对象，那么语言和世界之间当然可以发生因果关系，因为它们同处于自然秩序中。在此基础上，塞拉斯在《科学与形而上学》中进一步阐述了语言和世界的关系：第一，非论证性的指涉性表达本身必须属于"自然"秩序，并和对象联系在一起，这里的对象包含了语言转化入口、言内步骤和语言转化出口；第二，必须有某个相对稳定的命题框架来描述这些对象在时空中的相对位置；第三，这个框架必须"具体说明语言使用者在环境中的位置"；第四，这个框架必须"具体说明与指涉性表达相连的对象当下此处所处的位置"。②

因此，在塞拉斯看来，语言不是一个形式框架，而是处于由事件和对象构成的时空秩序中，并和这个时空秩序中的其他事件和对象（无论是语言的还是非语言的）发生因果性的互动。在这个意义上，语言描绘世界的说法的确带有一些误导性，因为描绘暗示了一种关系，而塞拉斯明确告诉我们，意义断言的真正形式根本不是关系性的，而是以系词维系的"a is b"形式。这一转换的深层内涵是，语言无须指涉世界，因为语言就是世界，也就是说，语言最终必须在自然秩序中得到理解，语言的意义必须体现在世界的结构中，并和世界发生非意向性的因果关系。塞拉斯在《真理与"符合"》中指出，所谓的"符合"（语言符合世界）实际上一种"投射"（projection）："在事实性陈述（以及它们所表达的思维活动）中，语言使用者是在投射他们生活于其中的世界。"③他还告诉我们，不但事实性陈述是如此，更为抽象和高级的思维活动同样也是如此，只不过现阶段还无法证明这一点，我们需要等到"心灵哲学全部完成"。④ 到此为止，塞拉斯的根本洞见才真正得到揭示：语言和世界是在同一个自然秩序中交缠在一起的，这种交缠不仅是意义的唯一来源，也是产生新意义的唯一方式。在揭示了这一洞见之后，如果我们再回过头来看前面提到的"杜威讲座"的标题（《自然主义与本

---

① Sellars, *Science, Perception and Reality*, p. 223.
② Sellars, *Science and Metaphysics*, pp. 120-1.
③ Sellars, *Science, Perception and Reality*, p. 212.
④ Ibid., p. 224.

体论》),就会发现塞拉斯想要建构的正是这样一种"自然主义本体论"。

Ⅲ 布兰顿

布兰顿在《对指涉的解释》(1984)中明确指出,自己认同塞拉斯的思路,即言外指涉并不是语言与世界之间的关系,并且任何言外指涉都可以转换为言内指涉。① 他试图从句子(sentence)和次语句(sub-sentence)两个层面阐明这一点。

我们在上一章提到,布兰顿从塞拉斯那里继承的一个重要观点是认识到"命题性的首要性"。和塞拉斯一样,布兰顿认为意义必须在断言的行为中得到理解,而断言的基本形式则是直接参与推论性实践的断言句。因此,布兰顿认为对意义的探讨首先应该在句子的层面上展开。我们知道,布兰顿从维特根斯坦那里得到的一个核心洞见是,意义必须在使用中被理解。但不同于维特根斯坦,布兰顿认为在众多语言中存在着一种最为基本的游戏形式,那就是给出和要求理由的推论性实践。我们在给出和要求理由的活动中考察彼此作出了何种承诺性的断言以及作出此断言的资格,并在这种交互过程中表达自己。因此,要理解一个句子的意义,我们必须将它放在给出和要求理由的实践语境中。一个句子的意义是由它所处的全部推论关系决定的,从原则上来,只有考察了一个断言句涉及的所有承诺与资格,我们才可以说自己把握了它的意义。但在具体的实践过程中,很少会出现这种理想状态,因为我们不可能考察和一个断言句有关的所有承诺与资格。布兰顿指出,这并不妨碍我们理解一个句子的意义,只要我们知道自己在使用它时具体在做什么(what one is doing in using),就已经在实践层面上把握了它的意义,在此基础上,我们再通过逐步阐明隐含在实践中的规范,以使得句子的意义逐渐明晰化。

---

① Robert Brandom, "Reference Explained Away," *The Journal of Philosophy*, 81:9 (1984), pp. 469-70.

第八章 "意义"的意义：塞拉斯与布兰顿

在句子层面上，言外指涉并不是严重的问题，我们不需要成为一个推论主义者才能接受下面的结论，即一个句子的意义是由它所处的全部推论关系决定的。但是如果我们从句子层面转向次语句层面，也就是组成句子的各个部件（比如单称词项和谓词），言外指涉就变成了一个亟待解决的问题：如果单称词项和谓词并不指涉某个非语言对象，它们的意义又是从何而来的？布兰顿的基本想法是，因为次语句间接地参与推论活动，所以和句子一样，它也处于一种特殊的推论性实践中，它的意义也是由它所处的全部推论关系决定的。布兰顿将这种特殊的推论性实践称为"替换推论"（substitution inference）。

为了阐明这一点，我们首先要引入一个技术化工具，也就是布兰顿的回指（anaphora）理论。回指理论是布兰顿的一个重要工具，它帮助布兰顿完成了两个主要工作。首先，在格罗夫（Dorothy Grove）、坎普（Joseph Camp）和贝尔纳普（Nuel Belnap）的已有工作的基础上[1]，布兰顿用回指理论对冗余论进行了改良，发展出一种基于社会实践的理性主义真理观。关于这一方面的工作，陈亚军已经在《社会交往视角下的"真"——论布兰顿的真理回指理论》一文中作了清晰而深入的探讨，希望进一步了解的读者可以向该文寻求帮助。[2] 另一方面，布兰顿通过回指理论解决了句子中各个部件的指涉问题，我们要讨论的就是这一方面的工作。

"回指"这个术语是查斯坦（Charles Chastain）在《指涉与语境》（1975）中首次提出的。[3] 比如，下面这段话中包含了两条回指链（anaphoric chain）：

A man in a brown suit approached me on the street yesterday and offered to buy my briefcase. When I declined to sell it, the man doubled

---

[1] See Dorothy Grover, Joseph Camp & Nuel Belnap, "A Prosentential Theory of Truth," *Philosophical Studies*, 27:2 (1975), pp. 73-125.
[2] 参见陈亚军：《社会交往视角下的"真"——论布兰顿的真理回指理论》，《哲学动态》2012年第6期，第88—93页。
[3] See Charles Chastain, "Reference and Context," in Keith Gunderson, ed., *Minnesota Studies in the Philosophy of Science*, vol. VIII: *Language, Mind, and Knowledge* (Minneapolis: University of Minnesota Press, 1975), pp. 194-269.

his offer. Since he wanted the case so badly, I sold it to him.

第一条回指链是:"A man in a brown suit… the man… he …him"。

第二条回指链是:"my briefcase… it… the case… it"。

在每一条回指链中,第一个单称词项保证了后面每一个元素的指涉,换言之,后面的每一个元素都是回指依赖的(anaphoric dependence)。查斯坦由此得出的一个重要结论是:除了罗素指出的量化释义(quantificational paraphrase)的功能,非限定摹状词(indefinite descriptions)——比如第一条回指链中的"a man"——同时还具有单称指涉(singular reference)的功能。不过我们应该注意,在一条由非限定摹状词发起的回指链中,如果我们将后面的元素都替换成第一个非限定摹状词,句子的意思就会发生改变。比如:

A Republican senator threatened to filibuster the Wilderness bill. The Senator's staff persuaded him that this action was unwise, so he left the chamber.

这段话中包含的回指链是"A Republican sentor… The senator… him… he",我们试着替换这条回指链中的其他元素,将它变为:

A Republican senator threatened to filibuster the Wilderness bill. A Republican senator's staff persuaded a Republican senator that this action was unwise, so a Republican senator left the chamber.

显然意思发生了明显的改变,这种情况在由单称词项(专名)发起的回指链中是不会发生的。因此,在由非限定摹状词发起的回指链中,后面的元素只能用限定摹状词,这一原则在语言学中被称为"限定性转化"(definitization transformation),但我们不能根据这一原则否认非限定摹状词具有单称指涉的功能。

现在让我们来看布兰顿的工作。布兰顿指出,替换推论有两种基础形式。比如,在"奥威尔是人。||《1984》的作者是人。"和"奥威尔是哺乳动物。||奥威尔是动物。"这两组推论中,前一组用"《1984》的作者"替换了"奥威尔",后一组用"动物"替换了"哺乳动物"。在前一组中,你可以从"奥

第八章 "意义"的意义：塞拉斯与布兰顿

威尔是人"推出"《1984》的作者是人"，也可以从"《1984》的作者是人"推出"奥威尔是人"。但在后一组中，你可以从"奥威尔是哺乳动物"推出"奥威尔是动物"，但不能从"奥威尔是动物"推出"奥威尔是哺乳动物"。用布兰顿的来说，前一组是"对称的"（symmetric），后一组是"不对称的"（asymmetric）。这是单称词项和谓词的重要区分，单称词项就是那些包含在对称的替换推论中的表达（"奥威尔""《1984》的作者"），而谓词则是那些包含在非对称的替换推论中的表达（"是哺乳动物""是动物"）。① 但无论是对称的替换推论还是不对称的替换推论，其中涉及的次语句实际上都已经变成了复杂代词（complex pronoun）。查斯坦已经证明，将次语句理解为复杂代词是可行的，因为即使非限定摹状词也具有单称指涉的功能。作为复杂代词，次语句的首要功能是语义指代，它的指代内容是回指链中的回指前件，它的意义由它和回指前件共同构成的实质性替换推论决定。从原则上来讲，替换推论可以无限进行下去，而回指链也是在这种特殊的推论性实践中无限延伸的。因此，如果次语句的意义也是由它所处的全部推论关系决定的，那么完全理解一个次语句的意义就成了无法实际实现的理想状态。

不过，除了无限延伸的特点，替换推论的回指链还有另一个更为重要的特点，那就是引出规范。布兰顿指出，任何替换推论都可以表述为断言的形式。单称词项的替换可以用简单的"＝"来表达："奥威尔＝《1984》的作者。"谓词的替换则可以用全称命题的形式来表达："所有是动物的都是哺乳动物。"这两个断言实际上就是对替换规则的说明。为了说明回指链与规范的关系，布兰顿特别区分了直示（deixis）和回指（anaphora），直示是"无法重复的殊型"（unrepeatable tokenings），而回指则是"可重复的殊型"（repeatable tokenings）。和塞拉斯不同，布兰顿并不认为单称词项只是"殊型集合"，他认为，作为回指链中的回指表达，单称词项是可重复的殊型，我们可以通过这种可重复性界定出一个相对不变的对象来。他在《阐

---

① See for example Brandom, *Articulating Reasons*, p. 135.

明理由》中告诉我们:"我们可以尝试在没有具体对象的情况下来对单称词项作出说明,然后通过具体对象和单称词项表达式之间的关系来界定对象是什么。"①他还在《使之清晰》中明确指出:"对象本质上就是那些可以被一再辨识为相同的事物。"②如果没有这种基于可重复性的规则,成功的意义交流和推论实践是不可能实现的,在这个意义上,"回指链是道义计分者(deontic scorekeepers)归属给语言的规范性特征"③。在阐明了回指链的规范性特征之后,布兰顿指出:"回指比直示更为基础,有回指机制而没有直示机制的语言是存在的,但有直示机制而没有回指机制的语言在原则上是不存在的。"④用一句简单的口号来表达:没有重现(recurrence)就没有出现(occurrence)。⑤

到此为止,布兰顿从句子和次语句两个层面阐明了语词或表达的意义是由它们所处的全部推论关系决定的。我们已经在前面的讨论中提到了这条思路遇到的一个关键问题:一方面,句子的意义是由它所处的全部推论性关系决定的,但我们不可能考察一个句子涉及的所有承诺与资格;另一方面,次语句的意义也是由它所处的全部推论关系决定的,但回指链又是无限延伸,我们不可能追溯一个次语句的所有回指前件。布兰顿自己也认识到,这种全局主义在某种程度上"威胁到了互相理解和成功交流的可理解性"⑥。在绝大多数时候,"我们每个人都体现了不同的视觉和实践视角,因而永远不可能作出同样的承诺"⑦。显然,这里的问题已经超出了对语义的讨论,触及了哲学史的一个永恒母题:如何在视角主义(perspectivism)的语境中探讨规范和标准。对这一母题的思考最早可以追溯至智者学派,最极端的例子则可以举出尼采。

---

① Brandom, *Articulating Reasons*, pp. 154-5.
② Brandom, *Making It Explicit*, p. 424.
③ Ibid., p. 460.
④ Ibid., p. 621.
⑤ See ibid., p. 465.
⑥ Ibid., pp. 587-8.
⑦ Ibid., p. 509.

第八章 "意义"的意义:塞拉斯与布兰顿

布兰顿希望在社会性的语境中找到解决方案。为此,他区分了从言(de dicto)和从物(de re)两种归因(ascription)方式。在前一种归因方式中,我们思考的是说话者在谈论什么;在后一种归因方式中,我们思考的是什么被说出或谈及。前者涉及思维的命题维度,后者涉及思维的表征维度。布兰顿指出:"将他人的信念内容作从物归因,由此得到的具体表达对交流而言是关键性的。"① 比如,为了让有分歧的视角成功地交流,公诉人不应该说"辩护律师相信一个病态的说谎者是一个值得信赖的证人"(The defense attorney believes a pathological liar is a trustworthy witness),而应该说"关于一个病态的说谎者,辩护律师说他是一个值得信赖的证人"(The defense attorney claims of a pathological liar that he is a trustworthy witness),由此将原来的陈述由从言归因转化为从物归因。这里的关键在于"关于"(of)这个词,它帮助我们将视角从如何谈论转向了谈论什么。② 布兰顿还指出,从物归因并不是说话者认为自己承诺了什么,而是解释者作为归因者认为说话者承诺了什么,不管说话者本人的态度如何。③ 由此来看,他实际将归因者的视角理解为客观的从物态度,但这种通过从物归因得到客观性是否能克服视角主义带来的相对性呢?正如福多和勒波所批评的,"一个反'推论主义'的观点是老生常谈,且是显而易见的:你不能依赖推理的概念从意见中抽象出世界"④。

当然,布兰顿自己也清醒地认识到了这一点,但他同时也认识到,从社会性的思路出发永远不可能获得对象性意义上的客观性。但布兰顿显然无法完全放弃对这种客观性的诉求,他告诉我们:"无论我们以真或以理由的方式来思考命题内容,都有义务去讨论关涉性和表征。"⑤ 为了平息这种冲动,他甚至求助于语义外在论:"我们要表达的意思取决于事物实际是怎

---

① Brandom, *Articulating Reasons*, p. 180.
② Brandom, *Making It Explicit*, pp. 505–6, see also pp. 502–3.
③ Ibid., pp. 596–7.
④ Jerry Fodor & Ernie Lepore, "Brandom's Burdens: Compositionality and Inferentialism," *Philosophy and Phenomenological Research*, 63:2 (2001), p. 480.
⑤ Brandom, *Articulating Reasons*, p. 158.

样的,不管我们是否知道它们究竟是怎样的。"①但他最终认为自己可以在推论主义思路的内部给出对表征的界定,但这要求我们将对表征的谈论"放在故事的结束,而非开端"②。为此,他提出了两条原则:"第一,所有命题内容(概念内容)都具有表征维度;第二,这个表征维度是社会性推论实践的表达,因此命题内容和概念内容只能从社会实践中获得。"③他将这个意义上的表征称为"弱的全局性语义表征主义"(soft global semantic representationalism)。④ 他在一篇回应文章《全局性反表征主义?》(2013)中指出:"罗蒂和普莱斯(Huw Price)认为表征主义是恶的,因而要求或者至少建议一种全局性反表征主义。而我则认为……这样的反应过激了。……我们可以这样理解表征语汇,它扮演了一个重要的(或者更确切地说是本质性的)表达性角色,即将语义内容中的推论性表征维度清晰地表达出来,以帮助我们阐明每一个自律的推论性实践。"⑤

到此为止,布兰顿的思路已经很清晰了:一方面,他在一个推论主义的融贯论语境中理解意义,否认语言与世界的直接关联;另一方面,他试图重新界定表征,从而在语言和世界之间再次建立起联系,用一种语义的表征来代替对世界的直接表征。正如陈亚军在《"世界"的失而复得——新实用主义三大家的理论主题转换》中所言:"布兰顿从罗蒂的立场出发,以一种精致而又系统的方式,将罗蒂的推论主义和对社会实践的强调推到极致,但同时他又赞同普特南、麦克道威尔的主张,不愿意放弃世界,试图将语言和世界统一起来。"⑥为了实现这一目标,关键的难点在于如何界定语义的表征。事实上,布兰顿受到的主要批评也正是来自这一点。这里问题在

---

① Brandom, *Making It Explicit*, p. 647.
② Brandom, *Perspectives on Pragmatism*, p. 11.
③ Brandom, *Making It Explicit*, p. 497.
④ Brandom, *Perspectives on Pragmatism*, p. 214.
⑤ Huw Price et al., *Expressivism, Pragmatism and Representationalism* (Cambridge: Cambridge University Press, 2013), p. 109.
⑥ 陈亚军:《"世界"的失而复得——新实用主义三大家的理论主题转换》,《中国社会科学》2012 年 1 期,第 45 页。

于,第一方面的工作是偏向于语言的,而第二方面的工作是偏向于世界的,我们很难将这两个各有倚重的方向统一起来。综观布兰顿的工作,可以说他大致偏向前一个方向,尽管他也不愿放弃后一个方向。他自己也在《介于言与行之间》中自问,"我所叙述的故事是否在语词/世界的区分中过于坚定地站在了语词的这一边?"①正是因为这种偏向,布兰顿始终无法对表征作出令人满意的界定。

Ⅳ 语言与世界

对意义的理解是否能够限制在语言内部? 塞拉斯和布兰顿都给出了否定的回答。但他们又告诉我们,应该放弃对意义的因果性解释,语词或表达并不指涉自身之外的某个东西,它们的意义是由它们在语言活动中所处的位置决定的。公允地说,塞拉斯和布兰顿并没有真正调和这两个相互矛盾的选项,更多的时候,他们是在不断调整分配给这两个选项的比重。但无论如何,他们都意识到,语言必须超出自身和世界发生关系。他们试图通过两条不同的路径实现这一点。我们在上面的讨论中指出,塞拉斯试图通过一种自然主义本体论让语言处于由事件和对象构成的自然秩序中,并和这个秩序中的其他事件和对象发生因果性的互动。塞拉斯试图将语言放到世界中去,而布兰顿则试图将世界拉到语言中来。他在一篇回应文章中指出:"使用概念的实践与这种实践所处的非概念世界之间界线并不能被简单地理解为概念与非概念的界线。在一个重要的意义上,这样的界线并不存在,所有东西都处于概念领域之中。"②他还在《使之清晰》中特别地指出,这条概念实在论的思路并不是将一切实在概念化的观念论,相反,"推论性实践包含了实际事物。它们是坚实的(solid),或者可以说是物质

---

① Brandom, *Between Saying and Doing*, p. 177.
② Robert Brandom, "acts, Norms, and Normative Facts: A Reply to Habermas," *European Journal of Philosophy* 8:3 (2000), p. 357.

的：它们是我们在经验性实践中处理的实际物体，包括我们自己的身体，以及他人或他物的身体"①。换言之，"推论性实践也包含了非推论性的输入和存在"，正因为如此，推论性实践不但是规范的，还是"坚实的"，甚至是"块状的"（lumpy）。② 但塞拉斯和布兰顿都没有令人满意地说明，这种"放回"和"拉入"究竟是如何实现的。问题的根源在于，正如陈亚军所指出的，布兰顿（这同时也是塞拉斯的问题）强调"语言的独立性"，"将人的语言实践与动物应付环境的活动截然对立"，并"将规范、语言置于一个封闭的领域"。③ 当然，在他们看来，这个问题并不是理论上的缺陷，而是应该坚持的理论前提。

如果我们停留在匹兹堡学派的视域内部，语言和世界也许永远无法真正统一起来。为了实现这一目标，我们需要超出匹兹堡学派的视域。陈亚军提示我们，重新回到古典实用主义也许是一条可行的思路。④ 我们必须以古典实用主义的方式将人的前语言状态和语言状态放在一个连续性的进程当中，语言从一开始就不是世界之外的某种东西，而是世界之中的某种东西，语言是和世界一起生长的。在这样的理解下，我们就无须考虑语言是否指涉世界的问题，因为语言和世界原本就处于一个整体性语境当中，古典实用主义者将这个语境称为"经验"。杜威在《经验与自然》中告诉我们，"将语言（logos）等同于心灵是正确的"，但我们"不能对语言和心灵作超自然的理解"。⑤ 正确的理解应该是："世界之所以是知识的对象，就是因为心灵是在世界中发展的。"⑥

事实上，塞拉斯和布兰顿都已在不同程度上触及了这一洞见。塞拉斯指出，世界的图景总是一幅关于"世界中的人"（man in the world）的图景。而布兰顿则提出了"意义—使用关系"（Meaning-Use Relations，简称

---

① Brandom, *Making It Explicit*, p. 332.
② Ibid., p. 632.
③ 陈亚军：《"世界"的失而复得——新实用主义三大家的理论主题转换》，第46页。
④ 同上，第45—46页。
⑤ LW 1:134.
⑥ LW 1:211.

第八章 "意义"的意义:塞拉斯与布兰顿

MURs)的两个基本形式:实践—语汇充分性(Practice-Vocabulary Sufficiency,简称 PV-Sufficiency)和语汇—实践充分性(Vocabulary-Practice Sufficiency,简称 VP-Sufficiency)。实践—语汇充分性是指,当一个人进行某种实践或运用某种能力时,他已经隐含地拥有并运用了一种语汇;语汇—实践充分性则是明确说出一个人为了要进行某种实践或运用某种能力,必须拥有并运用哪种语汇。布兰顿指出,语言在使用过程中获得的意义就是在整合这两种基本语汇的过程中获得的,它们分别代表了意义的实践维度和表征维度。哲学工作的主要目标当然是分析和阐明第二种语汇,但这并没有取消第一种语汇(也就是实践语汇)在意义建构中的首要位置。布兰顿在《介于言与行之间》中告诉我们:"实践是'有厚度的',它本质地包含了对象、事件和世界的事实状态。世界的各部分在这种能力的运用中与这些实践结合在一起。"①换言之,我们的能力在实践中和世界本质地相遇。但这些洞见并没有让塞拉斯和布兰顿真正回到古典实用主义,阻止他们的是对 knowing-how 与 knowing-that 的严格区分,也正是因为这种区分,语言如何与世界挂钩在他们那里成了无法规避和极难解决的问题。坚持非连续性的匹兹堡学派无法像古典实用主义者那样从一开始就将心灵和世界纳入一个整体性语境中,他们只能在丢失了世界之后重新找回世界。也许麦克道威尔已经认识到了这一思路的问题,他建议我们从一开始就"将世界纳入视野"。但我们会在下一章的讨论中看到,麦克道威尔本质上也是一个坚持非连续性的哲学家。

哲学史的无数事实告诉我们,两种相互抵牾的哲学立场永远不可能在它们共处的问题域中得到化解。为了澄清匹兹堡学派和古典实用主义者之间的分歧,我们必须跳出他们的问题域,甚至在必要的时候跳出哲学的语境。一般认为,语言的发展经历了从简单到复杂的过程,而丹麦语言学家叶斯柏森(Otto Jespersen,1860—1943)在 20 世纪初就已经在试图阐明,我们的理解或许完全颠倒了事实。叶斯柏森指出:"语言的进化显示了

---

① Brandom, *Between Saying and Doing*, p. 178.

这样一种渐进的趋势：从不可分的、不规则的聚合体（conglomerations）到可供我们自由组合的规则的短元素（short elements）。"他告诉我们："一种语言越高级，它表达抽象观念或一般观念的能力就越强。所有语言一开始的表达对象都是具体和特殊的。……在塔斯马尼亚的原始人那里，表示抽象概念的词是不存在的。对每一种橡胶树和合欢树，他们都有一个词来表示，但他们没有等同于'一棵树'这样的表达，他们也无法表达像'硬的、软的、暖的、冷的、长的、短的、圆的'这样的性质。莫希干人有表示切各种对象的词，但他们没有一个词来简单地表达切这个动作。祖鲁人没有一个词来表示'奶牛'，但他们却有词来表示'红奶牛'、'白奶牛'等等。"①从叶斯柏森的语言学探讨中，我们看到语言如何从一开始就与世界及世界中的具体存在紧紧耦合在一起，又如何一步步从世界中抽离出来，从类似于世界的"聚合体"进化成可供操作的"短元素"。除此之外，我们还应该认识到，进化后的语言形态并不是完全抽象的，其中还保留了许多原始的阶段和状态。比如，朗格（Susanne K. Langer，1895—1985）曾指出，语言中有许多同形异义词（homonym）表达了完全相反的两个意思，比如"cleave"既有劈开又有紧贴的意思，"farrow"既有（猪）产仔又有（牛）无法产仔的意思。这一事实说明："每个原始概念都产生并存在于一个关联性的区域，这个区域从概念自身的逻辑域一直延伸到与之相对逻辑域，并包含了处于这两个端点之间的所有概念。语言的根源往往表达了被感受到的经验，要么是行动的经验，要么是受到的冲击。感受有好有坏，有开心有不开心，它们之间是连续的，无论我们从哪一种感受出发，总会在某个地方（不一定是在中间位置）走向它的反面。"②这种基于感受的多义性和变动性恰恰说明进化后的语言仍然深深地扎根在生成它的世界中。这一事实也提示我们，使意义清晰的过程也许是在扼杀语言本

---

① Otto Jespersen, *Language: Its Nature, Development and Origin* (London: George Allen & Unwin, 1922), p. 429.
② Susanne K. Langer, *Mind: An Essay on Human Feeling*, Vol. 1 (Baltimore: John Hopkins University Press 1967), pp. 196 – 7.

身的生命力。当然,以上这些探讨已经超出了本书的研究视域,但是为了理解心灵和世界,我们也许不但要超出匹兹堡学派和古典实用主义的视域,还要超出哲学本身的视域。

第九章
黑格尔、古典实用主义与匹兹堡学派

I 从黑格尔到古典实用主义再到匹兹堡学派

19世纪后半叶,英国和北美的哲学家们开始重新确认黑格尔的理论价值。借助黑格尔的观念论,牛津的格林学派试图通过批判英格兰和苏格兰的哲学传统来延续这一传统,而北美的"圣路易黑格尔主义者"——以哈里斯(William Torrey Harris,1835—1909)和布罗克迈耶(Henry Conrad Brokmeyer,1828—1906)为代表——则试图将黑格尔和超验主义的资源进行有机的整合。和英国的新黑格尔主义者一样,北美的黑格尔主义者试图用本土的思想资源消化和吸收了黑格尔。黑格尔试图阐明,概念的展开是一个不断中介和交互的过程,刻画这一过程的方法并不是从笛卡尔自康德以来的线性演绎,而是现象学的描述,换言之,一个抽象的概念必须在历史性的生成过程中获得具体的个体性。这时的西方思想已从机械世界观逐渐转向了有机世界观,而黑格尔在这一转向中起到了极为重要的作用。可以这样说,圣路易的黑格尔主义者和罗伊斯(Josiah Royce,1855—1916)试图在观念论内部发展黑格尔哲学的有机面相,但这种观念论思路越来越无法满足已完全成型的有机世界观。由此出现了两条不同于观念论的思路——古典实用主义和以怀特海(Alfred North Whitehead,1861—1947)为代表的过程哲学。黑格尔的元素并没有被完全放弃,只不过用后达尔文时代的进化语汇和有机语汇进行了重新表达,在这一过程中,这些哲学家逐渐确认了超越黑格尔的必要性。黑格尔只是帮助他们建构和表达自身思想体系和世界观的工具,因此,对黑格尔的接受史同时也

第九章 黑格尔、古典实用主义与匹兹堡学派

必然是对黑格尔的克服史。但是,当这种世界观已经完全形成,需要我们回过头来对此进行反思时,对黑格尔的克服已经不是最为紧要的任务,相反,我们需要更加仔细地清理黑格尔的遗产。我们在匹兹堡哲学家那里看到的就是这样的态度,黑格尔对我们的帮助不再是世界观的界定和刻画,而是为我们提供处理遗留哲学问题的各种方案。本章要探讨的就是上述线索的内部逻辑。

伯恩斯坦(Richard Bernstein,1932—)等人已经非常清晰地总结了黑格尔与古典实用主义的关系。① 关于黑格尔思想中的古典实用主义要素,在此我们简略地提示三点。首先是黑格尔的反表征论立场。黑格尔认为,观念必须在辩证历程中不断得到澄清,直接表征对象的观念是笛卡尔以来的近代哲学家的幻想。因此,认识是一个动态进程,它的核心是作为中介的认知关系,而不是作为关系项的主体或对象,主体和对象在发展的认知关系中相互塑造,逐渐统一。在古典实用主义者那里,黑格尔的辩证历程被进一步把握为"经验"。用詹姆士和杜威的话来说,经验的基本结构是"双管的"(double-barreled),杜威在《经验与自然》中告诉我们:"经验的原初整体中并没有行动与材料、主体与对象之间的区分,经验将它们包含在一个未经分析的整体中。'事物'与'思维',就像詹姆士在同样的意义上所指出的,是单管的,因为它们是反思在原初经验之上进行区分之后的产物。"② 其次是黑格尔对康德式先验方法的拒斥。黑格尔不认同基于范畴应用的康德式先验方法,因为后者认为我们对范畴的把握可以独立于具体的应用过程。黑格尔要求我们用现象学描述的方法追溯自我意识的发展

---

① Richard Bernstein, "Hegel and Pragmatism," in *The Pragmatic Turn* (Cambridge: Polity, 2010), pp. 89 - 105. See also Antje Gimmler, "Pragmatic Aspects of Hegel's Thought," in William Egginton & Mike Sandbothe, eds. *The Pragmatic Turn in Philosophy* (Albany: State University of New York Press, 2004), pp. 47 - 66. For book-length studies, see Tom Rockmore, *Hegel, Idealism, and Analytic Philosophy* (New Haven: Yale University Press, 2005); Paul Redding, *Analytic Philosophy and the Return of Hegelian Thought* (Cambridge: Cambridge University Press, 2007).

② LW 1:18 - 19.

历程,用一种统一了形式和内容的辩证逻辑代替完全基于形式的传统逻辑。这样的思路无疑会在实用主义者那里引起共鸣。杜威在《逻辑理论的当前位置》(1891)中以同样的思路批评康德:"康德从来没有想过去质疑这种具有固定形式的特殊思维功能是否真的存在。他一再重申,思维独立于事实并使用从外部给予它的事实。"①最后一点当然是黑格尔的实践倾向。在黑格尔那里,认知是一个真实事件(Geschehen),它不只是沉思性的,作为真实活动的思维必然改变由主体和对象共同构成的实在进程。古典实用主义者并没有简单地移用黑格尔的这三点实用主义要素,而是将它们放到自己的语境中进行了重新的解读和修正。同样,匹兹堡学派的哲学家也在他们自己的语境中对黑格尔作了再阐释。在从黑格尔到古典实用主义再到匹兹堡学派这一整体叙事框架下,我们应该仔细地比较这两条解读线索,厘清它们在意图、思路和后果上的异同。关于前一条线索,我们以杜威与黑格尔的关系为例稍作展开。

我们知道,杜威最初的哲学训练来自新黑格尔主义者莫里斯(George Sylvester Morris, 1840—1889)。杜威在他的理论自传(1930)中告诉我们,黑格尔主义是他哲学思考的出发点,并在极大程度上影响了他的早期哲学思考,但在1900至1917年间,他经历了从绝对主义到实验主义的转向,他的成熟哲学形态,所谓的工具主义(instrumentalism),无论是就其根本旨趣还是理论结构而言,都与黑格尔主义大相径庭。② 但问题并不是如此简单。如果杜威在中后期完全抛弃了黑格尔主义,那么为什么我们仍然能在《经验与自然》《作为经验的艺术》(1934)、《一种共同信仰》(1934)等著作中发现黑格尔哲学的影子呢? 为什么他要在《确定性的寻求》(1929)中将自己的立场界定为"实验主义的观念论"(experimental idealism)呢?③ 一个正在变成杜威研究者共识的事实是,黑格尔主义并不是杜威思想发展

---

① EW 3:135.
② John Dewey, "From Absolutism to Experimentalism," LW 5:147-160.
③ LW 4:134.

第九章　黑格尔、古典实用主义与匹兹堡学派

中一个不成熟的篇章,而是在杜威那里留下的"永久性遗产"(permanent deposit)。① 事实上,永久性遗产是杜威本人给我们的提示。他在自传中告诉我们:"在之后的十五年间,我逐渐漂移了黑格尔主义。'漂移'这个词表达了一个缓慢、漫长而又难以觉察的过程,尽管它体现不出这种转变是有充分原因的。不管怎样,我永远也不会忽视,更不用说否定——精明的批评者时常将之视作是一个新的发现——与黑格尔的亲近在我的思想中留下的永久性遗产。黑格尔哲学体系的形式现在于我看来完全是人造的,但其中的内容却具有非凡的深度,并且,如果脱离那些机械化的辩证框架,他的许多分析具有超常的敏锐度。如果要我选一个哲学体系去拥护,我仍然认为黑格尔的体系比任何其他体系具有更为丰富而广泛的洞见。"②

杜威告诉我们,黑格尔对他有着巨大的吸引力,因为黑格尔帮助他认识到"主体与客体、物质与精神、神性与人性之间实现的辩证统一并不只是一种理论形式,同时它还是一种无限的释放,一种解放"③。换言之,黑格尔的真正洞见在于将抽象的普遍性替换为具体的个体性,也就是在实践进程中实现的个体与普遍的统一。杜威在《新旧个人主义》(1930)中强调的"个体性"(individuality)无疑是这一思路在社会和政治层面的重新表达。尽管如此,杜威又是达尔文之后的哲学家,他必须将黑格尔辩证世界观和达尔文的进化世界观嫁接起来。杜威的女儿简(Jane Dewey)曾在一篇传记性文章中引用杜威的原话:"早年我在芝加哥大学的时候,曾经做过一个关于黑格尔逻辑的研讨班。当时我试图用'重适'(readjustment)和'重构'(reconstruction)来重新解释黑格尔的范畴。但是我逐渐意识到,如果能够完全从黑格尔式的外衣中解放出来,这些概念的实际含义便能更好地得到理解。"④很明显,杜威试图重构而不是完全抛弃黑格尔的范畴,他试图从

---

① See for example James A. Good, *A Search for Unity in Diversity: The "Permanent Hegelian Deposit" in the Philosophy of John Dewey* (Lanham, MD: Lexington Books, 2006).
② LW 5:154.
③ LW 5:153.
④ Paul Arthur Schilpp, ed. *The Philosophy of John Dewey* (New York: Tudor, 1939), p. 18.

黑格尔式的外衣中解放出来,但那些最基本的方法性原则是可以得到保留的。他在《逻辑理论的当前位置》中指出,一般认为康德与科学精神是契合的,黑格尔则完全站在科学精神的反面,"而我则认为康德违反了科学,黑格尔(我指的是他的基本方法,而非特殊的理论结果)却体现了科学精神的精髓"①。杜威在黑格尔的方法和实验性的探究方法之间看到了某种亲和性,但是为了"兑现"这种亲和性,也为了与真正的实在发生接触,实现真正意义上的个体性,我们必须首先用探究逻辑代替辩证逻辑,用一种生存性的本体论代替黑格尔的逻辑本体论,用自然主义的经验概念代替辩证历程。杜威指出:"一方面是对图型化和形式化框架的本能倾向,另一方面是迫使我考虑现实材料的个人经验,我觉得这两者间的斗争在我的思想发展中占据了主导地位。……我在后期著作中对具体性、经验和'实践'的强调正是出于这一考量。这种强调是对我自身中更为自然的那部分的反动,我用它来反对和预防自身之内的某些东西;在我看来,在实际经验的重压下,这些东西是软弱的。"②杜威清醒地意识到,某些黑格尔式的倾向是需要被克服的,尽管这些倾向属于"自身中更为自然的那部分",但这种克服必须是一种"扬弃",而不是完全抛弃。

杜威与黑格尔之间的这种张力在其他古典实用主义者那里同样存在。皮尔士意识到自己的哲学可能是"披着奇怪的外衣复兴了黑格尔"③。在詹姆士那里,从《心理学原理》(1890)中的"原初整体"(primitive unity)到《彻底的经验主义》(1912)中的"纯粹经验"(pure experience),我们并不难发现黑格尔式的整体性思路在实用主义语境下的表达。较之于这些古典实用主义者,他们之后的哲学家——其中当然包括匹兹堡学派——能够更加从容地考察和吸收黑格尔。一方面,时代的距离以及随之产生的思想的距离已经不需要他们去主动划清自己与黑格尔之间的界线,因为明确的界

---

① EW 3:134.
② LW 5:150-151.
③ CP 1:42.

第九章　黑格尔、古典实用主义与匹兹堡学派

线已经作为事实存在了;另一方面,随着反表征主义的路线逐渐成为主导并最终成为定局,黑格尔作为反表征主义的一个传统资源必然要求哲学家回过头来对他作更为细致的检视。匹兹堡学派的工作就是在这样一个背景下展开的。

塞拉斯在 1970 年的一次讲座中预言,"现在哲学已经第二次'回到康德'了,一次黑格尔之旅还会遥远吗?"①麦克道威尔在《心灵与世界》的前言中告诉我们,他在布兰顿的引导下发现了《精神现象学》的重要性,从某种意义上来说,《心灵与世界》和布兰顿的《使之清晰》都可视为解读《精神现象学》的导论(prolegomena)。② 不过可以肯定的是,尽管预言了黑格尔之旅,塞拉斯并不是一个黑格尔主义者,他试图调和实在论与融贯论,并没有完全进展到实在的概念化,甚至实在与概念的同一。《经验主义与心灵哲学》的基本框架是康德式的。塞拉斯严格区分了印象与思维、knowing-how 与 knowing-that,他明确指出,knowing-how 先于 knowing-that,但拥有一个 know-how 意义上的知识并不意味着它已经被置于理由空间中了,而所予神话的错误就在于把 know-how 意义上的知识作为 know-that 的前提。用麦克道威尔的话来说,因为塞拉斯严格区分了线下空间(自然空间)和线上空间(理由空间),所以他并没有从康德的先验路线进展到黑格尔的辩证历程。尽管如此,黑格尔路线的萌芽已经存在。我们发现,塞拉斯在《经验主义与心灵哲学》中称黑格尔为"'直接性'的大敌"③,并借用论敌之口称《经验主义与心灵哲学》为"初期的《黑格尔式沉思》"④。近二十年之后,塞拉斯在 1972 年的一篇文章中似乎更加拉近了自己与黑格尔的距离。他告诉我们,时空、范畴这些形式并不是"经验形式的单纯集合",而是黑格尔式的"环节"(moments),统觉的综合必须与被表征的世界一起构

---

① Wilfrid Sellars, *Notre Dame Lectures 1969—1986*, p. 221.
② McDowell, *Mind and World*, p. ix.
③ Sellars, *Empiricism and the Philosophy of Mind*, p. 14. 塞拉斯:《经验主义与心灵哲学》,王玮译,第 11 页。
④ Ibid., p. 45. 塞拉斯:《经验主义与心灵哲学》,王玮译,第 36 页。

成一个有机的整体。① 匹兹堡学派常常被称为"匹兹堡黑格尔主义者"(Pittsburgh Hegelians),这一界定的最大问题在于对塞拉斯的定位。如果我们强调塞拉斯思想中的黑格尔因素,这一归纳应该是恰当且合理的。伯恩斯坦认为,黑格尔在美国哲学图景中的复兴有三条主要线索:第一条线索是西方马克思主义者对黑格尔的重新发现;第二条线索中的哲学家试图以黑格尔为资源超越分析哲学的局限性,包括泰勒(Charles Taylor,1931—)、麦金太尔(Alasdair MacIntyre,1929—)、罗蒂以及伯恩斯坦自己;第三条线索就是塞拉斯开启的工作。② 关于第三条线索,伯恩斯坦告诉我们,如果我们仔细阅读《经验主义与心灵哲学》,就会发现塞拉斯的思路与《精神现象学》的开头部分是多么接近。③ 罗蒂赞成并接受了伯恩斯坦的看法,认为《经验主义与心灵哲学》和《精神现象学》中对感性确定性(sinnliche Gewissheit)的探讨分享了同一个的方案。④

从匹兹堡学派的内部发展线索来看,根据我们在第四章中的研究,塞拉斯对康德直观概念的解读特别地体现了黑格尔式的倾向,而正是在这一解读的帮助下,麦克道威尔对康德进行了黑格尔式的改良,并将自己提出的第二自然概念修正为黑格尔意味更浓的世界观概念。与麦克道威尔不同,布兰顿从塞拉斯那里得到的启发主要是关于规范的思考。塞拉斯本人并没有将规范和黑格尔特别地联系起来,他对规范的探索基本上仍停留在康德的框架内,但布兰顿则从这些探索中发现了与黑格尔结合的可能性。在这一点上,古典实用主义者(特别是皮尔士和杜威)对布兰顿的启发和影响是很大的,和他的老师罗蒂一样,布兰顿试图对黑格尔进行实用主义式的去绝对化,并由此将规范的形成和运作落实在具体的历史和文化进程中,换言之,理解规范的方式应该把命题性判断落实于社会性推论中,规范

---

① Sellars, *In the Space of Reasons*, p. 413.
② Bernstein, *The Pragmatic Turn*, pp. 95 – 6.
③ Ibid. , p. 97.
④ Richard Rorty, "Some American Uses of Hegel," in *Das Interesse des Denkens: Hegel aus heutiger Sicht*, W. Welsh & K. Vieweg, ed. (Munich: Wilhelm Fink Verlag, 2003), p. 42.

的形成和运作应该从先验路线回到经验路线。从这个角度来看,布兰顿显然比麦克道威尔更接近古典实用主义者的旨趣。但换一个角度来看,麦克道威尔提出第二自然和世界观的根本意图和基本思路又是实用主义式的,他试图阐明,我们所处的自然与文化的整体是认识的唯一出发点和归宿点。在黑格尔那里,事实与价值在"精神"中获得统一,古典实用主义者(特别是杜威)将这一思路自然主义化,事实与价值在"经验"中得到统一。麦克道威尔延续了这条自然主义思路,和杜威一样,他提出了一种对于自然的特殊理解。麦克道威尔告诉我们,他以自己的方式"驯化了那种哲学[黑格尔的绝对观念论]的修辞方式"。① 麦克道威尔和古典实用主义者试图将黑格尔的自然主义化("驯化"),布兰顿试图探讨和强调黑格尔思想中的社会性维度,比较这两条思路,前者对黑格尔的改造显然要更多一些。正是在这个意义上,麦克道威尔并不认同布兰顿将他们两人界定为"匹兹堡新黑格尔主义者",因为他已经完全抛弃了黑格尔式的语汇。他明确指出:"我拒绝做'匹兹堡新黑格尔主义'这匹哑剧马的两条后肢。"②尽管如此,根据本书第五章的研究,从黑格尔式的语汇中解放出来的麦克道威尔最终还是在一种黑格尔式的基本结构中找到了他乐于接受的世界图景。以下两节是对上面这些勾勒的具体展开。

Ⅱ 自然主义的特殊内蕴:麦克道威尔与杜威

我们已经指出,麦克道威尔试图将第二自然延伸至塞拉斯的自然空间,以解释非判断性的概念运作,这一方案既实现了赤裸的自然主义的目标(拒斥自然空间与理由空间的二分),又防止了赤裸的自然主义所犯的自然主义谬误(认为我们可以通过重构自然空间中的材料得到理由空间中的

---

① McDowell, *Mind and World*, p. 44.
② John McDowell, "Knowledge and the Internal Revisited," *Philosophy and Phenomenological Research*, LXIV (2002), p. 98.

规范关系)。为了澄清这一点,麦克道威尔对赤裸的自然主义及两个相关立场——"膨胀的柏拉图主义"(rampant platonism)与"自然化的柏拉图主义"(naturalized platonism)——作了比较性的探讨。

一般意义上的赤裸的自然主义持两个基本观点:(1)将自然等同于物理法则领域;(2)否认理由空间有自成一类的性质。而塞拉斯和戴维森的观点是:(1)将自然等同于物理法则领域;(2)承认理由空间有自成一类的性质,且不能还原到物理法则领域。麦克道威尔认为,这两种立场在第一项上的一致取消了它们在第二项上的差异,因而塞拉斯和戴维森的自然主义从根本上来说也是赤裸的。为了更加清晰地把握麦克道威尔的结论,我们需要在这里稍作展开。为了反对自然主义谬误,塞拉斯要求我们严格区分物理性存在与信念、判断、知识,前者在自然空间中的存在方式可用经验描述来说明,后者只有在理由空间内才能得到理解。塞拉斯认为,理由空间是这样一种空间,概念、前提和结论等在其中排列成一种适合于推理和辩护的布局,就像物体在自然空间中排列成适合于呈现形状、大小和距离的布局。但理由空间又是自成一类的,用刻画自然空间的方式来刻画理由空间就是自然主义谬误。而戴维森则在《心理事件》(1970)中将自己的立场界定为"变异一元论"(anomalous monism)①,这一立场将心理事件等同于物理事件,但又否认"心理—物理"法则的存在,换言之,心理事件是一种变异了的(自成一类的)物理事件。戴维森给出了变异一元论的三条原理,其中第三条是"心理事件的异常性原理"(Principle of the Anomalism of the Mental),即"没有一个心理—物理陈述是(或能被纳入)严格的法则",换言之,"并不存在我们能够据此预见和解释心理现象的严格法则"。② 戴维森认为,尽管心理事件本质上是一种物理事件,但心理事件的变异性是我们无法否认的事实。他试图阐明,这种变异性作为"律则性松弛"

---

① Donald Davidson, *Essays on Actions and Events* (Oxford: Oxford University Press, 2001), pp. 207 – 24.
② Ibid., p. 224.

第九章　黑格尔、古典实用主义与匹兹堡学派

(nomological slack)可以和基于因果法则的决定论相容。更进一步,因果法则所代表的必然和变异性所代表的自由可以在一种"理性的构成性理想"(the constitutive ideal of rationality)中实现统一。戴维森通过这个康德式步骤告诉我们,"只要我们将人理解为理性动物,那么心理事件和物理事件之间的律则性松弛就是根本性的"①。塞拉斯虽然不会采纳戴维森的非还原性物理主义立场(nonreductive physicalism),因为他在很大程度上是一个概念实在论者,但他和戴维森分享了以下信念:自然空间与理性证成毫无关系,相信、欲望等命题态度只有在自成一类的理由空间内才能得到理解。戴维森明确指出:"感觉与信念之间的关系不可能是逻辑性的,因为感觉并不是信念或其他命题性态度。那么这两者之间的关系又是怎么样的?我想答案是明显的:它们的关系是因果性的。感觉引起了某些信念,在这个意义上,感觉是这些信念的基础。但是对一个信念的因果性解释并不能显示这个信念如何或为什么可以被证成。"②塞拉斯对印象与思维的区分也是出于同样的意图。麦克道威尔认为,造成这种看法的根本原因在于将自然空间简单等同于物理法则领域,从而完全排除了理性运作进入自然空间的可能性。在坚持理由空间的特殊性的同时,塞拉斯和戴维森也放弃了经验主义立场对于认知的意义,从而走向了融贯论,而麦克道威尔则认为这并不是留给我们的唯一选项,因为他们忘记了理由空间中的关系本身就是自然的,他们"忘记了自然中还包含了第二自然"③。麦克道威尔指出,自然空间和理由空间的二分实质就是让现代哲学深陷其中的二元论。④ 他试图阐明,塞拉斯式的二分不可能也不应该被完全抛弃,但是我们要将理由空间视为一种特殊的自然空间,自然空间不只包括物理法则领域,还包括在理性运作基础上展开的第二自然。

---

① Donald Davidson, *Essays on Actions and Events*, p. 223.
② Donald Davidson, "A Coherence Theory of Truth and Knowledge," in Ernest LePore ed., *Truth and Interpretation: Perspectives on the Philosophy of Donald Davidson* (Oxford: Blackwell, 1986), p. 307.
③ McDowell, *Mind and World*, p. xviii.
④ Ibid., pp. 93 – 4.

麦克道威尔的思路很明确:在塞拉斯和戴维森的观点中,我们要在坚持第二点的同时放弃第一点,我们要承认理由空间是自成一类的,但又要避免将自然简单地等同于物理法则领域。毫无疑问,持这一立场的人需要极为小心地维持平衡,因为我们就很容易放大理由空间的自成一类性,进而将它理解为一个超出自然的自律领域,麦克道威尔称之为膨胀的柏拉图主义。膨胀的柏拉图主义认为,作为意义和价值之源,理由空间像柏拉图的理念世界一样存于自然之外。为了纠正赤裸的自然主义,"千方百计地试图保留意义,认为意义只有在一个独特的逻辑空间内才能被把握,同时又默许了对自然的祛魅"①。但问题在于,如此理解下的理由空间变得和柏拉图的理念世界一样神秘,我们无法解释独立于自然的理由空间是如何单独产生意义和价值的,甚至无法说明理性的运作是如何进入实际认知进程中的。简言之,膨胀的柏拉图主义实质就是一种取消一切外部摩擦的心灵观。麦克道威尔认为,塞拉斯和戴维森的思路最终将不可避免地会走向膨胀的柏拉图主义。但我们又不能因此放弃理由空间的自成一类性,将它还原为物理法则领域,否则就会滑向赤裸的自然主义。麦克道威尔建议我们从膨胀的柏拉图主义转向自然化的柏拉图主义。他指出:"自然化的柏拉图主义是柏拉图式的,因为它认为理由空间的结构具有某种自律性;它并不派生自那些人类离开这种结构亦可把握的真理,也不反映这些真理。然而这种柏拉图主义又不是膨胀的:理由空间的结构并不是完全独立于属人的东西而被构造出来的。这是理性的根本要求,人的教化(Bildung)过程能够让我们看到这一点。"②自然化的柏拉图主义一方面保留了理由空间的独特性,另一方面又将理由空间的运作视为自然进程(这里的自然进程特别地表现为人的教化过程)的一部分,这样一来既避免了还原性的赤裸的自然主义,又避免了将理由空间神秘化的膨胀的柏拉图主义。这里需要特别指出麦克道威尔在自然化的柏拉图主义中保留"柏拉图主

---

① McDowell, *Mind and World*, p.110.
② Ibid., p.92.

第九章　黑格尔、古典实用主义与匹兹堡学派

义"的主要意图：柏拉图式的理念并不实存，同样，第二自然是不断演进的理念领域，而非实存领域①，而将柏拉图主义小写的原因则是为了强调这一立场与柏拉图并无实际关联，只是借用了柏拉图对理念世界的设定。②

麦克道威尔指出，自然化的柏拉图主义并不是建构性的，而只是一个"提醒"(reminder)。③ 但这个提醒是关键性的，通过"自然化"和"柏拉图主义"这两个看似互不相容的表达，它提示我们自然空间和理由空间之间存在着怎样的张力，后者又是如何在保留自身独特性的前提下包融于前者之中的。麦克道威尔指出："我们寻找的是这样一个概念：我们的自然包含了能够和理由空间的结构产生共鸣的能力。由于我们坚决反对赤裸的自然主义，我们必须让自然超出基于因果法则领域的自然主义。但这一拓展又受到所谓动物人(human animals)的第一自然的限制，也就是在动物人的教化过程中发生的那些简单事实。我们并不是将自然的概念从因果法则领域中不负责任地割裂出来。如果我们认为膨胀的柏拉图主义所设定的能力——与完全孤立于任何人性的理性结构发生共鸣的能力——可以算人类心灵的一种自然能力，那么我们就是在进行这种割裂。"④这里的问题是，这种在赤裸的自然主义和膨胀的柏拉图主义之间保持平衡的自然化的柏拉图主义究竟是如何可能的？麦克道威尔已经在前面的引文中给出了线索："人的教化过程能够让我们看到这一点"。笼统而言，自然空间中的理性运作就是人的教化过程，正是基于这一点，属人的第二自然与动物性自然的区分（比如《心灵与世界》第六章的标题："理性动物与其他动物"）也就具有极为重要的意义。事实上，教化和理性运作是互为条件的：如果我们无法认识到理性运作是教化的必要条件，也就无法认识到教化是探讨理性运作的唯一语境，反之亦然。并且，一旦我们将第二自然和教化关联起来，前者的内涵就马上变得丰满起来，将理由空间延伸至自然空间的策略

---

① McDowell, "Reply to Gibson, Byrne, and Brandom," p. 285.
② See McDowell, *Mind and World*, pp. 77, 110.
③ Ibid., p. 95.
④ Ibid., pp. 109-10.

也变得具体起来。

我们已经阐明,为了在科学主义式的祛魅和柏拉图主义的神秘化之间寻找一种新的可能性,麦克道威尔将理由空间延伸至自然空间,由此发现了第二自然,这样自然就不再是单纯的物理法则领域,而具有了回应和参与理性结构的能力。麦克道威尔试图通过第二自然扩大被赤裸的自然主义限制了的自然观念:理由空间虽然自成一类,但不是自我封闭的,它和自然空间紧密关联,且根据自然进程不断演进,而理由空间的演进反过来又会影响自然本身的进程。麦克道威尔将这个动态的进程理解为教化过程,认为亚里士多德提出的"人是理性的动物"这一论断其实早已隐含了这一思路。他认为自己的思路是对这一论断的"合理变形"(intelligible distortion):我们必须根据亚里士多德的提示"将知性和感性、理性和自然重新拉回到一起"。① 亚里士多德在《尼各马可伦理学》中告诉我们,德性既不反乎自然也不全然出乎自然,因为我们接受德性的能力是自然赋予的,但除了那些与生俱来的自然能力,比如视觉,另一些能力则需要通过学习才能获得,比如造房子和演奏乐器。德性属于后者,它在运用的过程中获得,并通过习惯逐渐完善。麦克道威尔用更为宽泛的第二自然来界定亚里士多德描述的获得德性的过程,他指出:"作为结果的思维习惯和行动习惯就是第二自然。"②这种宽泛的理解让我们很容易联想到古希腊语境中的"ethos",即区分某个民族的习俗、态度、情感和愿望。类似地,在麦克道威尔的语境中,第二自然在首要意义上并不是个体的成长(Bildungsroman),而是传统的生成与传承。

在教化问题上,麦克道威尔的另一个思想资源是伽达默尔(Hans-Georg Gadamer,1900—2002)。在伽达默尔那里,教化是"人文主义的主导概念",它首先是指"人类发展自己的天赋和能力的特有方式"。他将这个意义上的教化概念追溯至黑格尔:"黑格尔在人对自身的义务问题上采

---

① McDowell, *Mind and World*, p. 108.
② Ibid., p. 84.

第九章　黑格尔、古典实用主义与匹兹堡学派

纳了类似于康德的观点,当时他已经谈到了自我造就和教化",他"已经看到,哲学'在教化中获得了其存在的前提条件'",并且"精神科学也是随着教化一起产生的,因为精神的存在与教化观念在本质上是联系在一起的"。① 伽达默尔告诉我们,人理性的一面能让他脱离直接性和本能,成为"不是他应是的东西",教化是实现这一目标的唯一手段。通过教化,人拥有了某种更高级和更内在的东西,变得能够"超越或脱离世界之压力",并达到一种"自由的、保持距离的举止"。② 对理性和教化的强调让伽达默尔严格区分了"环境"(或"周遭世界",Umwelt)与"世界"(Welt),前者属于动物性生活方式,后者属于人的生活方式③,麦克道威尔将这一区分进一步理解为"占有环境"(inhabiting the environment)和"拥有世界"(possessing the world)的区分,他甚至将动物性的占有环境和马克思那里的异化劳动联系起来。④ 以这一区分为思考前提,麦克道威尔认为内格尔(Thomas Nagel, 1937—)的蝙蝠论证是站不住脚的。⑤ 内格尔认为蝙蝠拥有我们无法理解的成熟主体性(full-fledged subjectivity),而麦克道威尔则认为内格尔将原始主体性(proto-subjectivity)错当成了成熟主体性。我们必须区分动物的原始主体性与人的成熟主体性,因为"动物只能接受所予,而人不但接受所予,还能将它们放到概念化形态中"⑥。另外,人与动物的区分是先天的:"教化实现了某些我们生而有之的潜能,我们不必认为它将一种非动物性的成分引入了人的构成当中。"⑦ 人的理性活动并不是单纯地占有环境,而是将世界纳入心灵的理性结构中,这种活动以自我决定为基本导向。麦克道威尔认为,康德的思路在这个意义上是完全正确的,主体应该

---

① Hans-Georg Gadamer, *Truth and Method* (London: Continuum, 2004), pp. 12 – 4.
② Ibid., pp. 576 – 7.
③ Ibid., p. 402.
④ McDowell, *Mind and World*, p. 117.
⑤ See Thomas Nagel, "What Is It Like to Be a Bat?" in *Mortal Questions* (Cambridge: Cambridge University Press, 1979), pp. 165 – 80.
⑥ McDowell, *Mind and World*, p. 122.
⑦ Ibid., p. 88.

通过给对象立法来获得自由,真正的自由是主体的自律,而不是基于对象的他律。他指出:"单纯的动物性生活以自由的缺失为特征,这里的缺失并不是说被与理论相对的实践所奴役,而是被直接的生物性命令所奴役。"① 换言之,动物性生活缺少的是"康德式的自由"②。但在麦克道威尔看来,康德式的自律还不是获得自由的根本途径,根本途径在于找到一种能与理性产生共鸣的自然概念,这一步骤显然是从康德到黑格尔的推进。

麦克道威尔试图给出一种能与理性运作深度关联的自然概念,对此他给出的最终界定是作为传统的语言。达米特(Michael Dummett,1925—2011)给出了语言的两个主要功能:交流的工具和思维的载体③,麦克道威尔认为这两个功能都是"次要的"。在他看来,"语言真正重要的特征是:自然语言是传统的仓库。……继承传统的每一代人都可以反思性地修改它。事实上,批判性地反思传统作为不变的责任也是遗产的一部分。但如果一个个体想要实现自己在这一传承过程中的潜在位置,想要获得心灵,也就是有意图地思考和行动的能力,他要做的第一件事就是进入一个现存的传统"④。将个体落实于作为传统的语言中,这样的思路或多或少弥补了麦克道威尔方案中的一个重要缺陷(至少在布兰顿看来):社会性维度的缺乏。麦克道威尔明确指出:"单个思维者只有在共享语言的语境中才能被理解。"⑤我们知道,在取消了事实与价值的二分之后,古典实用主义者也试图用某个概念来刻画相互交缠并不断累积的"事实/价值"整体。当然,他们放弃使用黑格尔的"精神"来刻画这个整体性语境,米德选择了"心灵",而晚年的杜威则尝试用"文化"替代"经验"。麦克道威尔和古典实用主义者的思路并无二致,但他选择的方案是"语言"。匹兹堡学派的传统是将语言放在思考的核心位置,麦克道威尔继承了这一传统,他认为语言作

---

① McDowell, *Mind and World*, p. 117.
② Ibid., p. 182.
③ Michael Dummett, "Can Analytical Philosophy be Systematic, and Ought It to Be?" in *Truth and Other Enigmas* (Cambridge, MA: Harvard University Press, 1978), pp. 437-8.
④ McDowell, *Mind and World*, pp. 125-6.
⑤ McDowell, "Reply to Gibson, Byrne, and Brandom," p. 295.

第九章 黑格尔、古典实用主义与匹兹堡学派

为不断累积的文化传统不但确切地刻画了事实与价值的交缠,还能帮助我们把对自然的理解真正落实到一个历史性语境中。麦克道威尔试图阐明,自然必须同时具有两个层面的涵义,首先它必须是一种社会性范畴,其次它必须和理性运作密切相关。古典实用主义者(特别是芝加哥学派)强调了第一个层次,而在麦克道威尔看来,作为一种社会性交流,语言的使用在很大程度上是在互相证成的层面上展开的,从某种意义上来说,我们只能通过语言的使用来理解理由空间的运作。在这一点上,布兰顿要比麦克道威尔走得更远,他的主要哲学方案是通过分析给出和接受理由的语言活动来把握世界的理性关系。但麦克道威尔对理性关系的理解显然要比布兰顿宽泛得多,理性关系不只是给出和接受理由,而是最广泛意义上的生活实践。他引用维特根斯坦的话指出:"命令、提问、叙述、聊天同我们的行走、吃喝、游戏一样,是我们的自然历史的一部分。"[1]并且,麦克道威尔试图在维特根斯坦的基础上再推进一步:不同的语言游戏可以进一步整合为一部更大的生活史和自然史。因此,和古典实用主义者一样,麦克道威尔愿意保留黑格尔的整体性思路。我们知道,《法哲学原理》并不是完结于主体性道德(Moralitat),而完结于黑格尔意义上的伦理精神或人伦(Sittlichkeit),而教化最终必须实现在人的关系中(家庭、市民社会、国家)。作为传统的语言当然不同于黑格尔意义上的人伦,但黑格尔的整体性思路显然符合麦克道威尔的理论旨趣。

也许在杜威看来,麦克道威尔对自然的理解仍然不够宽泛。麦克道威尔区分了第一自然(动物性自然)与第二自然,并将后者理解为在语言中展开和传承的文化,而杜威会说,如果我们对自然的界定(同时也是对经验的界定)足够宽泛,我们甚至不需要用第二自然来提示自然中的属人部分,任何在属人自然和非人自然之间作出区分的自然主义都是一种"半心半意的自然主义"(half-hearted naturalism),都没有真正从二元论进展到一种整

---

[1] McDowell, "Reply to Gibson, Byrne, and Brandom," p. 95. See Wittgenstein, *Philosophical Investigations*, §25.

体性哲学。詹姆士提出"纯粹经验"的用意也在于此,纯粹经验必须是"双管的",它必须同时是自然与思维,由此得到的经验主义才能是一种"彻底的经验主义"。杜威和桑塔亚那之间曾有过一场关于自然主义的著名论战,他们都认为对方的自然主义立场不是真正的自然主义。杜威认为桑塔亚那的出发点是经验与自然之间的分裂,而在桑塔亚那看来,杜威显然误解了他的出发点,他的出发点并不是经验与自然之间的分裂,而是无限的自然本身,换言之,经验不过是自然的某种分形。桑塔亚那认为,只有这种完全从自然出发的立场才符合自斯多亚派和斯宾若莎以来的自然主义传统,他进而将自然称为"背景"(background),将经验称为"前景"(foreground),认为杜威的自然主义完全是"由前景统治的哲学"。① 而在杜威看来,前景与背景之间并不存在明确区分,它们都处于一个整体性的语境中,前景与背景之间的界限可以不断地变动,前景在某些时候可以后退为背景,而背景在有些时候也可以推进至前景。杜威指出:"作为经验的前景依然是自然的前景。我和桑塔亚那的不同就在于这一点,即他认为前景像屏风一样遮住了背景,而在我看来,我们思维的展开形式恰恰是前景作用于背景之上的。"②在这幅流动的图景中,并不存在占统治地位的前景,区分可以存在,但这里的区分只与生命在某个特殊阶段的某个特殊意图相关,只是相对平衡(equilibrium)的经验与相对活跃的经验之间的区分,这两种经验的界线是模糊而变动的,它们同处于"经验/自然"的整体中,以不同的功能共同推进生命进程。亚历山大(Thomas Alexander)曾富有洞见地指出,杜威在自然内部作出的流动性区分是他对被生的自然(Natura Naturata)和能生的自然(Natura Naturans)这对传统范畴的重要改造。③

很明显,和桑塔亚那一样,麦克道威尔也试图在前景与背景之间作出

---

① George Santayana, "Dewey's Naturalistic Metaphysics," *The Journal of Philosophy*, 22:25 (1925), p. 678.
② John Dewey, "Half-Hearted Naturalism," *The Journal of Philosophy*, 24:3 (1927), p. 60. LW 3:76.
③ Thomas Alexander, *The Human Eros: Eco-ontology and the Aesthetics of Existence* (New York: Fordham University Press, 2013), pp. 128 ff.

第九章 黑格尔、古典实用主义与匹兹堡学派

明确的区分。他在《两种自然主义》(1996)中指出:"第一自然当然是重要的,一个原因是人的第二自然必须受到先天能力的限制。……第一自然的重要性不但在于帮助塑造反思发生的空间,还在于第一自然的事实也是反思纳入考量的一部分。"① 但第一自然的重要性并没有取消它与第二自然之间的区分,第一自然与反思空间的区分不仅是逻辑上的也是事实上的。他在《心灵与世界》中明确指出,寻找一种进化论叙事是合理的,但"给出关于正常人不断成熟,包括获得第二自然(包含回应意义),的进化论说明是一回事,给出对回应意义的构造性说明则是另一回事","驯化的自然主义"(domesticated naturalism)试图以前者代替后者,这一步骤是"非法的"(misbegotten)。② 在麦克道威尔看来,以进化为基本特点的杜威式自然观无疑是一种驯化的自然主义,这一解读基本上是正确的。从杜威的角度来看,第二自然在首要意义上是人对生物和社会环境的调适性回应(adaptive response),而不是对意义的回应(responsiveness to meaning)。杜威不但没有像麦克道威尔和伽达默尔那样严格区分环境和世界,反而将环境作为意义生长和增殖的唯一场地。他在《逻辑理论研究》(1903)中指出:"每一个器官、结构或形式,每一组细胞或元素都是针对特殊环境进行调整或调适的工具。它的意义、特征、能力只有在它被用于满足特殊情境时才能被理解。"③ 基于这种进化的工具主义(evolutionary instrumentalism),杜威进一步将调适性回应的结果理解为习惯(habit),而不是像麦克道威尔那样理解为概念能力。他在《作为艺术的经验》(1934)中写道:"我们在与世界的互动中形成习惯,通过这些习惯,我们也栖居于(in-habit)世界。世界变成了家园,而家园就是我们每一个经验的一部分。"④ 杜威认为,习惯出于本能(instinct),这在人和动物那里都是如此,但人和动物又由于习惯进化的程度不同而产生区分。简言之,除了出于本能的习惯,人还在与环境

---

① McDowell, *Mind, Value, and Reality*, p. 190.
② McDowell, *Mind and World*, p. 124.
③ MW 2:310.
④ LW 10:109.

的交互过程中获得了智性习惯(intelligent habit),智性习惯并不独立于出于本能的习惯,而是后者的一种进化形态。他在《人性与行为》(1922)中批判了将智性与习惯割裂的谬误,指出:"理性生活通常被特殊化、浪漫化或变成沉重的负担,这种情况体现了将智性落实到行为中的重要性。"①在杜威看来,所谓的教化就是在生物和社会这两个母体(matrix)中逐渐累积原始习惯,并从中发展出一种协同性的智性习惯。在首要的意义上,智性习惯并不是理想性的习惯形态,而是一种习惯性的方法,我们通过智性悬置或延后出于本能的冲动,比较不同的欲望、意图、倾向和选择,基于对后果的预判采取行动。杜威告诉我们:"理性并不是对立于冲动和习惯的能力,它是在不同欲望之间实现的和谐运作。"②

因此,与麦克道威尔对概念能力的认识不同,杜威认为智性习惯可以向前一直延伸至最低层面的生物性冲动和身体性习惯,换言之,第二自然只是生命整体进化过程中的一个阶段,它并不是自成一类的。这样的认识当然有它的时代背景,正如朗格所指出的,进化论的巨大影响让下面这个观念成为了当时所有心理学研究的主导立场:"将人类行为的'真实'或'最终'动机界定为原始生命的需求,将人类的所有需求和目标都追溯至某些最初的原生性回应。"③这一立场也是杜威早期心理学研究的基本前提,并深刻影响了他的后续哲学思考。到了麦克道威尔所处的时代,思想家对待进化论的态度显然已经从接受进展到了反思,但进化论背后的"连续性"(continuity)原则不但没有被抛弃,反而在许多问题上展现出新的理论能量。在这个意义上,坚持"非连续性"的匹兹堡学派并不是主流。我们知道,匹兹堡学派受到的一个主要批评是对理由空间和概念能力的过度强调。比如德雷福斯(Hubert Dreyfus,1929—2017)曾指出,麦克道威尔在拒斥所予神话的同时落入了"心理神话"(the myth of the mental),持心理

---

① MW 14:188.
② MW 14:136.
③ Susanne K. Langer, *Philosophy in a New Key: A Study in the Symbolism Reason, Rite, and Art* (Cambridge, MA: Harvard University Press, 1979), p. 28.

第九章 黑格尔、古典实用主义与匹兹堡学派

神话的人认为我们与世界的互动都是理性的,忽视了一种更为基本的互动——"具身应对"(embodied coping)。① 在这个意义上,在普特南所谓的"三重绳索"(心灵、身体与世界)中,身体这一环节在麦克道威尔这里是缺失的。但是,我们也应该看到,尽管麦克道威尔担心杜威式的连续性思路会取消匹兹堡学派的前提(维持自然空间与理由空间的基本区分),但他也清醒地认识到了心理神话的危险性,他试图用康德式的直观来代替命题性内容,以此来刻画一种非概念性的概念内容,这是他为解决概念主义的潜在问题而进行的主要尝试。除此之外,他甚至试图拾回身体这个丢失了的环节,尝试界定一种具身化的概念能力。他在 2011 年的一次讲座中指出:"理性可以在身体性行为中而不是与之对立。"②但问题是,以不取消匹兹堡学派的前提为前提,我们可以在这条思路上走多远?抑或一旦我们开始考虑一种具身化的概念能力,就已经在某种意义上破坏了匹兹堡学派的前提。但无论如何,这些关于具身认识的思考为我们进一步拓展麦克道威尔的思路打开了空间。

就根本而言,古典实用主义者是坚持连续性的哲学家,而匹兹堡学派并没有这种诉求。这一点决定了麦克道威尔和杜威对自然的不同认识:在麦克道威尔那里,第一自然与第二自然的区分是关键性的,而在杜威那里,第一自然与第二自然是一个连续性进程的不同片段,我们没有必要也无法作出明确的区分;在麦克道威尔那里,教化是理性动物在语言中传承文化,而在杜威那里,教化首先是生物有机体的生命活动,这种活动的范围从最低层次的应激性反应一直延伸到智性探究。不过,尽管存在这些根本分歧,我们还是可以在一个黑格尔式的语境中将两者统一起来:他们都认为

---

① Hubert Dreyfus, "Overcoming the Myth of the Mental: How Philosophers Can Profit from the Phenomenology of Everyday Expertise," *Proceedings and Addresses of the American Philosophical Association* 79: 2 (2005), pp. 47 – 65. Also see Tim Crane, "Is Perception a Propositional Attitude?" in *Aspects of Psychologism* (Cambridge, MA: Harvard University Press, 2014), pp. 217 – 34.

② John McDowell, "Some Remarks on Intention in Action," from Amherst Lecture in Philosophy, 2011. http://www.amherstlecture.org/mcdowell2011/index.html.

不存在单纯的自然法则领域,价值和意义深刻地交缠于自然进程中,任何试图割裂它们的做法都无法帮助我们真正理解个体心灵和社会心灵。从这个意义上来看,《经验与自然》和《心灵与世界》都是塞拉斯所说"黑格尔式沉思",它们同处于一条整体性线索中,只不过杜威的黑格尔是达尔文之后的黑格尔,而麦克道威尔则是在回到康德的过程中发现了黑格尔的意义。

Ⅲ 历史和社会语境下的表征:布兰顿的落脚点

1725年,维科在他的《新科学》中给出了一种基于语境主义的方法论,历史主义这条线索由此肇始。维科试图阐明,培根的《新工具》(1620)与笛卡尔的《方法谈》(1637)都囿于以命题性陈述形式呈现的结论,而忽视了驱使我们去得出这些命题的初始问题。他试图用古希腊的论题法(topica)取代笛卡尔式的批判法(critica),论题法的第一步就是发现论题所处的位置或场所(topos)。两个半世纪后,布兰顿通过匹兹堡学派提出的推论主义方案也产生了类似的考量。他试图阐明,理性的推论进程必须落实在一个历史性的语境中:"推论主义者理所当然地认为推论规范从一开始就启动并运行了。但我们要问,决定概念性规范的条件是什么?为了建立、关联并服从这些被决定的规范,我们要做什么?"[1]简言之,布兰顿试图探问推论性规范是如何被制度化的(institutionalization)。这是历史主义者的共同诉求,这里的历史主义者不仅包括维科、黑格尔,还包括古典实用主义者以及布兰顿的老师罗蒂。布兰顿在《使之清晰》中指出:"我们用活动制定规范,将规范性意义加于本质上无意义的自然世界之上,以此来引导和评估行为。通过形成偏好、颁布命令、赞美和责备、评价和评估,行动者用斗篷一样的规范性意义盖住了裸露的非规范性世界。"[2]在布兰顿那里,规范

---

[1] Brandom, *Tales of the Mighty Dead*, pp. 12-3.
[2] Brandom, *Making It Explicit*, p. 48.

第九章　黑格尔、古典实用主义与匹兹堡学派

的制度化必然是一种社会性活动,而这种社会性活动特别地表现为在具体的使用中为各种推论性判断计分。在这个意义上,历史主义路线的实现必须将不同视角(perspective)之间的互动纳入考量,换言之,这条路线必须同时是一条社会性路线。因此,黑格尔描述的相互承认(mutual recognition)过程在布兰顿那里获得了关键位置。

但是,在历史主义和社会性这条整体性线索中,布兰顿的思路又有它的特殊性。他在《阐明理由》中告诉我们,关于认识规范的实用主义式理解,20世纪前半叶产生了三条不同的思路:在杜威那里达到顶峰的古典实用主义、早期的海德格尔(《存在与时间》)和晚期的维特根斯坦(《哲学研究》)。之所以称这三条思路是实用主义式的,是因为它们"都以自己的方式拒斥了表征主义的语义范式"。但是布兰顿在挖掘和吸收这些思路时发现,它们的结构在丰富性和明确性上都无法达到要求,换言之,它们无法用清晰的逻辑语汇进行真正的语义学工作。相反,布兰顿在黑格尔那里发现了展开语义学工作的可能性,因此也就自然而然地"回到了黑格尔的原始版本","因为和这三种更为晚近的社会实践理论不同,黑格尔的实用主义是理性主义的。不同于前者的概念同化主义,黑格尔更强调理性在理解所说和所做中的位置"。① 布兰顿进一步将黑格尔的理性推论主义视为对浪漫主义传统中的表达主义(expressivism)的继承,但作为一个理性的表达主义者,黑格尔又试图强调那些清晰(explicit)而非隐含(implicit)的表达,也就是通过语言表达的理性推论。理性的表达主义者认为:"表达就是概念化,就是将表达对象置于概念形式中。"② 布兰顿还提醒我们注意,在黑格尔那里,"概念内容的最小单位是判断在推论中相互关联而形成的整体系统,因此他并不是一个命题主义者"③。在汲取实用主义资源的同时,布兰顿也在努力澄清自己与古典实用主义者的界线,尽管这种澄清意味着推

---

① Brandom, *Articulating Reasons*, p. 34.
② Ibid., p. 16.
③ Ibid., p. 35.

回已被克服了的黑格尔。不过在布兰顿看来,这种退回的实质是一种推进。他曾将黑格尔、早期海德格尔和晚期维特根斯坦的思路一起归为语义实用主义(semantic pragmatism),这条线索试图对语言表达作功能主义的理解:表达必须在使用中得到解释。布兰顿认为,阻止海德格尔和维特根斯坦(当然也包括古典实用主义者)走向推论主义的根本原因在于他们没有像黑格尔那样让这条功能主义思路同时包含推论性、规范性和社会性三个维度。布兰顿还指出,这三个维度在黑格尔之后第一次得到统一是在塞拉斯那里。① 从这个意义上来说,塞拉斯不仅预言黑格尔之旅,而且实际上已经回到了黑格尔。这里需要特别指出布兰顿对皮尔士的解读。布兰顿在多数时候将詹姆士和杜威作为古典实用主义的主要代表,而皮尔士的情况在他看来则要复杂得多。他甚至将皮尔士与康德、黑格尔、塞拉斯放在一起,因为他们都试图"将解释性关系整合进经验基础中"②。另外,尽管缺少明确的提示,我们有理由认为布兰顿会和刘易斯(C. I. Lewis)提出的概念实用主义(conceptual pragmatism)产生共鸣,尽管他会认为后者的方案尚不具有推论主义要求的逻辑结构上的清晰性。③

当然,我们也不能忽视布兰顿与古典实用主义者一起分享的黑格尔遗产。首先是自然(physis)与规范(nomos)的交缠。他在《阐明理由》中告诉我们:"和其他任何语汇一样,自然科学语汇的应用本身也是一种文化现象,只有在精神科学(Geisteswissenschaften)提供的概念视域中才能被理解。自然研究本身也是有历史的,它的性质只有通过研究它的历史才能被把握。这一图景和启示要归功于黑格尔。"④黑格尔的另一个主要遗产是对规范的理解,他用实用主义式的社会实践语境替代了康德的先验路线。布兰顿指出:"黑格尔对康德的批判是,康德没有批判性地考察经验概念内

---

① Brandom, *Tales of the Mighty Dead*, p. 32.
② Robert Brandom, *Reason in Philosophy* (Cambridge, MA: Harvard University Press, 2009), p. 58.
③ See C. I. Lewis, *Mind and the World Order: Outline of a Theory of Knowledg*; *An Analysis Of Knowledge and Valuation*.
④ Brandom, *Articulating Reasons*, p. 34.

第九章　黑格尔、古典实用主义与匹兹堡学派

容的起源和本质。黑格尔的主要革新在于提出,为了坚持康德的洞见(心灵、意义和理性的本质特征是规范性),我们必须在社会性状态的基础上理解权威和责任这样的规范性状态。康德用理性活动来综合规范性的个体自我或作为统觉统一体的主体,黑格尔拓展了这一思路,用相互承认的实践来综合规范性的个体自我和他们组成的共同体。"[1]布兰顿认为,康德对规范的理解是意向主义的(intentionalism),而黑格尔对规范的理解则是推论主义的(inferentialism),规范的建立和应用在前者那里是主体的理性活动,在后者那里则是基于相互承认的推论性活动,这步从主体到主体间性的推进让我们的视域从"自由王国"转移到"绝对精神"。和麦克道威尔一样,布兰顿试图对康德的自律进行黑格尔式的改造,尽管他们采用的路径不尽相同。在布兰顿看来,自律必须在相互承认的基础上才能真正实现,单向的承认模式在主人那里是一种无责任的权威(authority without responsibility),在奴隶那里则是一种无权威的责任(responsibility without authority),只有基于相互承认的规范才同时具备权威和责任。当然,在后期维特根斯坦的帮助下,布兰顿根据语言转向后的哲学模式调整了这幅黑格尔式图景,把推论活动的主要场地转移到了语言的使用中。他在《黑格尔观念论中的一些实用主义主题》(1999)中指出,语义规范性实用主义(semantic-normative pragmatism)的基本论点是"概念的使用决定概念的内容,换言之,概念离开了使用没有任何内容"[2]。布兰顿在黑格尔那里找到了这一思路的隐藏线索:黑格尔在《精神现象学》中谈论了"作为精神的特定存在的语言"[3]。他甚至在另一处将黑格尔与赫尔德(Johann Gottfried Herder,1744—1803)的思路界定为语言实用主义(linguistic pragmatism)。[4]

---

[1] Brandom, *Reason in Philosophy*, p. 66.
[2] Robert Brandom, "Some Pragmatist Themes in Hegel's Idealism," *European Journal of Philosophy*, 7:2(1999), p. 164.
[3] Hegel, *Phenomenology of Spirit* (Oxford: Oxford University Press, 1981), p. 395. 中译引自黑格尔:《精神现象学(下卷)》,贺麟、王玖兴译,北京:商务印书馆,1981年,第161页。
[4] Brandom, *Perspectives on Pragmatism*, p. 67, n. 20.

将规范的建立和应用自然主义化是经验主义的主导思路。詹姆士就在《实用主义》(1907)中明确指出:"范畴是在自然开始之前的,还是在自然进程中逐渐形成的,理性主义和经验主义的分歧由此产生。"①毋庸置疑,詹姆士是一个经验主义者,但他又是一个"彻底的"经验主义者,他试图跳脱传统的经验主义思路,用"双管的"方式来理解范畴。他在《心理学原理》(1890)中指出:"从它自身来看,一个抽象的性质既不是普遍的也不是特殊的。……它只是'那一个'(that),用布拉德雷的话来说,'一个浮动的形容词',或是从世界那里分离出来的一个主题。在这种状态下,它只是一个单称(singular),因为我先'把它挑出来'(singled it out),在之后应用中再将它普遍化或个体化。"②这条用"那一个"或"纯粹经验"来界定规范的方式在布兰顿看来过于神秘,他的思路很明确:规范的建立和应用可以也必须落实于以语言形式展开的推论活动中,对它的分析是可以以清晰的逻辑形式和论证结构呈现的。在这个意义上,他是这条经验主义路线中的理性主义,也正是在这个意义上,他与杜威的思路更为接近。后者在《逻辑:探究的理论》(1938)中指出:"未被语言记录的现象是不能被讨论的,语言永久地保存了事件,使它们能够在公共考量中接受检验。而另一方面,以无法交流的符号形式存在的观念或意义是超出想象的幻想。因此,这一立场背后的自然主义逻辑观是一种文化自然主义(cultural naturalism)。"③但杜威的问题是,他最终走向了文化自然主义,用一种基于实践情境的智性概念取代了清晰的分析。布兰顿认为,走经验主义路线的哲学家普遍地忽视了对规范进行深入分析的重要意义,他们要么像詹姆士那样完全拒斥逻辑,要么像杜威和普特南那样走上了布兰顿所谓的"人类学"路线(比如普特南在《带人面的实在论》中指出:"我们的规范和有根据断言的标准是历史性产物,它们在时间中演化。"④,即使是强调分析的刘易斯也没能给出

---

① WWJ 1:120.
② WWJ 8:447.
③ LW 12:27-28.
④ Putnam, *Realism with a Human Face*, p.21.

第九章　黑格尔、古典实用主义与匹兹堡学派

一个关于规范的语义学方案。①

概而言之，布兰顿试图在后语言转向的语境中构造出一条在结构和方法上都倾向于黑格尔的路线：在结构上，它是一种概念实在论；在方法上，它试图将黑格尔那里的相互承认改造为一种基于推论的规范语义学结构。布兰顿提出的关键论点是：就这条路线而言，离开黑格尔式的方法，黑格尔式的结构是无法成立的，换言之，概念实在论只有在推论语义学的基础上才有可能成立。我们已经在第一章指出了布兰顿对表征主义的保留态度，促使他持这种态度的根本原因在于如下的确信：我们可以在推论主义的语境中得到一种恰当界定的"客观性"。作为一个概念实在论者，布兰顿极力和语境主义（contextualism）以及将语言世界视为封闭领域的观念论路径划清关系，正是这一点帮助我们将他和晚期的维特根斯坦及晚期的海德格尔区分开来。在匹兹堡学派内部，他和麦克道威尔一起和塞拉斯式的内在论划清界线，和麦克道威尔坚持最低限度的经验主义一样，他试图在最低限度上维持一种表征主义，以保证概念对实在的可答复性。比如他在《使之清晰》中指出："判断和推论的属性……由事物的实际所是所决定，事物的实际所是独立于我们对它们的把握。我们的认知态度最终必须答复这些独立于态度的事实。"②这一路线的最大问题在于如何恰当地界定客观性。哈贝马斯认为布兰顿并没有很好地完成这一任务，他认为布兰顿的最终方案是将知觉作为"直接判断"的经验基础，甚至还将知觉视为不需要进一步证成的理由。③ 比如布兰顿告诉我们："非推论性报告可以作为未证成的证成者运作，……这样观察就阻止了无限后退，并在此意义上为经验知识提供了基础。"④布兰顿并不同意这一批评，他建议我们在事实而不是在知觉的层面上界定观察报告："事实就是真断言，这里的'断言'不是断言

---

① See C. I. Lewis, "A Pragmatic Concept of A Priori," *The Journal of Philosophy*, 20: 7 (1923), pp. 169-77.
② Brandom, *Making It Explicit*, p. 137.
③ Jürgen Habermas, "From Kant to Hegel: On Robert Brandom's Pragmatic Philosophy of Language," *European Journal of Philosophy* 8:3 (2000), p. 335.
④ Brandom, *Making It Explicit*, p. 222.

行为,而是通过(可能的)断言行为表达的可断言内容。可断言内容(事实是这个属中的一个种)处于物理性指涉和相互间的不相容关系中,因此它们只能在概念中得到理解,这就是《使之清晰》赋予'概念性'的推论主义内涵。"①因此,"正确地把握事实"并不只是被动地接受,还必须包括"自发性"(spontaneity):"我们的推论实践嵌在独立于实践的事实世界中,我们的断言必须答复这些事实以获得正确性,但这决不意味着承诺观察者的知识理论(spectator theory of knowledge)。"②

布兰顿试图阐明,对客观性的恰当界定不能在"实在论/反实在论"这一语境的内部实现,我们需要从形而上学的游戏中抽身出来,走向一种与推论语义学有机结合的实践考量,后者最终呈现为一种具有清晰结构的实用主义。布兰顿在回应哈贝马斯的文章中明确指出了这个方法论上的关键转折:"最有分量的观点是,从'社会—视角'的角度去理解客观性和权威的本质。"③这一思路当然不是布兰顿独有的,对社会性(sociality)的强调是古典实用主义(特别是以米德和杜威为代表的芝加哥学派)的主要思路。布兰顿明确认识到了这一点。安斯科姆(G. E. M. Anscombe, 1919—2001)曾在《意向》(1963)中用"购物者与侦探"的例子区分了意向与信念:前者是从世界到心灵的符合(world-to-mind),后者是心灵到世界的符合(mind-to-world)。④ 布兰顿指出:"实用主义者并不作这样的区分。他们拒斥这种二元论,即在实践领域是一种符合方向,在理论领域是另一种补充性的符合方向。他们从一个介入和学习(intervening and learning)的环形进程开始,从对初始情境的知觉,到行动,到对结果的知觉,再到新的行动(包括手段与目的的交缠),这种回路不断重复直到它们聚集在一起或被放弃。这就是他们所谓的'经验'。信念和意向对他们而言不过是这一进

---

① Brandom, "Facts, Norms, and Normative Facts: A Reply to Habermas," p. 357.
② Ibid., p. 358.
③ Ibid., p. 361.
④ G. E. M. Anscombe, *Intention* (Cambridge, MA: Harvard University Press, 1963), pp. 56 – 7.

第九章 黑格尔、古典实用主义与匹兹堡学派

程中的抽象片段或抽象方面。"①我们知道,在批判了反射弧(reflex arc)概念之后,杜威用"回路"(circuit)来界定布兰顿所说的"介入和学习的环形进程",试图用基于中介的环形模式来取代基于二元论的单向指涉。② 布兰顿敏锐地把握到了古典实用主义者的核心思路,即为了让环形模式成为可能,我们必须在思维范式上作如下的更新:我们的任何感觉和认知都不是一次成型的,而是在学习中不断调整和修正的过程,这一过程又被古典实用主义者进一步理解为习惯的形成和更新过程。布兰顿完全认同这一思路,他在《使之清晰》中明确指出:"观察性知识的基础是,个体能够得到可靠的训练,由此通过信念性承诺对环境特征作出不同的反应。"③既然感觉和认知与学习和训练本质相关,那么社会性维度就必须被纳入考量,我们必须从笛卡尔式的心灵进展到社会性心灵,更进一步,对二元论的克服只有在引入社会性维度的前提下才有可能实现,这是布兰顿与古典实用主义者共同分享的洞见。但另一方面,古典实用主义者在首要意义上将社会性理解为有机体与环境的交互性,或者更确切地说是一种高级进化形态的交互性,这一点是布兰顿无法认同的。匹兹堡学派的基本前提是区分语言生物与非语言或前语言生物,布兰顿虽然不像麦克道威那样明确和古典实用主义的进化论路线划清界线,但他对感觉和智识的区分足以说明他并没有偏离匹兹堡学派的基本前提。体现在对社会性的理解上,他更强调在主体间性层面上,而不是在"生物—社会"的连续体中理解社会性。塞拉斯的影响在这一点上是非常明显的。布兰顿认为,古典实用主义必须在推论语义学的帮助下走出人类学视角,立足于给出和要求理由的推论活动去分析社会性的基本运作模式,只有这样,我们才能获得一种具有清晰结构的实用主义,而只有在清晰的结构下,对意义和价值的判断与筹划才是可能的。

虽然拒斥了确定性,但古典实用主义者并没有放弃对客观性的诉求,

---

① Brandom, *Perspectives on Pragmatism*, p. 47.
② John Dewey, "The Reflex Arc Concept in Psychology," in LW 5:96-110.
③ Brandom, *Making It Explicit*, p. 224.

他们认为一种在新的思维范畴下得到重新界定的客观性不但有助于经验的不断展开和推进,甚至还更为恰当地刻画了宇宙演进的基本形态。布兰顿同样没有放弃对客观性的诉求,但他认为对客观性的恰当界定必须在一个清晰的结构中得到实现。在他看来,古典实用主义者的方案和一些新实用主义者(比如罗蒂和普特南)都没有在清晰性上达到标准。罗蒂试图用协同或团结(solidarity)诠释客观性,将客观性理解为一致性的敬语或赞辞。事实上,他在用解释学取代认识论,用弱理性替代强理性的同时也消解了理性运作的基础。而普特南提出的"概念相对性"(conceptual relativity)则提示了潜藏于概念实在论内部的相对主义威胁,尽管普特南一再试图将自己的立场与他所谓的文化相对主义区分开来。[①] 布兰顿认为自己找到了一条有效的出路来规避模糊性和相对主义的威胁,那就是将黑格尔的"相互承认"改造为给出和要求理由的推论活动,通过分析主体间的理性运作来探讨在不同视角间建构共同视角(规范性视角)的可能性。只有将基于主体间性的分析方法引入概念实在论,后者才能成为一种真正的实在论,换言之,实在必须是推论的结果,而非前提。因此,如果我们还要探讨并保留表征的可能性,就必须在主体间的理性推论中完成这一工作。布兰顿确信在客观性和表征之间存在着无法割断的联系:如果我们还有对客观性的诉求,就必须探讨表征的可能性。他在《使之清晰》中明确表达了这一信念:"推论主义者的主要解释性挑战在于解释语义内容的表征维度,即通过推论关系建构指涉关系。"[②]进一步,如果这一解释性工作无法完成,那么"推论主义者想要反转表征主义传统的尝试就注定是绝望而

[①] 普特南让我们设想一个只有三人的世界,现在问:这个世界中有多少个对象?卡尔纳普会说只有三个对象,而波兰逻辑学家列许涅夫斯基(Stanisław Leśniewski, 1886—1939)则认为有八个对象:三个人、三个人两两组合而成的三个组合对象、三个人共同组成的一个组合对象,以及一个"空对象"(null object)。面对同一个"面团",这里就有了两种"切法"。又比如,欧几里得平面上的点究竟是什么性质?莱布尼兹说它们是平面的一部分,而康德则认为它们仅仅是平面的界限(limits)。这两个例子很好地说明了概念相对性。See Putnam, *The Many Faces of Realism*, pp. 18 - 9.

[②] Brandom, *Making It Explicit*, p. xvi.

第九章　黑格尔、古典实用主义与匹兹堡学派

不成功的"①。

在《无镜的自然主义》(2011)中，普莱斯建议我们反思这种对于表征的信念。他建议我们采纳一种全局性表达主义(global expressivism)，即完全取消语言与世界的配对游戏(matching game)，完全放弃大写的镜式表征。这一立场不同于区域性表达主义(local expressivism)或准实在论(quasi-realism)，因为后者还保留了一点对于配对(某些情况"看起来像是"配对)或"追踪世界"(world-tracking)的诉求。② 进一步，放弃大写的表征，也就是放弃任何意义上的本体论承诺，即坚持一种语义紧缩论(semantic deflationism)立场。但普莱斯指出，我们必须将这种紧缩论立场和"对断言、承诺、判断的本质及谱系的更为宽泛的考量"整合起来，换言之，我们必须强调"真"所扮演的"对话性角色"。③ 普莱斯将这条对话性思路称为布兰顿式的，但布兰顿的问题在于试图保留一种谈论外表征的语汇。普莱斯指出："虽然布兰顿的出发点是非表征性的表达主义，但在他的终点，这种非表征性特征减弱了。"④因此，布兰顿的方案"不是紧缩表征和指涉，而是阐明它们可以从实用主义的材料中得到建构"⑤。普莱斯对布兰顿的解读是确切的，但他不能理解后者对于表征的诉求。他对布兰顿的落脚点作了正确的判断——在形而上学与人类学之间，但他马上表达了自己的立场："表达主义不是以实用主义者的方式做形而上学，而是以实用主义者的方式做人类学。"⑥很明显，这一立场与布兰顿的哲学方案之间存在关键分歧，布兰顿恰恰是在认识到了人类学方案的缺陷之后提出了一种整合形而上学与人类学的可能性。在布兰顿看来，如果我们还要引入一种形而上学的考量，就必须保留对表征的探讨，探讨表征的目的不在于重新回到基础

---

① Ibid., p. 136.
② Huw Price, *Naturalism without Mirrors* (Oxford: Oxford University Press, 2011), pp. 8-11.
③ Ibid., p. 19.
④ Ibid., p. 202.
⑤ Ibid., p. 311.
⑥ Ibid., p. 315.

主义,而在于提示并支持一种建构性的哲学信念:我们可以在交互的推论过程中实现客观性,即主体间的共享视角,并且这种客观性可以以清晰的逻辑结构得到呈现。

因此,布兰顿的目标很明确:"呈现所说或所思与被说或被思之间的关系,前者是思维和言谈的命题维度,后者是表征维度。"为此他提出的解决方案也很明确:"命题内容的表征维度必须在社会语境下被理解。……对被思或被说的考量必须在如下的语境中产生:评估一个个体的判断如何在另一个个体那里成为理由。断言的表征内容以及断言所表达的信念反映了给出和要求理由这个游戏的社会维度。"①我们看到,历史主义的立场在布兰顿这里最终落实为对社会性的强调,在社会性的语境中,客观性的内涵得到了最终的界定:"命题内容的客观性……只能在展现了句子使用的承诺和资格的结构中被理解。……任何在实践中认识到承诺和资格的不同规范性身份的共同体都能辨识出命题内容在这个意义上具有的客观性。"②客观性是规范性的一个特殊面相,规范的可修正性为客观性的调整留出了空间。布兰顿指出,先在的规范最多在我们评估新断言时作出限制,"它们不但不为新断言的互动决定方向,而且本身也因为断言或推论性承诺之间从未有过的碰撞而发生改变"③。他还告诉我们,这一过程就是黑格尔所说的"概念的无限否定"(restless negativity of the Concept)。④在社会性的语境中,这一过程就是不断将他人的视角纳入自身的视角,在"否定"他人的同时"否定"自身,由此寻找共享视角的契机。对这个无限否定和无限中介的过程而言,表征不是它的起点,而是它的最终结果,并且这个结果是在不断展开的社会进程中无限延后的,因此在这个意义上,社会性语境下的表征又是推论实践最终指向的一种理想,这种理想不是规定性的,而是引导性的。和古典实用主义者一样,布兰顿最终用开放性的理想

---

① Brandom, *Articulating Reasons*, pp. 158 - 9.
② Ibid., pp. 203 - 4.
③ Brandom, *Perspectives on Pragmatism*, p. 148.
④ Ibid., p. 150.

第九章　黑格尔、古典实用主义与匹兹堡学派

代替了黑格尔式的基于必然性的辩证历程，让社会性范畴最终脱离了绝对精神的束缚。

尽管存在意图和路径上的明显分歧，古典实用主义者和匹兹堡学派在对待黑格尔的基本旨趣上是一致的：取用，而非还原。在以忠实于文本为导向的解读者看来，他们的这种取用已经在很大程度上偏离甚至误读了黑格尔。以布兰顿为例：比如，在黑格尔的帮助下，布兰顿试图将推论实践的结果刻画为共同体语境下的表征，而黑格尔本人却持鲜明的反表征主义立场，在意识发展的历程中，表征（感性确定性和知觉阶段）是需要被扬弃的主观精神的一个环节。又比如，黑格尔的逻辑线索是从抽象的个体性进展到具体的个体性，他并不像布兰顿那样要求进展到由个体组成的共同体。但换个角度来看，如果我们将拓展解释空间视为解读的第一要务，那么当然可以反过来对黑格尔作布兰顿式的解读。我们完全可以用黑格尔三个逻辑范畴"有"（being）、"无"（nonbeing）、"变"（becoming）中的最后一个来界定处于无限中介过程中的客观性，而《精神现象学》也明确提示了包含于个体性中的共同体视角："精神是这样的绝对的实体，它在它的对立面之充分的自由和独立中，亦即在互相差异、各自独立存在的自我意识中，作为它们的统一而存在：我就是我们，而我们就是我。"[1]思想的接受史必须同时是思想的互衍史，我们必须在历时性的线索中探索共时性的互文，思想的特殊性决定了思想史工作的特殊性。从黑格尔到匹兹堡学派这条线索已经明确地向我们揭示了这一点。

这条线索的特殊性还在于，黑格尔和匹兹堡学派中间还多了古典实用主义这一环节，后者在我们探讨黑格尔和匹兹堡学派的关系时如影随形。在较为宽泛的意义上，匹兹堡学派是可以划入新实用主义阵营的，尽管这样的界定需要大量的澄清和说明。事实上，新实用主义是一个非常模糊的概念，而在何种程度上将某个带有实用主义要素的思想家称为新实用主义

---

[1] Hegel, *Phenomenology of Spirit*, p. 110. 黑格尔：《精神现象学（上卷）》，贺麟、王玖兴译，第122页。

者亦缺少恒定的标准。另外,新实用主义中的"新"又蕴含了太多不同方向和不同层面上的意义。我们应该承认,就思想史而言,抽象的流派划分并不能澄清思维进程的具体流变,相反,这种人造的便利性往往会削减思想的厚度,阻止我们进入思想的细部和深处,从而真正体会到思维的乐趣。因此,尽管古典实用主义和匹兹堡学派在事实上和逻辑上都存在紧密的关联,我们在理论的叙事中尽量避免了"新实用主义"这样的界定。出于同样的理由,我们也没有使用"新黑格尔主义"这样的界定。但不可否认的是,我们在探讨古典实用主义时必须纳入对黑格尔的考量,同样地,我们在探讨匹兹堡学派时也必须同时纳入对黑格尔和古典实用主义的考量。

附识与后记

从1963年加入匹兹堡大学到1989年去世,塞拉斯一共在匹兹堡大学哲学系工作了近三十年。出于对塞拉斯的兴趣,布兰顿于1976年从普林斯顿加入了匹兹堡大学哲学系,并在此之后实质性地推进了塞拉斯的工作。麦克道威尔于1988年从牛津加入匹兹堡大学哲学系,虽然塞拉斯的影响在他的早期工作并不明显,但到了《心灵与世界》中,塞拉斯的影响是显而易见的。我们完全可以说,匹兹堡学派的主要工作是在塞拉斯给定的几个方向上不断推进和发展了塞拉斯的遗产。[①] 作为一个学派,匹兹堡学派共享了一些明确的观点。对此,马厄(Chauncey Maher)作出清晰而简洁的归纳:"他们认为对事物的思维不能被同化为单纯被事物影响;他们认为思维要求推论能力,即知道可以从一个思维中推出和推不出什么;同样地,他们认为带有意向性的行动也不能被同化为影响事物的能力;带有意向性的行动同样要求推论能力,这种能力反过来要求我们对推论的规范或评价标准非常敏感;他们认为,推论从根本上来说是语言性的,并且,进入'理由空间'就是进入像德语、日语和英语这样的自然语言,因此,带有意向性的思维和行动就是我们在开始使用这些自然语言时获得的能力。"[②]这些共享的观点在本书的研究中得到了细致的阐明,正是这些鲜明的观点让匹兹堡学派作为一条整体性的思路对20世纪后半叶的心灵哲学和分析哲学图景产生了重要影响。在这个意义上,匹兹堡学派的影响远远超出了塞拉斯

[①] 值得一提的是,匹兹堡大学哲学系的研讨室(seminar room)至今仍以塞拉斯提出的"理由空间"(the space of reasons)命名。
[②] Chauncey Maher, *The Pittsburgh School of Philosophy: Sellars, McDowell, Brandom* (London: Routledge, 2012), p. 1.

对"所予神话"的批判。正如丹尼特所指出的:"塞拉斯的影响普遍存在但又是隐性的。……很明显,普特南、哈曼(Graham Harman,1968—)和莱肯(William Lycan,1945—)……直接受到了塞拉斯的影响,而我自己、福多、布洛克和刘易斯(David Lewis)则主要通过普特南的一系列非常有影响力的论文[结集出版于《心灵、语言与实在》]受到了二手的影响。"① 但我们也应该看到,匹兹堡学派内部不但不是均质的,而且在方法和旨趣上存在着很大的差异,我们已经通过本书的研究阐明了这一点。通过这些内部差异,我们看到了这条整体性思路中的不同面相和不同层次,进而认识到,我们不可能在不削减和窄化的情况下将匹兹堡学派放入皮尔士所说的"哲学成衣铺"(philosophical slop-shops)中,而这种削减和窄化是任何研究工作都要极力避免的。

从丹尼特的描述中,我们还可以得到另一个信息:塞拉斯的影响尽管普遍存在,但又是隐性的。罗蒂在为《经验主义与心灵哲学》写的导言中指出了造成这一点的一个重要原因:塞拉斯对哲学史的兴趣是他的著作没能被广泛接受的主要障碍。罗蒂告诉我们:"塞拉斯相信,'没有哲学史的哲学即使不是盲的,至少也是哑的',不过,这个看法在他的很多读者看来只不过是固执己见罢了。"②事实也证明,塞拉斯做哲学的方式并没有成为英美语境中哲学探索的主流。但幸运的是,塞拉斯的出色哲学史功底在麦克道威尔和布兰顿那里得到了很好的继承。我们知道,和塞拉斯一样,麦克道威尔也是一位非常出色的古代哲学家;而正是通过布兰顿将对黑格尔的仔细研读,后者才最终在匹兹堡学派的思想图景中占据了关键位置。我们看到,匹兹堡学派很好地继承了塞拉斯的旨趣,以一种极富启发性的方式将对语言哲学和心灵哲学的技术分析同历史的和系统化的哲学思考结合起来。更为幸运的是,比起塞拉斯工作的年代,现在已经有越来越多的哲

---

① Daniel Dennett, "Mid-term Examination: Compare and Contrast," in *The Intentional Stance* (Cambridge: MIT, 1987), p. 341.
② Sellars, *Empiricism and the Philosophy of Mind*, p. 3. 塞拉斯:《经验主义与心灵哲学》,王玮译,第3页。

学研究者接纳并践行了塞拉斯的洞见：思想的阐明和推进必须和思想史的工作紧密结合。

布兰顿在《介于言与行之间》的前言中提到，与麦克道威尔的"洛克讲座"（《心灵与世界》，1991）相比，塞拉斯做"洛克讲座"（《科学与形而上学》，1965）时的听众要少得可怜，最后一场时，偌大的礼堂内只剩下三个听众。① 《介于言与行之间》是布兰顿在2006年所做的"洛克讲座"，和麦克道威尔一样，当时的听众应该也是相当可观的。本书的作者当然认同塞拉斯的洞见，也乐于看到越来越多的哲学工作者正已逐渐回归到在历史中推进思想的做法。基于这样的认识，对思想史的关照在本书的研究中占了相当大的比重。并且，出于思想史工作的严肃性，本书的研究也尽量规避了脱离历史语境的比较和对照，也就是说，规避了那些并没有与匹兹堡学派发生直接和间接关系的思想资源。

思想必须和思想史紧密结合的一个关键理由是：思想的阐明和推进必须是整体性的。塞拉斯在《哲学与人的科学图像》中告诉我们："哲学工作的不同之处在于它'着眼于整体'。否则，哲学家就和坚持反思的专家没有区别了，历史哲学家也就和坚持反思的历史学家没有区别了。……一个哲学家只有反思了哲学思考的本质，才可以说是着眼于整体的。哲学家反思哲学本身在事物体系（scheme of things）中的位置，正是这种反思将他和反思的专家区分开来。没有对哲学工作展开这种批判性反思的哲学家最多只能算是潜在的哲学家。"② 塞拉斯的这段话明确阐明了整体性工作的两层内涵：首先，哲学必须探讨世界中的各个部分在本质上是如何联系在一起的（hang together）；其次，更为重要地，哲学必须在方法和结果上对自己提出的这幅整体性图景进行整体性的反思。

匹兹堡学派通过界定并澄清一种概念实在论完成了第一层次的工作。在概念实在论的世界图景中，心灵和世界不再对彼此产生外在的作用，而

---

① Brandom, *Between Saying and Doing*, p. xix.
② Sellars, *Science, Perception and Reality*, p. 3.

是最大程度地耦合在一起。在这幅图景中,最大程度地接受来自世界的贡献和最大程度上保留概念性运作是并行不悖的。麦克道威尔在《心灵与世界》中指出:"感受性的运作具有概念的结构,基于这一观念,我们可以说,经验是向实在的布局敞开的。经验使得实在的布局本身能够对主体的思维产生理性影响。"①他还告诉我们,遵守规范的根本目的在于"增加我们正确把握'世界其他部分之所是'(the way the rest of the world is)的机会"②。尽管布兰顿认为像麦克道威尔那样保留经验是不必要的,但他也在《介于言与行之间》中指出,判断一种理论是否是实用主义的最终标准是,看它是否"从厚的、本质上包含了世界的实践和能力运作出发,从中抽象和分离出这些实践和能力所建立的语义意向关系的两极[即主体和对象]"③。在有些人看来,这条将实在概念化的思路是对已经祛魅的世界的再次复魅(re-enchant)。连麦克道威尔自己也说,这条思路看起来就像是"退回前科学的迷信,是一种疯狂的怀旧,试图让自然世界重新复魅"④。但是我们可以顺着匹兹堡学派的思路问:一个祛魅了的世界(事实与价值的二分)和一个复魅的世界("概念领域并没有排除我们经验到的世界"⑤),哪幅图景能更深刻地刻画世界的进程呢?古典实用主义者作出了这样的追问,半个多世纪之后,匹兹堡学派也进行了同样的追问。这也从一个侧面说明,思维范围的更新是一个漫长的过程。或许直到现在我们仍然没有真正从祛魅的世界观进展到复魅的世界观,以普特南所说的"二次天真"(second naïveté)重新看待心灵与世界的交缠。

从英美哲学的发展历程来看,这幅心灵与世界相互交缠的整体图景还有另一个更为深远的意义。罗蒂曾指出,用"语言"来代替"经验"的转向背后有两个关键的前提:"首先,这两个概念涵盖的广度是一样的——它们都

---

① McDowell, *Mind and World*, p. 26.
② Ibid., p. 151.
③ Brandom, *Between Saying and Doing*, p. 180.
④ McDowell, *Mind and World*, p. 72.
⑤ Ibid., p. 72.

界定了人类探究的整个领域和人类研究的所有主题。其次,从 20 世纪初开始,'语言'和'意义'的概念似乎不再受自然进程的影响。"①基于这两个前提,语言转向后的第一代哲学家(弗雷格、罗素、早期维特根斯坦)将语言视为唯一法庭,但语言转向后的第二代哲学家(晚期维特根斯坦、塞拉斯、奎因、戴维森)开始认识到前一方案中的基础主义倾向,并试图通过将语言重新放回自然进程中来克服这种倾向。从这一思路出发,对语词的分析逐渐过渡到对句子的分析,对句子的分析逐渐过渡到对语汇的分析,一条基于融贯论的整体主义思路由此形成。匹兹堡学派试图阐明,这条思路并不是克服基础主义的最终方案,因为这种停留在心灵内部的整体主义并没有真正将语言放回到包含了世界的实践中,并没有从考察语言的逻辑结构(logical structure)进展到考察实质推论(material inference)的具体运作。从在这个意义上来看,虽然匹兹堡学派深刻地处于语言转向的思路之中(他们认为语言不仅是经验的一种形式,而且还是经验的唯一形式),但已在很大程度上超越了这条思路。从一个同时纳入了心灵与世界的整体性视角出发,匹兹堡学派揭示了"语义上行"的局限,并指出了突破这种局限的可能性。这一超越对哲学史的推进具有重要意义,它无疑得益于塞拉斯从一开始就提出的深刻洞见:哲学家必须反思哲学本身在事物体系中的位置。

在提出了一幅关于世界的整体性图景之后,匹兹堡学派进行了第二层次的工作:他们试图阐明,这幅关于世界的图景是开放的,因为世界本身就是一个开放的进程。这种开放性在塞拉斯那里表现为科学图像对显像图像的不断修正,在麦克道威尔那里表现为传统的积累和更新,在布兰顿那里则表现为推论性实践在社会层面的推进和展开。这些思路的共同特点是,相比于找到一个精确的概念框架去界定实在,它们更强调界定实在的

---

① Richard Rorty, "Wittgenstein, Heidegger, and the Reification of Language," in Charles Guigon, ed. *The Cambridge Companion to Heidegger* (Cambridge: Cambridge University Press, 1993), p. 340.

概念本身是可修正和可更新的。换言之,它们试图探讨一种开放的整体性,而非来自"上帝之眼"(God's eye)的全体性。因此,虽然匹兹堡学派提出并强调了理由空间,但他们并没有设定任何先天概念。维特根斯坦在《论确定性》中告诉我们:"光是逐渐照亮整体的。"① 麦克道威尔引用维特根斯坦的话指出:"当光照出现时,我们不再依赖老师来告诉我们应该在他引导我们进入实践中做什么。我们成为了一个自主运动的实践者,能够在理性空间中找到自己的道路,包括对继承下来的理性空间布局中的概念持批判态度。"② 同样,他们也没有设定任何终极概念。他们虽然乐观地认为,随着理论和实践的推进,我们最终会得到某种理想的概念形态,甚至获得关于世界的最终洞见,但概念运作本身和世界进程一样是完全敞开的。哲学的根本任务不是出于自身有限的视域而坚持某些概念,而是整体性地反思已有的概念,让概念运作始终保持敞开,用皮尔士的话来说,就是"不要阻碍探究之路"。

概念的修正和更新必须在社会性的"理由空间"内完成,而非在自我封闭的"理性空间"内完成,这是匹兹堡学派的根本洞见。匹兹堡学派认为,语言运作的基本形式是对话,一幅开放的概念实在论图景只有通过主体间的对话才能真正成为可能。他们的理由是,只有足够开放的心灵观才能塑造足够开放的世界观,而开放的心灵观必然要求我们将对心灵的理解从主体的层面进展到主体间的层面;心灵并不是鲁滨逊式的单个心灵,而是由互相交往的心灵构成的心灵共同体。这样的观点很容易让人想到以杜威和米德为代表的芝加哥学派。事实上,强调对话一直以来都是美国思想的重要特征。如果说匹兹堡学派以及他们之前的古典实用主义者是崇尚对话的哲学家(philosopher),那么马克·吐温(Mark Twain, 1835—1910)就是崇尚对话的叙述者(storyteller),惠特曼(Walt Whitman, 1819—

---

① Wittgenstein, *On Certainty*, § 141.
② McDowell, *Having the World in View*, p. 168. 麦克道威尔:《将世界纳入视野》,孙宁译,第155页。

1892)就是崇尚对话的诗人(poet),而爱默生(Ralph Waldo Emerson,1803—1882)则是崇尚对话的布道者(preacher)。就此而言,我们可以说匹兹堡学派深深地扎根于美国的哲学传统中。对话的根本问题在于意图的表达和意义的传递。乔姆斯基(Noam Chomsky,1928—　)有一个著名论断:一个使用母语的成年人说出的每一句话都是完全新的。他还要求我们对这一结论作彻底的理解,也就是说,我们说出的任何一个语词序列不但从来没有被自己使用过,而是从来没有被任何人使用过。匹兹堡学派告诉我们,这种创造"新语义"(semantic novelty)的能力并不会给我们的对话制造困难,因为我们在说话时已经置身于一个社会性的理由空间中了。除此之外,我们的思维和意向行为本质上也是公开的言语行为,因此它们在原则上也是向他人敞开并可以随时进入互动。可以看到,这一思路的背后有着强烈的伦理诉求,这也从一个侧面证明了形而上学和伦理学之间存在着非常紧密的照应。塞拉斯在《科学与伦理》(1967)中告诉我们,罗伊斯(Josiah Royce,1855—1916)式的忠诚(loyalty)和基督徒的爱是"比任何抽象的原则都要深刻的承诺。作为对同胞的幸福的承诺,它证明了道德原则的合法性,正如获得解释和断言能力的获得证明了科学理论的合法性"[1]。我们还知道,对伦理的思考占据了麦克道威尔很大一部分工作,他的这部分工作主要是沿着两条线索展开的,第一线索是对亚里士多德的研究[2],第二条线索与当代元伦理学语境中的讨论和互动。[3] 在布兰顿那里,给出和要求理由的社会性实践本身就是一种伦理层面上的活动。很遗憾,因为角度的选择和视域的限制,本书的研究并没有涉及这部分内容。

布兰顿将从隐含进展到清晰视为哲学工作的基本目标,但匹兹堡学派的哲学工作尚未呈现出最后的清晰面貌。这一方面是因为他们本身的思考尚未走到终点。麦克道威尔已经向我们呈现了他在《心灵与世界》之后

---

[1] Sellars, *Philosophical Perspectives: Metaphysics and Epistemology*, p. 209.
[2] See for example McDowell, *The Engaged Intellect*, pp. 23 - 78; *Mind, Value, and Reality*, pp. 3 - 76.
[3] See for example McDowell, *Mind, Value, and Reality*, pp. 77 - 220.

的转向,但仍有一个关键的问题需要他作出进一步的努力:如何界定一种既非判断性又具有概念内容的直观?他的概念实在论方案成功与否在很大程度上取决于这个问题能否得到合理的澄清和说明。而在布兰顿那里,正如万德雷尔(Jeremy Wanderer)所指出的,一系列转变的信号也已出现。比如,《使之清晰》中对理性的推论主义理解正在逐渐转移到对理性的历史主义历史,出于一种黑格尔式的兴趣,布兰顿的注意力已从给出和要求理由的活动转移到这些活动背后的体制因素。[1] 而布兰顿本人也在最近一次来访时("复旦—杜威讲座"第二期,2018年4月20至22日)告诉我们,他最感到兴奋且认为最值得努力弄清楚的问题是,真性(alethic)模态逻辑语汇和规范(deontic)语汇所表达的内容之间有着怎样的深层关联。他说,对这种关联的理解构成了他对黑格尔观念论解读的核心,但是他并不认为黑格尔以及他自己已经看透了这一问题。为此,他在过去十年间一直在尝试以表达主义的方法来研究逻辑,试图建构一种逻辑表达主义式的逻辑语汇。在这方面,布兰顿已和他的合作者,尤其是赫洛比(Ulf Hlobil)和卡普兰(Daniel Kaplan),取得了实质性的进展。这个研究项目还在进行中。[2]

但另一方面,我们也应该看到,也许匹兹堡学派并没有完全穷尽塞拉斯思想的可能性。比如,米利肯沿着一条非常不同的思路推进了塞拉斯的资源。在米利肯那里,意向性在首要意义上并不是推论性的,而是生物性的,她要求我们在进化论和目的论的语境中理解语义,而不是限制在匹兹堡学派式的理由空间内。[3] 卡西尔曾告诉我们:"哲学史清楚地告诉我们,最先引入某个概念的思想家很少能完全决定那个概念。因为一般而言,一

---

[1] Jeremy Wanderer, *Robert Brandom*: *Philosophy Now* (Montreal & Kingston: McGill-Queen's University Press, 2008), pp. 207 - 8.
[2] 在黑格尔研究方面,布兰顿即将完成耗时三十多年打磨的《信任的精神:对黑格尔〈精神现象学〉的实用主义语义解读》(*A Spirit of Trust*: *A Pragmatist Semantic Reading of Hegel's Phenomenology*);在表达主义逻辑方面,布兰顿即将和他的合作者出版《后果逻辑》(*Logics of Consequences*)。
[3] See for example Ruth Millikan, *Language, Thought and Other Biological Categories* (Cambridge, MA: MIT Press, 1987); *Language: A Biological Model* (Oxford: Oxford University Press, 2005).

个哲学概念会是一个问题,而非问题的解决,而只要这个问题还处于隐含的状态,它的全部意义就无法得到理解。为了显示它的真正意义,它必须变得清晰,而这个从隐含到清晰的过渡是属于未来的工作。"①为了让匹兹堡学派的"问题"变得清晰,我们必须细致地考察他们的已有成果,敏锐地观察他们的未来走向,并在必要的时候超出他们的思路和视域。正如卡西尔所言,这些都是属于未来的工作。因此,本书的研究只能是一个阶段性的探讨和总结。

我对匹兹堡学派的研究要晚于我对古典实用主义的研究,由于体量和其他一些原因,这部《匹兹堡研究》却率先问世了。写作时我已经意识到本书的行文可能过于紧致和晦涩,搁笔之后这种感觉变得更加强烈,篇幅和题材的限制当然是一方面原因,但主要还是因为我自身的学力所限。我希望能在下一部书稿中改进这些情况,也恳请各位师友和方家不吝批评和指正。最后,我要特别感谢复旦大学哲学学院和家人为我创造了宽松的研究环境,让我有了从容的研究心境,没有这种环境和心境,任何研究都是无法实现的。我还要感谢刘放桐教授、陈亚军教授和其他学界前辈,他们对我的关心、指导和厚爱为清冷的学术道路平添了许多暖意。周靖和程都跟我一起仔细通读了书稿,指出了很多问题,在此一并致谢。书稿中仍然存在的不当甚至讹误之处,当由我独自承担全部责任。

---

① Ernst Cassirer, *An Essay on Man: An Introduction to a Philosophy of Human Culture* (New Haven: Yale University Press, 1944), p. 180.

参考文献

Anscombe, G. E. M. (1963) *Intention*. Cambridge, MA: Harvard University Press.

Alexander, Thomas. (2013) *The Human Eros: Eco-ontology and the Aesthetics of Existence*. New York: Fordham University Press.

Apel, Karl-Otto. (1980) *Towards a Transformation of Philosophy*. London: Routledge & Kegan Paul.

——. (1984) *Understanding and Explanation: A Transcendental-Pragmatic Perspective*. Cambridge, MA: MIT Press.

Austin, J. L. (1962) *Sense and Sensibilia*. Oxford: Oxford University Press.

Auxier, Randall & Anderson, Douglas. eds. (2015) *The Philosophy of Hilary Putnam*. La Salle: Open Court.

Ayer, A. J. (1956) *The Problem of Knowledge*. London: Macmillan.

——. (1963) *The Foundations of Empirical Knowledge*. London: Macmillan.

Bernstein, Richard. ed. (1965) *Perspectives on Peirce: Critical Essays on Charles Sanders Peirce*. Westport: Greenwood Press, 1965.

——. (2010) *The Pragmatic Turn*. Cambridge: Polity.

Borg, Emma. (2010) *Pursuing Meaning*. Oxford: Oxford University Press.

Bourdieu, Pierre. (1990) *The Logic of Practice*. Cambridge: Cambridge University Press.

Bradley, F. H. (1886) "Is There a Special Activity of Attention?" *Mind*, 11:43, pp. 305–23.

Brandom, Robert. (1979) "Freedom and Constraints by Norms," *American Philosophical Quarterly*, 16, pp. 187–96.

——. (1984) "Reference Explained Away," *The Journal of Philosophy*, 81:9, pp. 469–70.

——. (1994) *Making It Explicit*. Cambridge, MA: Harvard University Press.

——. (1995) "Knowledge and the Social Articulation of the Space of Reasons," *Philosophy and Phenomenological Research*, 55:4, pp. 895–908.

——. (1999) "Some Pragmatist Themes in Hegel's Idealism," *European Journal of Philosophy*, 7:2, pp. 164–89.

——. (2000) *Articulating Reasons*. Cambridge, MA: Harvard University Press.

参考文献

——. (2000) "Facts, Norms, and Normative Facts: A Reply to Habermas," *European Journal of Philosophy* 8:3, pp. 356 - 74.

——. (2002) *Tales of the Mighty Dead*. Cambridge, MA: Harvard University Press.

——. (2008) *Between Saying and Doing: Towards an Analytic Pragmatism*. Cambridge, MA: Harvard University Press.

——. (2009) *Reason in Philosophy: Animating Ideas*. Cambridge, MA: Harvard University Press.

——. (2011) *Perspectives on Pragmatism: Classical, Recent, and Contemporary*. Cambridge, MA: Harvard University Press.

——. (2015) *From Empiricism to Expressivism: Brandom Reads Sellars*. Cambridge, MA: Harvard University Press.

Burge, Tyler. (1977) "Belief De Re," *The Journal of Philosophy*, 74:6, pp. 338 - 62.

——. (2003) "Perceptual Entitlement," *Philosophy and Phenomenological Research*, 67:3, pp. 503 - 48.

——. (2005) "Disjunctivism and Perceptual Psychology," *Philosophical Topics* 33:1, pp. 1 - 78.

——. (2011) "Disjunctivism Again," *Philosophical Explorations*, 14:1, pp. 43 - 8.

Cappelen, Herman & Lepore, Ernie (2005) *Insensitive Semantics*. Oxford: Blackwell.

Cassirer, Ernst. (1944) *An Essay on Man: An Introduction to a Philosophy of Human Culture*. New Haven: Yale University Press.

——. (1955) *The Philosophy of Symbolic Form*, vol. 1: Language. New Haven: Yale University Press.

Castañeda, H. N. (1975) *Action, Knowledge, and Reality: Studies in Honor of Wilfrid Sellars*. Indianapolis: Bobbs-Merrill.

Chastain, Charles. (1975) "Reference and Context," in Keith Gunderson, ed., *Minnesota Studies in the Philosophy of Science*, vol. VIII: Language, Mind, and Knowledge. Minneapolis: University of Minnesota Press, pp. 194 - 269.

Chisholm, Roderick. (1957) *Perceiving: A Philosophical Study*. Ithaca: Cornell University Press.

Chomsky, Noam. (1966) *Cartesian Linguistics*. New York: Harper & Row.

Collingwood, Robin George. (1942) *The New Leviathan*. Oxford: Clarendon.

Cooley, Charles Horton. (1922) *Human Nature and the Social Order*. New York: Charles Scribner's Sons.

Crane, Tim. (2014) *Aspects of Psychologism*. Cambridge, MA: Harvard University Press.

Davidson, Donald. (1984) *Inquiries into Truth and Interpretation*. Oxford: Clarendon.

——. (2001) *Essays on Actions and Events*. Oxford: Oxford University Press.

——. (2001) *Subjective, Intersubjective, Objective*. Oxford: Clarendon.

Dennett, Daniel. (1981) *Brainstorms: Philosophical Essays on Mind and Psychology*. Cambridge, MA: MIT Press.

——. (1987) *The Intentional Stance*. Cambridge, MA: MIT Press.

——. (1992) *Consciousness Explained*. New York: Back Bay Books.

DeVries, Willem A. (2005) *Wilfrid Sellars: Philosophy Now*. Chesham, Bucks: Acumen.

——. ed. (2009) *Empiricism, Perceptual Knowledge, Normativity, and Realism: Essays on Wilfrid Sellars*. Oxford: Oxford University Press.

Dewey, John. [EW, MW, or LW (vol: page)] (1969—1991) *The Collected Works of John Dewey, 1882 - 1953*. Jo Ann Boydston. ed. Carbondale: Southern Illinois University Press.

——. (2012) *Unmodern Philosophy and Modern Philosophy*. Carbondale: Southern Illinois University Press. 杜威:《非现代哲学与现代哲学》,孙宁译,上海:华东师范大学出版社,2017。

Drake, Durant. et al. (1920) *Essays in Critical Realism: A Co-Operative Study of the Problem of Knowledge*. New York: MacMillan.

Dreyfus, Hubert. (2005) "Overcoming the Myth of the Mental: How Philosophers Can Profit from the Phenomenology of Everyday Expertise," *Proceedings and Addresses of the American Philosophical Association*, 79:2, pp. 47 - 65.

Dummett, Michael. (1978) *Truth and Other Enigmas*. Cambridge, MA: Harvard University Press.

Egginton, William & Sandbothe, Mike. eds. (2004) *The Pragmatic Turn in Philosophy*. Albany: State University of New York Press.

Evans, Gareth. (1982) *The Varieties of Reference*. Oxford: Clarendon.

Frege, Gottlob. (1960) *Translations from Philosophical Writings of Gottlob Frege*. Oxford: Blackwell.

Fodor, Jerry. (1984) *The Modularity of Mind*. Cambridge, MA: MIT Press.

——. (1998) *In Critical Condition: Polemical Essays on Cognitive Science and the Philosophy of Mind*. Cambridge, MA: MIT Press.

——. & Lepore, Ernie. (2001) "Brandom's Burdens: Compositionality and Inferentialism," *Philosophy and Phenomenological Research*, 63:2, pp. 465 - 81.

Gadamer, Hans-Georg. (1989) *Truth and Method*. London: Continuum.

Gaskin, Richard. (2006) *Experience and the Worlds Own Language: A Critique of John McDowells Empiricism*. Oxford: Clarendon.

Gaynesford, Maximilian De. (2004) *John McDowell*. Cambridge: Polity Press.

参考文献

Geach, Peter. (1957) *Mental Acts: Their Content and Their Objects*. London: Routledge & Kegan Paul.

Good, James A. (2006) *A Search for Unity in Diversity: The "Permanent Hegelian Deposit" in the Philosophy of John Dewey*. Lanham, MD: Lexington Books.

Grice, Herbert Paul. (1989) *Studies in the Way of Words*. Cambridge, MA: Harvard University Press.

Grover, Dorothy, Camp, Joseph & Belnap, Nuel. (1975) "A Prosentential Theory of Truth," *Philosophical Studies*, 27:2, pp. 73–125.

Habermas, Jürgen. (2000) "From Kant to Hegel: On Robert Brandom's Pragmatic Philosophy of Language," *European Journal of Philosophy* 8:3, pp. 322–55.

Hegel, G. W. F. (1977) *Phenomenology of Spirit*, tr. A. V. Miller. Oxford: Oxford University Press.《精神现象学》,贺麟、王玖兴译,北京:商务印书馆,1981。

Hinton, J. M. (1967) "Visual Experience," *Mind*, 76:302, pp. 217–27.

Holt, Edwin B. et al. (1910) "Program and First Platform of Six Realists," *Journal of Philosophy, Psychology and Scientific Methods*, 7:15, pp. 393–401.

——. (1912) *The New Realism: Co-Operative Studies in Philosophy*. New York: Macmillan.

Houlgate, Stephen. (2006) "Thought and Experience in Hegel and McDowell," *European Journal of Philosophy*, 14:2, pp. 242–61.

Jackson, Frank. (1977) *Perception: A Representative Theory*. Cambridge: Cambridge University Press.

James, Willliam. [WWJ (vol: page)] (1975–1988) *The Works of William James*. Frederick H. Burkhardt, Fredson Bowers & Ignas K. Skrupskelis. eds. Cambridge: Harvard University Press.

Jespersen, Otto. (1922) *Language: Its Nature, Development and Origin*. London: George Allen & Unwin.

Rosenberg, Jay. (1980) *One World and Our Knowledge of It*. Dordrecht: D. Reidel.

Kant, Immanuel. (1998) *Critique of Pure Reason*, tr. Paul Guyer. Cambridge: Cambridge University Press. 康德:《纯粹理性批判》,邓晓芒译,北京:人民出版社,2004。

Kripke, Saul. (1980) *Naming and Necessity*. Cambridge, MA: Harvard University Press.

Langer, Susanne K. (1967) *Mind: An Essay on Human Feeling*, vol. 1. Baltimore: John Hopkins University Press.

——. (1979) *Philosophy in a New Key: A Study in the Symbolism Reason, Rite, and Art*. Cambridge, MA: Harvard University Press.

Lenneberg, Eric H. (1967) *Biological Foundations of Language*. New York: Wiley.

LePore, Ernest. ed., (1986) *Truth and Interpretation: Perspectives on the Philosophy of Donald Davidson*. Oxford: Blackwell.

Levinson, Stephen. (2000) *Presumptive Meanings*. Cambridge, MA: Bradford.

Lewis, C. I. (1923) "A Pragmatic Concept of A Priori," *The Journal of Philosophy*, 20:7, pp. 169-177.

——.(1929) *Mind and the World Order: Outline of a Theory of Knowledge*. New York: Dove.

——.(1946) *An Analysis Of Knowledge and Valuation*. La Salle: Open Court.

——.(1970) *Collected Papers of Clarence Irving Lewis*. Stanford: Stanford University Press.

Lindgaard, Jakob. (2009) *John McDowell: Experience, Norm, and Nature*. Oxford: Blackwell.

Locke, John. (1990) *An Essay Concerning Human Understanding*. Oxford: Clarendon.

Lovejoy, A. O. (1913) "Realism Versus Epistemological Monism," *Journal of Philosophy, Psychology and Scientific Methods*, 10:16, pp. 561-72.

Macpherson, Fiona & Haddock, Adrian. eds. (2008) *Disjunctivism: Perception, Action, Knowledge*. Oxford: Oxford University Press.

Maher, Chauncey. (2012) *The Pittsburgh School of Philosophy: Sellars, McDowell, Brandom*. London: Routledge.

Mead, George Herbert. (1934) *Mind, Self, and Society: From the Standpoint of a Social Behaviorist*. Chicago: University of Chicago Press.

——.(1964) *Selected Writings*. Indianapolis: Bobbs-Merrill.

McDowell, John. (1973) *Plato, Theaetetus*, Translated with Notes. Oxford: Clarendon.

——.(1994) *Mind and World*. Cambridge, MA: Harvard University Press.

——.(1995) "Knowledge and the Internal," *Philosophy and Phenomenological Research*, 55:4, pp. 877-93.

——.(1996) "Reply to Gibson, Byrne, and Brandom," *Philosophical Issues*, 7 (Perception), pp. 284-5.

——.(1998) *Mind, Value, and Reality*. Cambridge, MA: Harvard University Press.

——.(1998) *Meaning, Knowledge, and Reality*. Cambridge, MA: Harvard University Press.

——.(2009) *Having the World in View: Essays on Kant, Hegel, and Sellars*. Cambridge, MA: Harvard University Press. 麦克道威尔:《将世界纳入视野》,孙宁译,上海:复旦大学出版社,2018。

——. (2009) *The Engaged Intellect: Philosophical Essays*. Cambridge, MA: Harvard University Press.

——. (2010) "Tyler Burge on Disjunctivism," *Philosophical Explorations*, 13(3): 243–255.

——. (2013) "Tyler Burge on Disjunctivism (II)," *Philosophical Explorations*, 16(3): 259–279.

Millikan, Ruth. (1987) *Language, Thought and Other Biological Categories*. Cambridge, MA: MIT Press.

——. (2005) *Language: A Biological Model*. Oxford: Oxford University Press.

Moore, G. E. (1953) *Some Main Problems of Philosophy*. London: George, Allen and Unwin.

Nagel, Thomas. (1979) *Mortal Questions*. Cambridge: Cambridge University Press.

Naugle, David K. (2002) *Worldview: The History of a Concept* (Grand Rapids: Eerdmans.

Peacocke, Christopher. (1983) *Sense and Content*. Oxford: Oxford University Press.

Peirce, Charles. [CP (vol: paragraph)] (1931–1958) *Collected Papers of Charles Sanders Peirce*. Charles Hartshorne, Paul Weiss & Arthur Burks. eds. Cambridge, MA: Harvard University Press.

——. [EP (vol: page)] (1992) *The Essential Peirce: Selected Philosophical Writing*, vols 1 & 2. Nathan Houser & Christian Kloesol. eds. Bloomington: Indiana University Press.

Pippin, Robert. (1987) "Kant on the Spontaneity of Mind," *Canadian Journal of Philosophy*, 17:2, pp. 449–75.

——. (1989) *Hegel's Idealism: The Satisfactions of Self-Consciousness*. Cambridge: Cambridge University Press.

Price, Huw. (2011) *Naturalism without Mirrors*. Oxford: Oxford University Press.

——. et al. (2013) *Expressivism, Pragmatism and Representationalism*. Cambridge: Cambridge University Press.

Price, H. H. (1932) *Perception*. London: Methuen.

Putnam, Hilary. (1975) *Mind, Language and Reality: Philosophical Papers*, vol. 2. Cambridge: Cambridge University Press.

——. (1983) *Realism and Reason: Philosophical Papers*, vol. 3. Cambridge: Cambridge University Press.

——. (1987) *The Many Faces of Realism*. La Salle: Open Court.

——. (1988) *Representation and Reality*. Cambridge, MA: MIT Press.

——. (1990) *Realism with a Human Face*. Cambridge, MA: Harvard University

Press.

——. (1992) *Renewing Philosophy*. Cambridge, MA: Harvard University Press.

——. (1994) *Words and Life*. Cambridge, MA: Harvard University Press.

——. (1995) *Pragmatism: An Open Question*. Oxford: Blackwell.

——. (1999) *The Threefold Cord: Mind, Body, and World*. New York: Columbia University Press. 普特南:《三重绳索:心灵、身体与世界》,孙宁译,上海:复旦大学出版社,2017。

——. (2012) *Philosophy in an Age of Science: Physics, Mathematics, and Skepticism*. Cambridge, MA: Harvard University Press.

Quine, W. V. (1950) "Identity, Ostension, and Hypostasis," *Journal of Philosophy*, 47, pp. 621 – 33.

——. (1961) *From a Logical Point of View*. Cambridge, MA: Harvard University Press.

Rawls, John. (1999) *A Theory of Justice*. revised edition. Cambridge, MA: Harvard University Press.

Redding, Paul. (2007) *Analytic Philosophy and the Return of Hegelian Thought*. Cambridge: Cambridge University Press.

Rockmore, Tom. (2005) *Hegel, Idealism, and Analytic Philosophy*. New Haven: Yale University Press.

Rorty, Richard. (1979, 2009) *Philosophy and the Mirror of Nature*. Princeton: Princeton University Press.

——. (1993) "Wittgenstein, Heidegger, and the Reification of Language," in Charles Guigon, ed. *The Cambridge Companion to Heidegger* (Cambridge: Cambridge University Press, 1993), pp. 337 – 57.

——. (1998) *Truth and Progress: Philosophical Papers* Ⅲ. Cambridge: Cambridge University Press.

Rosenberg, J. F. (1980) *One World and Our Knowledge of It*. Dordrecht: D. Reidel.

Russell, Bertrand. (1912) *The Problems of Philosophy*. Cambridge: Oxford University Press.

——. (2009) *Human Knowledge: Its Scope and Limit*. London: Routledge.

——. (2009) *Principles of Mathematics*. London: Routledge.

Ryle, Gilbert. (2009) *The Concept of Mind*. London: Routledge.

Santayana, George. (1923) *Scepticism and Animal Faith: Introduction to a System of Philosophy*. New York: C. Scribner's Sons.

——. (1925) "Dewey's Naturalistic Metaphysics," *The Journal of Philosophy*, 22:25, pp. 673 – 88.

Schilpp, Paul Arthur. ed. (1939) *The Philosophy of John Dewey*. New York: Tudor.

——. (1951) *The Philosophy of George Santayana*. New York: Tudor.

Schumacher, R. ed., (2004) *Perception and Reality: From Descartes to the Present*. Paderborn: Mentis.

Searle, John. (1983) *Intentionality: An Essay in the Philosophy of Mind*. Cambridge: Cambridge University Press.

Sellars, Roy Wood. (1907) "The Nature of Experience," *Journal of Philosophy, Psychology and Scientific Methods*, 4:1, pp. 14 – 8.

——. (1907) "Professor Dewey's View of Agreement," *Journal of Philosophy, Psychology and Scientific Methods*, 4:16, pp. 315 – 28.

——. (1916, 1969) *Critical Realism: A Study of the Nature and Conditions of Knowledge*. New York: Russell & Russell.

——. (1932) *The Philosophy of Physical Realism*. New York: MacMillan.

Sellars, Wilfrid. (1963) *Science, Perception and Reality*. Atascadero: Ridgeview.

——. (1968) *Science and Metaphysics: Variations on Kantian Themes*. London: Routledge & Kegan Paul.

——. (1974) "Meaning as Functional Classification (A Perspective on the Relation of Syntax to Semantics)," *Synthese*, 27:3, pp. 417 – 37.

——. (1975) "The Adverbial Theory of the Objects of Perception," *Metaphilosophy*, 6, pp. 144 – 60.

——. (1977) *Philosophical Perspectives: History of Philosophy*. Atascadero: Ridgeview.

——. (1977) *Philosophical Perspectives: Metaphysics and Epistemology*. Atascadero: Ridgeview.

——. (1997) *Empiricism and the Philosophy of Mind*. Cambridge, MA: Harvard University Press. 塞拉斯:《经验主义与心灵哲学》,王玮译,上海:复旦大学出版社,2017。

——. (1997) *Naturalism and Ontology: The John Dewey Lectures for 1973 – 1974*. Atascadero: Ridgeview.

——. (1980) *Pure Pragmatics and Possible Worlds: The Early Essays of Wilfrid Sellars*. Atascadero: Ridgeview.

——. (2002) *Kant's Transcendental Metaphysics: Sellars' Cassirer Lectures Notes and Other Essays*. Atascadero: Ridgeview.

——. (2007) *In the Space of Reasons: Selected Essays of Wilfrid Sellars*. Cambridge, MA: Harvard University Press.

——. (2017) *Kant and Pre-Kantian Themes: Lectures by Wilfrid Sellars*. Atascadero: Ridgeview.

——. (2017) *The Metaphysics of Epistemology*. Atascadero: Ridgeview.

——. (2017) *Notre Dame Lectures 1969 – 1986*. Atascadero: Ridgeview.

Smith, N. H. ed. (2002) *Reading McDowell: On Mind and World*. London: Routledge.

Strawson, P. F. (1954) "Review of Wittgenstein's *Philosophical Investigations*," *Mind*, 63, pp. 70–99.

——. (1974) *Freedom and Resentment and Other Essays*. London: Methuen.

——. (2004) *Logico-linguistic Papers*. Aldershot: Ashgate.

Strong, C. A. (1904) "A Naturalistic Theory of the Reference of Thought to Reality," *Journal of Philosophy, Psychology and Scientific Methods*, 1:10, pp. 253–60.

Thornton, Tim. (2004) *John McDowell: Philosophy Now*. Montreal & Kingston: McGill-Queen's University Press.

Travis, Charles. (2007) "Reason's Reach," *European Journal of Philosophy*, 15, pp. 225–48.

Tye, Michael. (1984) "The Adverbial Approach of Visual Experience," *Philosophical Review*, 93, pp. 195–226.

Wanderer, Jeremy. (2008) *Robert Brandom: Philosophy Now*. Montreal & Kingston: McGill-Queen's University Press.

Wittgenstein, Ludwig. (1972) *On Certainty*. New York: Harper & Row.

——. (1999) *Tractatus Logico-Philosophicus*. New York: Dover.

——. (2009) *Philosophical Investigations*. Oxford: Blackwell.

Wright, Crispin. (2002) "(Anti-)Sceptics Simple and Subtle: G. E. Moore and John McDowell," *Philosophy and Phenomenological Research*, 65:2, pp. 330–48.

陈亚军:《德国古典哲学、美国实用主义及推论主义语义学——罗伯特·布兰顿教授访谈(上)》,上海:《哲学分析》,2010年第1卷第1期。

——:《分析哲学、存在主义及当代美国哲学家——罗伯特·布兰顿教授访谈(下)》,上海:《哲学分析》,2010年第1卷第2期。

——:《将分析哲学奠定在实用主义的基础上——布兰顿的语言实用主义述评》,北京:《哲学研究》,2012年第1期。

——:《"世界"的失而复得——新实用主义三大家的理论主题转换》,《中国社会科学》,2012年1期。

——:《社会交往视角下的"真"——论布兰顿的真理回指理论》,北京:《哲学动态》,2012年第6期。

——:《匹兹堡问学录——围绕〈使之清晰〉与布兰顿的对话》,周靖整理,上海:复旦大学出版社,2016。

孙宁:《"如何成为一个深刻的析取论者?":对麦克道威尔析取论的一项研究》,北京:《哲学动态》,2015年第7期。

——:《非唯我论心灵观的可能性:从麦克道威尔对普特南心灵观的批判来看》,北京:《世界哲学》,2014年第1期。

图书在版编目(CIP)数据

匹兹堡学派研究:塞拉斯、麦克道威尔、布兰顿/孙宁著. —上海:复旦大学出版社,2018.8
(实用主义与美国思想文化研究/刘放桐,陈亚军主编)
ISBN 978-7-309-13777-4

Ⅰ.①匹… Ⅱ.①孙… Ⅲ.①塞拉斯-思想评论②麦克道威尔-思想评论③布兰顿-思想评论 Ⅳ.①B712.6

中国版本图书馆 CIP 数据核字(2018)第 155531 号

匹兹堡学派研究:塞拉斯、麦克道威尔、布兰顿
孙 宁 著
责任编辑/方尚芩

复旦大学出版社有限公司出版发行
上海市国权路 579 号　邮编:200433
网址:fupnet@fudanpress.com　http://www.fudanpress.com
门市零售:86-21-65642857　团体订购:86-21-65118853
外埠邮购:86-21-65109143　出版部电话:86-21-65642845
上海四维数字图文有限公司

开本 787×960　1/16　印张 15.75　字数 204 千
2018 年 8 月第 1 版第 1 次印刷

ISBN 978-7-309-13777-4/B · 665
定价:45.00 元

如有印装质量问题,请向复旦大学出版社有限公司出版部调换。
版权所有　　侵权必究